Harmony Dust
Nur einer sah meine Seele

www.brunnen-verlag.ch

Dieses Buch ist gewidmet …

Meiner wunderschönen Tochter Johnny Ella,
weil sie mir eine neue Facette der Liebe Gottes zeigt.

Dem lebendigen Gott
für seine allgegenwärtige Liebe und Gnade.

Frei

Ich tanze, weil ich frei bin
Weil ich leichtfüßig bin wie ein Reh
Ich bewege mich rasch und achte genau
Auf die Musik, die mich leitet
Strebe nach der Verbindung
Entziffere ständig die Intention
Des Komponisten, als er den Song schrieb
Ich würdige Momente, die nach Stille verlangen
Denn in der Stille ist Wahrheit.
Im Schweigen höre ich deine Stimme
In der Liebe bin ich in deiner Gegenwart
Im Licht tanze ich auf dich zu.

Harmony Dust

Harmony Dust

Nur einer sah meine Seele

Die Umkehr einer Stripperin

BRUNNEN
Verlag Basel · Giessen

Bibliografische Information der Deutschen Nationalbibliothek
Die Deutsche Nationalbibliothek verzeichnet diese Publikation in der Deutschen Nationalbibliografie; detaillierte bibliografische Daten sind im Internet über www.dnb.de abrufbar.

Übersetzung: Christian Rendel, Witzenhausen

Umschlag: spoon design, Olaf Johannson, Langgöns
Umschlagfotos: chaoss, ultimathule, Shutterstock
Satz: InnoSet AG, Basel
Druck: Aalexx, Großburgwedel
Printed in Germany

ISBN 978-3-7655-2014-3

Inhalt

Gedanken zur deutschen Ausgabe

«Aus dem Funken des Widerstandes eine Flamme der Willenskraft machen»

Ob Nachtclubtänzerin, Stripperin oder Prostituierte – das Gefühl dabei ist das gleiche: Den eigenen Körper verkaufen, um damit Geld zu verdienen. Aus unzähligen Gesprächen mit Frauen weiß ich, was das heißt: Gefühle unterdrücken und verdrängen, eigene Bedürfnisse so lange nicht mehr wahrnehmen, bis sie nicht mehr zu spüren sind. Ein zerstörtes Selbstwertgefühl, ein kaputtes Ich, eine zerbrochene Seele, die oft einfach weiter in einem Leben treibt, das die Frau so nie wollte.

Frauen, die die erste Hälfte der Geschichte so oder ähnlich erlebt haben, wie es Harmony Dust in diesem Buch erzählt, gibt es unzählige, auch bei uns in Deutschland, in Österreich und der Schweiz. Frauen, die aus vielerlei Gründen, aufgrund persönlicher Umstände – oder wegen falschen Freunden in schlechten Zeiten – in die Prostitution rutschen.

Frauen, die auch die zweite Hälfte der Geschichte erzählen können – nun, davon gibt es nur sehr wenige. Immer noch ist der Ausstieg aus der Prostitution einer der schwersten Schritte für eine Frau.

Was Harmony Dust in ihrem Buch beschreibt, ist daher kein Wunder, sondern das Ergebnis von großer Willenskraft: der gelungene Ausstieg aus der Sexszene. Denn Prostitution ist kein Beruf wie jeder andere. Nach über einem Jahrzehnt Erfahrung mit einem deregulierten Sexmarkt in Deutschland – einem der liberalsten der ganzen Welt – sind die Folgen gleichermaßen offensichtlich wie erschreckend: Mehr Bordelle, mehr Frauen in der Prostitution, mehr Zwangsprostituierte, mehr Menschenhandel, mehr traumatisierte Frauen. Und ein gesellschaftliches Klima, in dem der Gang ins Bordell normal geworden ist. Der wertschätzende Umgang mit der Frau in der Prostitution jedoch nicht. Frauen in der Prostitution sollten abgesichert werden und anerkannt sein. Doch das Gegenteil ist der Fall.

Versucht eine Frau in Deutschland das zu tun, was Harmony Dust getan hat, nämlich auszusteigen und den «Beruf» zu wechseln, hört die gesellschaftliche Toleranz auf.

«Ein Arbeitgeber, ein Personalchef, der kommt zu mir als Kunde – aber einstellen würde er mich nie», so erst kürzlich eine junge Frau Mitte zwanzig, gebildet, mit Abitur, seit acht Jahren in der Prostitution. Nun will sie aussteigen, sucht einen Ausbildungsplatz. Doch wie soll sie die vergangenen acht Jahre im Lebenslauf füllen? Viele Frauen schreiben für die Zeit in der Prostitution verlegen: «Hausfrau» – und hoffen, dass nie die Rede davon sein wird. «An dem Punkt im Bewerbungsgespräch, falls es jemals dazu kommt, würde ich zusammenbrechen. Kein seriöser Arbeitgeber wird mir je einen Job geben», da ist sie sich erschreckend sicher. «Ob ich den Ausstieg jemals schaffe? Ich weiß es nicht. Vielleicht bleibe ich doch lieber in meiner kleinen Welt; die kenne ich wenigstens.» So ist Prostitution auch dann oft Zwang, wenn es keine Zwangsprostitution im Wortsinne ist, die Frau also nicht von einem Zuhälter oder Partner zur Prostitution gezwungen wird.

Umso mehr macht dieses Buch Mut: Wir alle sind aufgerufen, aus dem Funken des Widerstandes eine Flamme der Willenskraft zu machen, ein Feuer zu entfachen, das die sichtbaren und unsichtbaren Fesseln verbrennt. Das ist unser aller Aufgabe. Denn: «Wir sind nicht dazu bestimmt, unsere Leben allein zu meistern», so schreibt Harmony Dust am Ende ihres Buches. Und das ist auch der Leitsatz, mit dem wir alle den Frauen in der Prostitution die Hand reichen müssen: als Menschen, als Freunde, als Beraterinnen, als Arbeitgeber, als Nachbarn, als Gesellschaft.

Nein zur Prostitution – Ja zur Frau in der Prostitution. Das ist die ermutigende Botschaft dieses Buches, die ich allen Leserinnen und Lesern ans Herz lege.

__Sr. Dr. Lea Ackermann__, Gründerin von SOLWODI
(Solidarity with Women in Distress/Solidarität mit Frauen in Not)
www.solwodi.de

Zum Geleit

Ich erinnere mich noch, wie wir am 8. Januar 2002 nach Las Vegas fuhren. Eine Idee, die Monate zuvor bei einem gemeinsamen chinesischen Essen geboren worden war, brachte uns nun mit einem gemieteten Lieferwagen voller Displays und Ausrüstung und mit meiner Frau auf dem Beifahrersitz auf den Weg nach Sin City. Es reichte, wenn wir einmal dort hinkamen, um XXXchurch.com bekannt zu machen – eine christliche Anti-Porn-Website, die Leuten helfen will, die mit Pornografie kämpfen. Wir fuhren nach Vegas, um unsere Website auf der größten Erotikmesse des Landes zu präsentieren. Höchstwahrscheinlich würden sie uns im hohen Bogen hinauswerfen, sobald sie dahinterkamen, was wir im Schilde führten. Der Gedanke, im nächsten Jahr wieder hinzufahren, kam uns gar nicht erst. Schließlich hatte keiner von uns vor, seinen Beruf an den Nagel zu hängen und vollzeitlich für XXXchurch [Triple X Church] zu arbeiten. Wir wollten nur für ein paar Tage nach Vegas und dann wieder nach Hause. Von da an würde die Website ein Selbstläufer sein.

Innerhalb weniger Tage veränderte sich alles. Personell unterbesetzt, unerfahren und unterfinanziert, wie wir waren, wussten wir, dass wir es mit der Sexindustrie, die im Jahr siebzig Milliarden Dollar umsetzt, niemals aufnehmen konnten. Aber dann merkten wir, dass wir es auch gar nicht mit ihr aufnehmen mussten: Wir brauchten uns nur blicken zu lassen.

Einfach nur da sein. Jesus forderte uns auf: «Geht hin.» Er hat uns nie dazu berufen, auf Nummer sicher zu gehen. Wo er hingeht, dahin sollen wir ihm folgen.

Was mich an Harmonys Geschichte umhaut, ist, dass sie sich aufs Neue blicken ließ. Wäre es nicht ein Leichtes gewesen, nie wieder einen Fuß in einen Stripclub zu setzen? Ausgerechnet dort warteten doch das Leid, die Erinnerungen, ihre ganze Vergangenheit auf sie. Doch sie kam zu dem Schluss, dass es nicht um sie ging, sondern um die Hunderte Frauen, die in den Clubs geblieben waren.

Ein Freund von mir schrieb einen Song, den er häufig in Gemeinden vortrug. Darin hieß es: «Du wurdest verändert, um Veränderung zu bringen.» Ich finde wirklich, das sollte nicht nur die Summe unseres Lebens sein; es fasst auch die Botschaft Jesu sehr gut zusammen. Du wurdest verändert, um Veränderung zu bringen.

Wie Harmony haben wir alle die Wahl. Wir können auf Nummer sicher gehen und uns fernhalten von unseren früheren Angestellten oder unseren Angehörigen, die den Herrn nicht kennen, oder von unserer Vergangenheit – oder wir können uns genau dort wieder blicken lassen und Veränderung bewirken.

Beim Lesen dieses Buches habe ich einen tiefen Eindruck von der Liebe bekommen, die Harmony diesen Frauen entgegenbringt. Wenn man von den Clubs, ihren Gästen und den Tänzerinnen liest, ist man begeistert, wenn man endlich erfährt, dass Harmony diesem Leben entronnen ist. Aber noch begeisterter war ich, als mir klar wurde, dass sie wieder dorthin zurückkehrt, um Veränderung zu bringen.

Sie werden eine Menge lernen. Sie werden Dinge lesen, die Ihnen schwer zu schaffen machen werden, aber ich hoffe, Sie werden auch die schlichte Botschaft über Jesus aufnehmen und würdigen, die Harmony weitergibt: die Tatsache, dass Sie geliebt und willkommen sind. Die Veränderung, die Harmony weg vom Striptanzen, aber dann wieder zurück in die Clubs geführt hat, konnte nur von Jesus kommen. Er möchte Sie verändern, damit Sie Veränderung bewirken können.

Craig Gross

XXX Church [Triple X Church]

Vorwort

Irgendwann sind wir alle schon einmal Opfer von irgendetwas geworden – ob es nun etwas halb so Schlimmes war oder etwas absolut Verheerendes. Neulich habe ich mir ein paar Fotos von mir aus den 1980ern angeschaut. Was hatte ich mir nur dabei gedacht? Ich ließ mir von der Modeindustrie weismachen, diese Stulpen sähen gut aus! Ich wurde auch ein Opfer von Brustkrebs.

Manche von uns sind Opfer der Engstirnigkeit anderer geworden.

Viele von uns sind Opfer irgendeiner Form von Diskriminierung geworden: wegen unserer Hautfarbe; wegen des Geldes, das wir auf der Bank haben – oder auch nicht; wegen unseres Rollstuhls, wegen unseres Akzents; wegen unseres Geschlechts; wegen unseres blonden Haars (das bekanntlich beweist, dass in unserem Kopf gähnende Leere herrscht).

Doch wir alle haben die Wahl, ob wir ein Opfer bleiben oder nicht.

Harmonys Geschichte ist die einer jungen Frau, die mutig beschloss, kein Opfer zu bleiben. Sie war das Opfer von so viel Leid, dass es mir das Herz bricht, und dennoch hat sie sich fürs Überleben entschieden. Sie tat alles, was notwendig war, um zu überleben. Und dann ging sie noch einen äußerst tapferen Schritt weiter: Sie wurde von einer Überlebenden zu einer Überwinderin.

Ein Opfer ist im Dunkeln.

Eine Überlebende sieht das Licht am Ende des Tunnels und hält durch.

Eine Überwinderin wird zum Licht für andere.

Harmony hat ihre Geschichte aufgeschrieben, damit Sie und Ihre Freunde Hilfe finden, um aus Ihrem eigenen dunklen Tunnel, was auch immer das sein mag, herausfinden zu können. Ich kenne ihren innigsten Wunsch, nämlich zu helfen, damit wir alle unser Leben dem Zweck widmen können, für den wir geschaffen wurden. Ich muss Sie allerdings warnen – wenn Sie erst einmal angefangen haben, dieses Buch zu lesen, werden Sie es nicht mehr aus der Hand legen können. Sie werden lachen, Sie werden weinen, Sie werden Mut schöpfen, Sie werden sich ganz neu in Gott verlieben ... und Sie werden jedem Menschen, den Sie kennen, ein Exemplar weitergeben wollen.

Holly Wagner
Autorin und Gründerin von «GodChicks»

Prolog

Der Dunst der Dämmerung lag wie eine weiche Decke über meinem grünen Honda Civic, als ich die vertraute Strecke zum Flughafen Los Angeles fuhr. Wie oft war ich diesen Freeway schon entlanggefahren und hatte diese Ausfahrt genommen? Ohne nachzudenken, wechselte ich geschmeidig die Spur und rollte die Biegung zum Century Boulevard entlang. Ich fuhr in dieselbe Richtung wie immer, aber es war fast so, als wäre ich in einem Paralleluniversum zu dem, in dem ich vor sechs Jahren gelebt hatte.

Ich warf einen Blick auf die Uhr am Armaturenbrett: 17.45 Uhr – frühzeitig wie immer.

Die Maschine meines Mannes würde erst in fünfzehn Minuten landen. Ich beschloss, auf dem Parkplatz von Taco Bell ein Stück die Straße runter zu warten.

Ich vermisste ihn. Im ersten Jahr unserer Ehe war ich mit ihm auf Tour gegangen. Wir waren in staubigen Mietwagen von Stadt zu Stadt gereist, hatten uns in Raststätten und Fast-Food-Ketten ernährt. Ich verkaufte seine Pigeon-John-T-Shirts und CDs am Warentisch, während er auf der Bühne für seine stetig wachsende Fangemeinde aus Nerds und Ex-Nerds, Hip-Hop-Freaks und Jugendgruppen rockte. Mir machte es Spaß. Der Lebensstil kam dem unkonventionellen Mädchen aus Venice in mir entgegen.

«Ich möchte, dass auch deine Träume wahr werden», sagte er in der ersten Nacht unserer Flitterwochen zu mir.

Meine Träume. Was *waren* überhaupt meine Träume? Immer wieder stellte ich mir diese Frage, wenn wir unterwegs zu Auftritten durch die Maisfelder Nebraskas oder die düsteren Straßen von Baltimore fuhren. Irgendwann erkundete ich meine Möglichkeiten; und bereits im nächsten Moment war ich dabei, ein Bewerbungsformular für das Masterstudium in Sozialwesen an der University of California in Los Angeles auszufüllen.

Meine neue Rolle als Vollzeitstudentin bedeutete, dass ich das Tourneeleben mit meinem Mann hinter mir lassen musste.

Er war nur ein paar Tage weg gewesen, aber ich konnte es nicht erwarten, sein anziehendes, karamellbraunes Gesicht zu küssen.

Als ich den Century entlangfuhr, sah ich schon von Weitem das Schild. Die Worte «Live Live Nude Nudes» hingen dort, ein Schriftzug im Stil der Siebziger, in gedämpften Orange- und Rottönen gehalten. Man sollte annehmen, dass bei all den spektakulären Stripclubs, die überall aus dem Boden schossen, dieser hier eingehen und das Gebäude zu einem nützlicheren Zweck umgewidmet werden würde, so wie damals, als es noch ein Bowlingcenter gewesen war. Aber es ist immer noch da. Und die Mädchen auch.

Ich musste an meine Kolleginnen von früher denken. Waren sie zu anderen Clubs weitergezogen? Hatten sie ein neues Leben angefangen? Oder waren sie immer noch hier?

Ich hatte jenes Leben noch gut in Erinnerung: das erstickende Gefühl, in der Falle zu sitzen, ohne ein Ende in Sicht. Das Geld haben zu wollen, es zu *brauchen*, aber sich gleichzeitig zu wünschen, es gäbe irgendeinen anderen legalen Weg, es zu bekommen. Der ständige Druck, zu lächeln und so zu tun, als wolle man nichts anderes, als jeden Wunsch und jede Fantasie wildfremder Männer zu erfüllen – wenn man doch in Wirklichkeit eigentlich nur in Trainingshosen in der Wohnung herumlümmeln wollte, sich Mafiafilme wie *Goodfellas* und *Casino* anschauen und sich dabei vorstellen wollte, wie es wäre, ein ganz anderes Leben zu führen.

All das fiel mir wieder ein, und das Einzige, was ich tun konnte, war beten: dass die Frauen hinter jenen Wänden, denen es so ging wie mir damals, eine echte, wahrhaftige Begegnung mit dem liebevollen, gnädigen Gott der Freiheit und der Wunder, den ich kennengelernt hatte, haben würden. Dass sie entdecken würden, welche Schönheit in ihnen liegt, kostbarer als der seltenste Edelstein. Dass sie erkennen würden, dass die Träume ihrer Jugend und die Leidenschaften ihrer Herzen wichtig und erreichbar sind.

Ich löste mich aus meiner Versunkenheit, als der Fahrer vor mir leicht auf die Bremse trat. Ein Blick in den Rückspiegel zeigte mir, dass ich schon an dem Taco-Bell-Parkplatz vorbei war, in den ich hatte einbiegen wollen. Stattdessen parkte ich auf einem Platz direkt gegenüber des Clubs, stellte den Motor ab, saß da und starrte hinüber. Da drinnen sind jetzt ein paar Mädchen, dachte ich.

Was wirst du tun?, flüsterte eine Stimme mir in meinem Herzen zu. Was *konnte* ich denn tun? Es kam mir vor, als säße ich draußen vor einem Gefängnis, indem ich einmal selbst eingesperrt gewesen war. Ich war frei, aber da drinnen saßen immer noch Frauen in der Falle. Es war eine festgefahrene Situation: ich saß still da und wartete, dass etwas passieren würde. Dass jemand anderem, irgendeiner anderen Person, etwas einfallen würde; eine Lösung; eine Idee; was auch immer.

Was wirst du tun? Was kann ich denn tun? Ich kann doch nicht einfach da hinübertänzeln und dem Türsteher sagen, dass ich mit den Mädchen reden möchte. Selbst, wenn er mich hineinließe, was in aller Welt sollte ich denn dann sagen?

Was willst du denn sagen?

Ich schaute nach links und sah einen Stapel Postkarten von einer Frauenkonferenz, die ich kürzlich besucht hatte. Die Frau auf dem Bild schaute von der Kamera weg zuversichtlich geradeaus. Ihr Rücken war mit Perlenschnüren behangen. Auf der sanft braunen Haut ihrer Schulterblätter waren die Worte eintätowiert: «Sie ist viel edler als die köstlichsten Perlen.»

Das ist es, was ich sagen wollte. Genau das wollte ich den Frauen in diesem Club zu verstehen geben. Mit zitternden Händen nahm ich den Stapel Postkarten und schrieb auf jede ihrer Rückseiten: «Ich bin gerade hier vorbeigekommen und wollte Dir sagen, dass Du geliebt bist …»

Was noch? «Solltest Du je Lust haben, in die Kirche zu gehen, kenne ich eine tolle Gemeinde: www.oasisla.org. Du bist dort willkommen! Liebe Grüße, Harmony. P.S.: Ich habe auch einmal hier gearbeitet.»

Als ich als Tänzerin anfing, wäre mir nie der Gedanke gekommen, dass irgendeine Gemeinde mich bei sich dulden würde, selbst wenn ich hätte hingehen wollen. Meine Beine fühlten sich schwer und steif an. Ich saß immer noch im Wagen und hielt die Postkarten in den Händen. War das richtig, was ich da machte? Würden die Leute mich für verrückt halten, weil ich mich hier wieder blicken ließ?

Ich rief meine Schwiegermutter an. Wenn ich den Verstand verloren habe, wird sie mir das schon sagen, dachte ich. Ihre Stimme klang tief und beruhigend wie die einer Bärenmutter; ihre Worte gelassen und bedächtig. Sie machte mir Mut und betete mit mir. Die Sache war geklärt; ich war nicht verrückt.

Ich ging hinüber zum Parkplatz und sah dort verstreut zwischen den orangefarbenen Kegeln die Autos der Tänzerinnen stehen. «Mein» damaliger Parkplatz war einer davon. Jeden Abend, wenn der Parkwächter mein Auto auf das Gelände einbiegen sah, nahm er den Kegel weg und winkte mich zu der Lücke, die am nächsten zum Tänzerinnen-Eingang lag. Jetzt parkte dort ein anderes Auto.

Als ich auf den ersten Wagen zuging, kam ein kräftiger Mann in einer dunkelblauen Security-Jacke aus dem Pornoladen neben dem Club. Der Wachmann: Daran hatte ich gar nicht gedacht. Würde er mich von meinem Vorhaben abhalten?

Die Worte *Geh mit Zuversicht* strahlten aus meinem Innern aus. Bevor der Wachmann auch nur den Mund aufmachen konnte, trat ich forsch auf ihn zu und streckte ihm meine Hand entgegen.

«Hi. Ich heiße Harmony. Ich habe früher hier gearbeitet. Ich wollte nur diese Karten hier für die Mädchen hinterlassen.» Ich zog die Postkarten hervor und zeigte sie ihm. Er warf einen

Blick darauf und sah dann wieder mich an, den Kopf ein wenig zur Seite geneigt. Die ganze Sache schien ihn ein wenig ratlos zu machen.

«Na schön; nur zu», sagte er, winkte mich weiter und ging zurück in den Pornoladen.

Rasch, bevor er es sich anders überlegen konnte, steckte ich jeder Tänzerin eine der Karten unter ihren Scheibenwischer. Was sie wohl denken würden, wenn der Club schloss und sie die Postkarten fanden? Was hätte ich wohl gedacht?

Auf dem Weg zum Flughafenterminal, wo ich meinen Mann abholen wollte, stellte ich mir vor, wie ich nach einer langen Arbeitsnacht zu meinem Auto ging: mit schmerzenden Füßen und einem heftigen Pochen im Kopf nach sechs Stunden wummernder Musik. Was würde ich empfinden, wenn ich in die summende Stille meines Autos kam und diese kleine Postkarte unter meinem Scheibenwischer stecken sah?

«Du bist geliebt ... du bist hier willkommen.» Waren das nicht Worte, nach denen ich mich immer gesehnt hatte? Das ist alles, was ich mir je gewünscht habe ... geliebt und willkommen zu sein. Wünschen wir uns das nicht alle?

Als ich vor dem Flughafenterminal hielt, sah ich schon meinen Mann dort stehen, an sein Gepäck gelehnt. Er sah schick aus wie immer. Seine klassische Kangol-Mütze saß etwas schief auf seinem Kopf. Ich sprang aus dem Wagen, schlang meine Arme um ihn und vergrub mein Gesicht in seiner warmen Halsbeuge.

«Hab dich vermisst.»

«Ich hab dich auch vermisst.»

Wir stiegen in den Wagen und machten uns auf den Weg nach Hause.

«John, du glaubst nie, was ich gerade eben gemacht habe ...»

Ich erzählte ihm die Geschichte, und er hörte mir staunend zu.

«Das ist cool, Schatz. Das ist wirklich cool», sagte er und drückte mir dabei zärtlich die Hand.

«Ja. Ich meine, die ganze Sache hat mich zum Nachdenken gebracht ... vielleicht kann ich das jedes Mal machen, wenn ich dich vom Flughafen abhole. Oder jedes Mal, wenn ich an einem Stripclub vorbeikomme. Meinst du, andere Frauen würden dabei auch mitmachen wollen? Es könnte doch sein, dass da richtig etwas in Gang kommt», sprudelte es aus mir heraus.

Wir hatten keine Ahnung, dass binnen eines Jahres eine Gruppe von Freiwilligen pro Jahr über 150 Stripclubs aufsuchen würde. Dass wir Frauen begleiten und ihnen Mut machen würden, das gesunde, blühende Leben zu führen, für das sie geschaffen wurden. Dass wir innerhalb von zwei Jahren zu einer offiziellen gemeinnützigen Organisation werden würden. Dass wir vier Jahre später andere Mitarbeitergruppen im ganzen Land schulen würden.

Die Idee, die mir an jenem Abend gekommen war, als ich dort auf dem Parkplatz in meinem Wagen saß, hat sich ausgeweitet und viel größere Ausmaße angenommen, als ich je für möglich gehalten hätte. Doch so sehr die Sache auch gewachsen ist und sich verändert hat, die Botschaft ist immer noch dieselbe.

«Du bist geliebt. Du bist hier willkommen.» In unseren Gemeinden, in unserem Leben.

Genau diese Botschaft wurde mir in meinem eigenen Leben wie Sauerstoff ins Herz gehaucht, als ich sie selbst am nötigsten hatte. Die Leidenschaft, mit der ich sie weitergebe, kommt aus meiner eigenen kaputten Vergangenheit. Hier ist meine Geschichte.

TEIL 1
Auf der Suche

… dem Hungrigen aber schmeckt sogar das Bittere süß.
Sprüche 27,7

Dreizehn

Derrick saß auf dem Bürostuhl neben meinem Bett und sah mir beim Schlafen zu. Ich hatte überhaupt nicht gehört, wie er an diesem Morgen in mein Zimmer gekommen war. Er konnte schleichen wie ein Tiger. Lang und schlaksig, mit einem schnellen, lautlosen Gang. Dass er da war, merkte ich erst, als er mir die Bettdecke wegriss. Ich fuhr kampfbereit in die Höhe, entspannte mich aber, als ich sah, dass er es war. Er beugte sich über das Bett, und ich konnte den fruchtigen Duft seines «Let's Jam»-Haargels riechen. Sein Haar war säuberlich gestutzt, so dass es nach unten immer kürzer wurde. Oben trug er es länger und in perfekten Wellen nach hinten gekämmt.

«Was machst du denn hier?», brummte ich und zog mir die Decke wieder über den Kopf.

«Die Seitentür war offen.»

«Ich weiß.»

«Du weißt doch, dass du sie nicht einfach so offen stehen lassen sollst.»

Er war nicht der Erste, der mir das sagte. Mein Daddy Russ, der Stiefvater, der mich aufzog, hatte mir das schon gesagt, als ich acht war. Das war während einer Gardinenpredigt, die er mir hielt, nachdem ein Mann bei uns eingebrochen war und meine Mutter beinahe zu Tode geprügelt hatte. Als ich sie wiedersah, nachdem sie aus dem Krankenhaus entlassen worden war, schämte sie sich, gesehen zu werden. Ihre Lippen, die an ihrem blutunterlaufenen und verquollenen Gesicht wieder festgenäht worden waren, waren fast schwarz. Mein Vater zerrte mich von ihrem Schlafzimmer aus den langen Flur entlang, um mir eine Lektion zu erteilen.

«Siehst du das? So ist er hereingekommen! Ich weiß nicht, warum deine Mutter unbedingt immer jede einzelne Tür und jedes Fenster in diesem Haus offenstehen lassen muss!», ereiferte sich mein Vater. Ich glaube, er machte sich Vorwürfe, weil er an jenem Abend nicht zu Hause gewesen war, um sie zu beschützen. Machtlosigkeit und Angst kann einen Menschen sehr wütend machen.

Fünf Jahre später war mein Daddy Russ schon lange ausgezogen. Doch die Seitentür ließen wir noch immer offen. Und die Fenster. Ich weiß, es ist verrückt, aber so ist das nun einmal in unserer Familie. Auch die Türen unseres Autos waren nie verschlossen – egal, wie oft Obdachlose darin übernachteten oder das Radio geklaut wurde. Meine Mutter sagte immer, wenn schon jemand einbrach, dann sei es ihr lieber, nicht das Radio *und* ein kaputtes Fenster ersetzen zu müssen.

In Derricks Familie folgte man offenbar einer anderen Philosophie, denn auch er beschwerte sich darüber, dass die Seitentür immer offenblieb.

«Es ist bereits Mittag. Warum liegst du noch im Bett? Und wo ist deine Mutter?», sagte er und zog mir erneut die Bettdecke weg.

«Mensch! Lass mich in Ruhe! Sie ist in Kanada.»

«Kanada?» Er schaute mich verdutzt an. «Seit wann denn das?»

«Seit Nathaniel weg ist. Sie wollte sich mit ihm treffen. Sie will nur zwei Wochen wegbleiben.» Das Heft mit Lebensmittelmarken, das mir meine Mutter dagelassen hatte, würde allerdings nicht so lange reichen, selbst, wenn ich nichts als Tortillas und Butter damit kaufte. Schon bald würde ich mir in dem Schnapsladen ein paar Häuserblocks weiter etwas zu essen klauen müssen.

«Echt? Meinst du das ernst?» Seine pubertäre Stimme schlug am Ende des Satzes in ein hohes Quietschen um.

«Ist mir egal. Mir ist es eh lieber, wenn sie nicht da ist. Außerdem kommt MaSyh her und bleibt so lange bei mir. Ich muss mich also nicht ganz allein um Noah kümmern.» MaSyh (benannt nach dem afrikanischen Stamm der Massai) war so etwas wie eine Schwester für mich. Mit zwei Jahren waren wir uns zum ersten Mal begegnet, und seither waren wir unzertrennlich.

Ich stand auf, reckte mich und sog die warme Meeresluft ein. Derrick folgte mir ins Badezimmer.

«Im Ernst, Harm. Wer passt auf euch auf?»

«Niemand. Daddy Russ schaut manchmal nach der Arbeit vorbei.»

Derrick stand in der Badezimmertür und versuchte, sich auf all das einen Reim zu machen. Wie es seine Gewohnheit war, fuhr er sich mit dem Finger am Kragen seines makellosen weißen T-Shirts entlang, um etwaige Falten oder Knicke glatt zu streichen.

«Los, raus hier. Ich muss pinkeln», winselte ich. Dann schob ich ihn hinaus und machte die Tür zu.

Derrick wusste nur, dass Nathaniel der seltsame Freund war, den sich meine Mutter bei einem Treffen von Narcotics Anonymous angelacht hatte. Bei all den Exzentrikern, die wir auf diesen Treffen kennenlernten, war das Leben für uns in mancher Hinsicht noch bunter geworden, seit sie auf Entzug war.

Nathaniel sah aus wie David Carradine in *Kung Fu*. Er lief immer in unserem Haus herum und vollführte seine irren Karatebewegungen wie ein geheimnisvoller, Nunchaku schwingender Held. Manchmal ließ er seinen Fuß am gestreckten Bein haarscharf an meiner Nase vorbeisausen oder nahm meinen Bruder ohne Vorwarnung in den Schwitzkasten und sagte ihm: «Ich könnte dich jetzt töten, wenn ich wollte.» Derrick konnte ihn nicht leiden, weil er aufgeblasen und nervig war. Ich konnte ihn nicht leiden, weil das noch lange nicht das Schlimmste an ihm war. Immer, wenn er nachts zu mir ins Zimmer kam – mir sagte, wie anziehend er mich finde, seine Hände über meinen Körper wandern ließ, mich zu küssen versuchte –, stieg heißer Zorn in mir auf. Am liebsten hätte ich ihn an den Haaren gepackt und ihm die Faust auf den Mund gerammt. Stattdessen lag ich nur steif und ängstlich da und bettelte, er möge mich in Ruhe lassen.

Dieses Gefühl der Erstarrung kannte ich schon. Ich war im Lauf meines Lebens bereits von mehreren Leuten sexuell missbraucht worden, sowohl von Männern als auch von Frauen. Mit drei Jahren kam ich durch einen Verwandten erstmals mit Pornografie in Berührung. «Sei still. Schlaf ein», höre ich ihn noch sagen. Die fleischfarbenen Bilder auf dem Fernsehschirm brannten sich mir ins Gedächtnis.

Still daliegen und so tun, als ob ich schlafe – das war genau die Abwehrstrategie, die ich anwendete, als es zum ersten Mal passierte. Ich war fünf Jahre alt, und zwei Frauen, Freundinnen der Familie, sagten, wir würden eine Pyjamaparty machen. Die Idee fand ich lustig, bis sie sich entkleideten und mir sagten, ich solle meinen Pyjama ausziehen. So sehr ich mich auch anstrengte, gelang es mir doch nie, das, was dann folgte, aus meinem Gedächtnis auszulöschen. Am nächsten Morgen aßen wir alle zusammen Rührei mit Schinken und tranken Orangensaft, als wäre überhaupt nichts passiert.

Beim nächsten Mal war ich etwa sieben. Der Junge war älter als ich und hatte mir gedroht, mir die Finger in seiner Faust zu zerquetschen, wenn ich nicht tat, was er sagte. Also gehorchte ich, als er mich aufforderte, meine Unterhose auszuziehen. Ich dachte, er würde mir wehtun, wenn ich es nicht tat. Irgendetwas stimmte mit mir wohl nicht, glaubte ich, so dass ich immer wieder solche Situationen herausforderte. Es kam mir so vor, als wäre an mir irgendetwas Schmutziges, das diese Leute und ihre Perversionen anzog.

Ich hasste Nathaniel. Ich hasste seinen Atem, der immer nach saurer Milch roch, und das pfeifende Geräusch, das seine Nasenlöcher beim Atmen machten. Für mich war es eine Erleichterung, dass er endlich weg war. Um die Wahrheit zu sagen: dass meine Mutter nicht da war, machte mir auch nicht besonders viel aus. Auch wenn das bedeutete, dass ich mich um meinen achtjährigen Bruder Noah kümmern musste. Ich war froh über meine Freiheit.

Als ich aus dem Bad kam, stand Derrick immer noch im Flur. Er hatte die Arme vor der Brust verschränkt und ließ seine Blicke schweifen, als wollte er die Lage erkunden und sich anschicken, das Kommando zu übernehmen. Er schien geradezu auf diese Gelegenheit gewartet zu haben.

«Hier sieht es aus, als hätte eine Bombe eingeschlagen», sagte er, während er über meine Schulter hinweg ins Badezimmer spähte.

«Ja. Sonst noch was Neues?», sagte ich und kickte eine verknäulte Socke den Flur entlang. Bei uns sah es immer aus, als hätte eine Bombe eingeschlagen.

«Im Schlafzimmer deiner Mutter treibt sich ein ganzes Rudel Katzen herum und pinkelt alles voll. In der Küche sieht es aus, als hätte seit Wochen keiner mehr Geschirr gespült. Und dieses Bad ist völlig versaut! Es ist einfach nur übel.» Er verzog das Gesicht, als hätte er gerade irgendeine grauenhafte Witterung aufgenommen.

«Ist doch nicht meine Schuld, das zwei der Katzen gleichzeitig Junge bekommen haben. Die sind noch zu klein, um das Katzenklo zu benutzen.» Insgesamt waren es siebzehn.

Er schwieg. Sein Blick schien zu sagen, dass ich mir eine bessere Ausrede einfallen lassen musste.

«Was soll ich denn dagegen tun? Hier sieht es immer so aus», argumentierte ich.

Er trat in das winzige Badezimmer, in dem Waschbecken, Toilette und Badewanne sich dicht zusammendrängten. Man konnte von der Toilette aufstehen und sich herunterbeugen, um sich die Hände zu waschen, ohne einen einzigen Schritt zu machen. Derrick musterte die Kloschüssel, die von einem rosa-orangefarbenen Film überzogen war. Auf den weißen Fußbodenkacheln lagen benutzte Wattebäusche, Haarknäuel und zusammengeknülltes Klopapier herum. Schimmel und Rost säumten die Toilette, die Badewanne und das Waschbecken.

Derricks Gesicht war ganz verzerrt, so als wäre er gerade mit angehaltenem Atem in einem Abwasserbecken untergetaucht. Seine großen braunen Augen waren an den Winkeln zusammengekniffen, und er machte einen raschen Schritt rückwärts aus dem Badezimmer heraus.

«Du must hier mal sauber machen. So kannst du nicht leben.»

«Es ist mein Haus. Ich kann leben, wie ich will.» Es machte mir Spaß, das zu jemandem sagen zu können.

«*Willst* du denn wirklich so leben?»

Ich warf einen Blick ins Bad und überlegte. Es war schon ziemlich eklig.

Pippi Langstrumpf fiel mir ein. Wie sie mit einem Äffchen ganz allein lebte und sich Schrubberbürsten an die Füße band, um den Fußboden zu putzen. Ihr machte es sichtlich einen Riesenspaß, damit im Seifenschaum herumzuschlittern. Ich wollte schon immer so sein wie sie und allein leben. Sorgenfrei und unabhängig. Aber ich glaube nicht, dass auf ihren Fußböden pelzige, giftige Gewächse sprossen wie in meinem Badezimmer.

Derrick ließ nicht locker. Und mir machte der ganze Dreck auch nicht gerade Freude. Deshalb verbrachte ich ja die meiste Zeit hinter der verschlossenen Tür der umfunktionierten Abstellkammer, in der ich schlief. Sie war kaum groß genug für meine Doppelmatratze, aber immerhin war es darin sauber.

«Na schön. Dann putzen wir eben», lenkte ich ein.

«Wir? Wieso wir? Ich wohne hier nicht.» Derrick machte auf dem Absatz kehrt und überließ mich meinen Pflichten.

Ich steckte meinen Kopf in das Zimmer, in dem Noah immer noch schlief, um ihn zum Helfen zu rekrutieren.

«Noah, Zeit zum Aufstehen. Wir müssen hier mal gründlich sauber machen», bellte ich. Ich gab das Kommando, aber ich wusste, dass es mindestens eine halbe Stunde dauern würde, bis er sich endlich aus dem Bett wälzte. Er war ein guter Schläfer und brauchte zum Wachwerden ungefähr so lange wie ein Faultier für einen Marathonlauf.

Dann stapfte ich in die Küche, wo ich ein Spinnennetz zerstören musste, um an das Putzmittel unter der Spüle zu kommen. Ich puderte das Waschbecken und die Wanne mit Ata ein. Nachdem ich ungefähr zwanzig Minuten lang einen Schwamm hin und her geschoben hatte, war ich das Putzen leid und setzte mich zu Derrick, der im Wohnzimmer vor dem Fernseher saß.

«Bist du fertig?»

«Ja.» Jedenfalls *wollte* ich fertig sein.

«Mal schauen.»

Ich folgte ihm zurück ins Bad, um mein Werk zu inspizieren. Er war noch nicht einmal richtig drinnen, da fuhr er schon zu mir herum und sah mich an, als hätte ich den Verstand verloren.

«Ist das dein Ernst? Du bist fertig? Das nennst du sauber? Da musst du dich schon ein bisschen mehr ins Zeug legen.»

Er ging in die Küche und kam mit Gummihandschuhen, einem Eimer und Bleiche wieder zurück.

«Hier, füll den Eimer mit heißem Wasser und tu ein bisschen Bleiche hinein. Hat dir denn nie einer beigebracht, wie man ein Badezimmer putzt?»

Tatsache war, dass niemand das je getan hatte. Er setzte sich in den Türrahmen und leitete mich durch die Prozedur. Nach einer Stunde Schrubben und Spülen und Schrubben und Spülen sahen die Kacheln wieder eher weiß als grün aus, und die Toilette machte den Eindruck, als könnte man sich tatsächlich darauf setzen, ohne sich ein Virus zu holen. Ich war stolz auf mein Werk. Dass Derrick mir nicht half, machte mir nichts aus. Ich war dankbar dafür, dass er sich überhaupt darum scherte. Dass ihm etwas daran lag, ob mein Bad sauber war oder nicht, und dass er sich die Zeit nahm, mir zu zeigen, wie man es putzte.

Die Wahrheit ist, dass es mir schon immer zuwider war, ein schmutziges Bad zu haben. Aber wie bei allem anderen in meinem Leben, was schmutzig oder peinlich war, hatte ich gelernt, damit zu leben. Wenn nötig, blendete ich es einfach aus. Wenn Freunde zu Besuch kamen, wies ich nie auf den Dreck hin und entschuldigte mich dafür, wie es manche Leute tun würden. Ich hielt einfach nur die Luft an und hoffte, dass sie es irgendwie – aus irgendeinem Grund – nicht bemerken würden. Derrick war der Erste, der mich auf den Dreck ansprach. Und er zeigte mir, wie ich ihn loswerden konnte. Ich war ihm dankbar dafür; ja, ich fühlte mich geradezu in seiner Schuld.

Fünfzehn

Das Licht der Straßenlampen am Pico Boulevard verteilte sich in der dunstigen Meeresluft und erzeugte einen orangefarbenen Nebel. Meine Mutter hielt ihren Kombi in der Nähe des Schnapsladens an, und ich erwiderten den starren Blick eines Obdachlosen, der seine Flasche in einer zerknitterten braunen Papiertüte umklammert hielt. Das Weiß seiner Augen hob sich wie gelbe Mondsicheln von seiner mitternachtsschwarzen Haut ab.

«Wir sind direkt vor Derricks Haus.» Ich wandte den Kopf herum, um zu sehen, wohin meine Mutter deutete.

«Wirklich?» Wir waren diese Straße schon unzählige Male entlanggefahren, aber angesichts dieser Information machte sie einen völlig neuen Eindruck auf mich.

«Woher weißt du das?» Ich drehte mich um und sah meine Mutter skeptisch an. In den drei Jahren, seit ich Derrick kannte, hatte er sich von mir nie entlocken lassen, wo er wohnte. Warum erzählte er es ihr und nicht mir?

«Ich habe ihn neulich abends nach Hause gefahren, als er den Zehnuhrbus verpasst hatte.»

Komisch, dass sie das bisher nie erwähnt hatte.

«Ich hätte eigentlich eher gedacht, dass er sich von dir an der Straßenecke absetzen lässt. Du hast tatsächlich sein Haus gesehen?»

«Es gibt so manches, was du über ihn nicht weißt.» Sie sah mich an. Ihre mandelförmigen Augen waren wie smaragdgrüne Wolken.

«Zum Beispiel?», hakte ich nach.

«Tja, Süße, das hat er mir im Vertrauen erzählt. Sagen wir einfach, er hat ziemliche Probleme mit seiner Adoptivmutter.»

«Adoptivmutter? Er wurde adoptiert?»

Sie kurbelte ihre Seitenscheibe hinunter. Die kalte, klamme Luft strömte ins Innere des Wagens und ließ mich schaudern. Sie zog eine Zigarette aus ihrer American-Spirits-Packung in der Konsole, zündete sie sich an und ließ mich zappeln. Immer, wenn sie an der Zigarette zog, höhlten sich ihre Wangen nach innen und betonten ihren runden Cherokee-Knochenbau. Ihre indianischen Züge bildeten einen Gegensatz zu ihrem langen, fließenden, rotblonden Haar und ihrer sonnenempfindlichen deutschen Haut.

«Mom … Derrick wurde adoptiert?»

«Schatz, ich dachte, er hätte dir das gesagt.» Ihre mitleidige Miene galt zugleich Derrick und mir: ihm wegen seines offenbar beschwerlichen Lebens, und mir, weil ich nichts davon gewusst hatte.

«Nein. Das hat er nie erwähnt. Was hat er dir sonst noch erzählt?»

«Wie gesagt, er hat es mir im Vertrauen gesagt. Ich wollte nur, dass du es weißt.»

Eine gewisse Zärtlichkeit lag in ihrer Stimme. Ich spürte, dass ihre Einstellung ihm gegenüber sich verändert hatte. Bisher war er nur einer von vielen Jungen gewesen, die auf ihrer Matte standen, um mit ihrer Tochter abzuhängen. Jetzt war er viel mehr als das. Er war jemand, den sie vielleicht retten konnte.

Meine Mutter war ein dürres kleines Mädchen gewesen, mit hellroten Haaren und Sommersprossen. Selbst, wenn sie nicht so oft umgezogen wäre, hätte sie Mühe gehabt, Freunde zu finden. Ihr Vater war Jazz-Schlagzeuger in einer Militärband, und sie und ihre Eltern zogen ständig von einer Militärbasis zur nächsten. Dass sie ein Einzelkind war und keine Geschwister hatte, mit denen sie zusammen sein konnte, machte sie noch einsamer.

Während all die anderen Soldatentöchter sonntags früh aufstanden und sich ihre rüschenbesetzten Kleider für die Kirche anzogen, erholten sich ihre Beatnik-Eltern von den langen Nächten in den Jazzclubs. Als eines der wenigen nichtchristlichen Kinder auf der Basis war sie umso mehr eine Außenseiterin. Die meisten anderen Eltern ließen ihre Kinder nicht einmal mit ihr spielen, weil ihre Familie nicht so dachte und sich nicht so benahm wie sie selbst.

Als meine Mutter ein Teenager war, zog ihre Familie nach Las Vegas, wo mein Großvater Schlagzeug in der Hausband im Stardust spielte. Während er mit allen Größen des Showbusiness von Frank Sinatra bis zu Dean Martin spielte, zog meine Mutter mit einer Schar von Rebellen und Revolutionären durch die Straßen. Statt zu versuchen, den Maßstäben der ganzen

Spießer zu entsprechen, ergötzte sie sich an ihrem Außenseiterstatus und orientierte sich an den Ausgestoßenen und Underdogs.

Und es waren nicht nur Menschen. Tiere genügten ihr auch schon. Oftmals waren sie ihr sogar lieber als Menschen, weil sie wohl kaum demjenigen, der sich um sie kümmerte, den Laufpass geben würden. Ob es eine Krähe mit gebrochenem Flügel war oder eine Süßwasserschildkröte mit roten Graffiti auf dem Panzer, die jemand am Strand ausgesetzt hatte, meine Mutter hatte die Gabe, den Verlorenen und Zerbrochenen Hoffnung und Gesundheit zurückzugeben. Wenn jemand Derrick retten konnte, dann sie. Vielleicht war das eine Aufgabe für uns beide.

Der große schwarze Stein, den meine Mutter mir auf den Bauch legte, half auch nicht. Ich wälzte mich auf die Seite, rollte mich zu einer Kugel zusammen und wimmerte. Meine Mutter kam zurück ins Wohnzimmer, wo ich in ihrem Bett lag.

«Hilft der Stein?», erkundigte sie sich in ihrem besänftigenden Kümmerer-Ton.

«Nein. Gar nichts hilft», jammerte ich.

«Hier, nimm das hier», forderte sie mich mit weiser, kundiger Miene auf.

«Was ist das?»

«Gin Bo. Hier in den Staaten ist es verboten, aber ich kenne einen Mann aus China, der es beschaffen kann. Es wird gegen deine Krämpfe wirken. Und es wird dir auch helfen einzuschlafen.»

Ich hielt die Handfläche auf und nahm die winzige weiße Pille an. So eine kleine Pille sah kaum danach aus, als könnte sie meine heftigen Schmerzen auch nur ansatzweise lindern. Ich legte sie mir auf die Zunge und schluckte sie mit dem Tee meiner Mutter, aufgebrüht aus frischer Pfefferminze und Kamille, hinunter. Als ich das dampfende Gebräu schlürfte, ging eine neue Schmerzwelle durch meinen Bauch, mit einer Wucht, die mir ein zehn Pfund schweres Kind aus den Lenden hätte katapultieren können. Ich stellte mir vor, dass die Krämpfe den Schmerzen glichen, die eine Frau bei der Geburt empfindet. *Keine andere Fünfzehnjährige hat solche Krämpfe! Das ist nicht fair!*, schrie ich innerlich.

Ich setzte mich auf und versuchte mich von den Schmerzen abzulenken, indem ich vor- und zurückschaukelte. Nach ein paar Minuten ließen die Krämpfe nach, und ich merkte, wie die Muskeln in meinen Armen und Beinen schwer wurden und sich entspannten. Mein Kopf fühlte sich leicht und schwebend an. Das Gin Bo wirkte. Ich ließ mich in die weichen, alten Kissen meiner Mutter sinken und nahm einen schwachen Geruch von Beifuß wahr. Dann hörte ich ein Klopfen an der Tür. Meine Mutter stand auf und schaute nach. Ich dachte, es wäre eine ihrer Freundinnen, die auf eine Zigarette vorbeikam, um sich auszuheulen. Sie wussten immer, dass sie jederzeit zu uns kommen und über ihre Nöte reden konnten.

Es dauerte einen Moment, bis ich Derricks Gesicht erkannte, das halb verdeckt war von der schwarzen Baseballmütze, die er sich tief in die Stirn gezogen hatte. Die Kapuze seines schwarzen Sweatshirts war über den Kopf gezogen und verdeckte die Seiten seines Gesichts. Er sah aus, als ob er sich vor irgendjemandem versteckte. Ich fragte mich, ob er Angst hatte, bei Nacht die Grenze nach Venice zu überqueren. In den vergangenen Sommern hatte er immer darauf geachtet, bis zum Sonnenuntergang in seinem Bus zurück nach Santa Monica zu sitzen.

«Hey, Derrick, wie geht's?», sagte meine Mutter und nahm ihn in die Arme. Er erwiderte ihre Umarmung zwar nicht, schien sich aber auch nicht daran zu stören.

«Komm doch rein», sagte meine Mutter fürsorglich.

«Hallo, Harm», begrüßte er mich mit tiefer, monotoner Stimme, als er mich sah. «Diana, können wir mal reden?», fuhr er dann fort.

«Klar. Komm mit in die Küche. Möchtest du einen Tee?» Sie lächelte. Ihre Wangen wärmten sich rot wie Äpfel unter ihren mandelförmigen Augen.

Ich fragte mich, ob Derricks Mutter wohl wieder mal eine ihrer Phasen hatte und ihn in einem Anfall grundloser Wut aus dem Haus geworfen hatte. Wahrscheinlich ging es um den Sessel. Irgendwie ging es immer um diesen Sessel. Derrick zufolge hatte seine Mutter einen großen Polstersessel im Haus, und um diesen blöden Sessel kreisten ihre Wutanfälle wie die Planeten um die Sonne. Sie kam dann immer mitten in der Nacht in sein Zimmer und machte ihm Vorwürfe.

«Irgendwer hat meinen Sessel ruiniert. Verrätst du mir vielleicht mal, wer das war?» Worauf er ihr verschlafen zu dem Sessel folgte, wo sie ihn anschrie: «Sieh dir das an! Sieh dir an, wie du meinen Sessel zugerichtet hast!»

«Mom, da ist nichts. Niemand hat deinen Sessel ruiniert.»

«Verschwinde! Verschwinde aus meinem Haus!», forderte sie ihn dann auf. Und so ging das jedes Mal.

Ich kämpfte gegen meinen Dämmerzustand an und spitzte die Ohren, um zu hören, worüber Derrick und meine Mutter nebenan redeten. Doch sie unterhielten sich flüsternd, so dass ich kein Wort verstehen konnte. Nach ein paar Minuten kam mein Mutter zurück ins Wohnzimmer und setzte sich auf ihre Bettkante.

«Harmony, wie fändest du es, wenn Derrick für eine Weile hierbleiben würde?»

Ich hob meine schweren Augenlider, so hoch ich konnte, und antwortete: «Klar, ist mir recht.» Während ich im Schlaf versank, dachte ich noch darüber nach, ob es wieder einmal um den Sessel ging.

Eines Abends, ein paar Wochen, nachdem Derrick bei uns eingezogen war, waren wir beide zu Hause und langweilten uns. Einschließlich Derrick wohnten nicht weniger als neun Leute in unserem Dreizimmerhaus, doch an diesem Abend war es erstaunlich ruhig. Michelle war mit ihrem Freund Fonzie auf der 3rd Street Promenade und wahrsagte für Touristen und andere Opfer. Joe war vermutlich unterwegs, um sein gestrecktes Gras zu verscherbeln. Wo Layla sich herumtrieb, wusste ich sowieso nie. Sie hatte keinen Job, aber sie ging jeden Morgen in aller Frühe aus dem Haus, und am Ende des Tages schlich sie sich wieder ins Wohnzimmer und baute einen Massagetisch auf, auf dem sie schlief. Sie war auch noch nicht zu Hause. Mein Bruder Noah war im vorderen Zimmer und spielte «Sonic der Igel» mit Hawk, dem von zu Hause vertriebenen Indianerjungen, den meine Mutter als Gefälligkeit für eine Freundin aufgenommen hatte. Und meine Mutter verbrachte die Nacht bei ihrem Freund. Somit waren Derrick und ich allein in dem Zimmer, das wir normalerweise mit Noah, Hawk und Joe teilten.

Ich lag quer auf dem Futon und zupfte an der Feder eines selbst gebastelten Traumfängers, der an einem Nagel an der Wand hing. Derrick drehte sich rhythmisch auf einem Bürostuhl hin und her, während er penibel den Schirm seiner marineblauen Baseballmütze zurechtformte. Er musste zu einem perfekten C gebogen sein.

Schließlich fiel Derrick ein Mittel gegen unsere Langeweile ein. «Hast du Lust, Poker zu spielen?»

«Ich weiß nicht, wie das geht.»

«Komm, ich bringe es dir bei.»

Wenn es so ging wie bei unseren Dominowettkämpfen, dann wusste ich schon, dass ich verlieren würde. Er spielte viel besser als ich, aber selbst wenn ich gewinnen *konnte*, tat ich es nicht. Das ging mir zwar völlig gegen den Strich meiner ehrgeizigen Natur, aber wenn Derrick verlor, hatte niemand Freude daran. Wenn ein Spiel nicht gut für ihn lief, wurde er wütend oder schmollte, oder er schlug mit der Hand gegen die ausgelegten Dominosteine, um das Spiel zunichtezumachen, bevor sein Schicksal als Verlierer besiegelt war.

Anfangs protestierte ich dagegen. «Das Spiel hätte ich gewonnen!»

«Auf keinen Fall! Glaubst du wirklich, du könntest mich schlagen? Derricks lassen sich nicht schlagen», argumentierte er dann selbstsicher.

Nachdem ich genug von seinen Wutanfällen hatte, gab ich es schließlich auf, gewinnen zu wollen. Wenn ich durch pures Glück unschlagbare Steine hatte, ließ ich ihn trotzdem gewinnen.

Wir spielten eine Übungsrunde Poker, und er erklärte mir sorgfältig, welches Blatt gegen welches gewann. Ich tat mein Bestes, um es zu kapieren, aber es war zu viel, um es sich alles einzuprägen. Wie es für Derrick typisch war, bekam ich nicht mehr als eine Runde als Gnadenfrist. Von da an lag es an mir, das Blatt auszuspielen, das ich bekam, ohne irgendwelche Hinweise und ohne, dass ich Fragen stellen durfte. Natürlich verlor ich eine Runde nach der anderen. Immer und immer wieder.

Anfangs leuchteten seine Augen, und es machte ihm Spaß, mich zu schlagen. Er warf jedes Mal den Kopf in den Nacken und lachte. «Sammle sie ein!», sagte er und deutete auf die Karten. Ich musste nach jedem Spiel mischen.

Nach fünf oder sechs Runden gaben seine Siege wohl nichts mehr für sein Ego her. Er seufzte schwer.

«Scheißspiel.»

«Wozu hast du denn Lust?»

«Ich habe eine Idee.» Seine Augen blitzten schalkhaft. «Spielen wir Strip-Poker.»

«Neeeeeee ...», sagte ich und lachte nervös über seinen Vorschlag.

«Wieso nicht?»

«Weil ich verlieren werde, deshalb.»

«Komm schon. Ich bin auch ganz brav. Ungelogen!»

«Vergiss es, so was spiele ich nicht mit dir.»

«Ach komm, ernsthaft, lass uns spielen. Das macht Spaß.»

«Na gut. Aber nur, wenn ich mehr Sachen anziehen darf.» Ich dachte mir, das würde den Abend interessanter machen.

«Von mir aus», erwiderte er, als ob das kaum etwas daran ändern konnte, dass ich verlieren würde. Und er hatte recht.

Stück für Stück schälte ich mir eine Lage Sweatshirts, T-Shirts, Mützen und Trainingshosen nach der anderen vom Leib, bis ich knallrot im Gesicht in BH und Höschen vor ihm stand.

«Du hast einen hübschen Körper», sagte er, während er mich musterte.

«Okay, das reicht. Ich ziehe mich wieder an.»

«Nee nee. So läuft das nicht. Du musst noch dein Höschen ausziehen. Ich habe diese Runde gewonnen.»

«Na schön», sagte ich, stand auf und zog sie blitzschnell herunter und wieder herauf. Dann zog ich mich an, und wir saßen einander schweigend gegenüber.

«Mir ist langweilig», sagte er schließlich.

Mein Blick begegnete seinem. *Ich habe gerade meine gesamten Klamotten für ihn ausgezogen, und er hat die Frechheit, zu sagen, ihm sei langweilig!*, dachte ich. Er las es mir von der Miene ab und merkte, wie empört ich über seine Bemerkung war.

«Nein, ich meine, das war voll cool eben. Aber lass uns den Einsatz erhöhen.»

«Wie meinst du das?»

«Lass uns um etwas anderes spielen.»

«Um Geld etwa?»

«Nein, nicht um Geld … um etwas Besseres.»

«Zum Beispiel?»

«Zum Beispiel …»

«Zum Beispiel?», hakte ich nach.

«Sex», sagte er schnell, als ob das die Bedeutung des Wortes schmälern würde.

«Was??» Er machte wohl Witze.

«Wenn du verlierst, poppen wir. Wenn du gewinnst, dann nicht.»

Ich war ziemlich sicher, dass er nur bluffte. Nicht absolut sicher, aber ziemlich. Jedenfalls wollte ich nicht mit ihm schlafen. Mir war zwar auch langweilig, aber nicht *so* langweilig. Würde er wirklich von mir erwarten, dass ich meine Spielschuld beglich? Ich sagte ja. Ich hatte nichts zu gewinnen und alles zu verlieren, aber ich sagte trotzdem ja.

Schon als er die Karten austeilte, war mir klar, dass ich nur verlieren konnte. Die Spannung in der Luft war zum Greifen. Als hätte ich auch nur den Hauch einer Chance, spielte ich, so gut ich konnte. Ich verlor. Und er hatte nicht geblufft.

Wir schliefen miteinander. Ich hatte meinen Körper in einem Kartenspiel eingesetzt, und nun schliefen wir miteinander. Ich weiß noch, dass ich dankbar war, dass er mich immerhin nicht vergewaltigte. «Bist du sicher, dass das okay für dich ist?», fragte er noch, und mich packte der Gedanke, dass ich noch eine Wahl hatte. Ich hatte eine Wahl. Es lag an mir, und ich konnte wählen. Trotzdem tat mein Körper das, wozu er geschult war. Er war still und schwer, nackt und nachgiebig. Ich traf die einzige Wahl, die ich zu treffen verstand: Ich lieferte mich aus.

Gelegenheitssex. War es das, was die Erwachsenen machten? Ohne Konsequenzen. Ohne Bindung. Sex um seiner selbst willen. Ich wollte es nehmen wie eine Erwachsene; mich so verhalten wie eine dieser reifen, unabhängigen Frauen mit einem gut bezahlten Job. Die Sorte, die nach einem One-Night-Stand als Erste aufsteht, in ihre Pumps und ihren Kostümrock schlüpft und den Mann allein im Hotelzimmer liegen und umso mehr nach ihr schmachten lässt, weil sie weg ist. So eine Frau wollte ich sein, aber das konnte ich nicht. Für mich war überhaupt nichts Beiläufiges oder Bedeutungsloses daran. Ich hatte ihm ein Stück von mir selbst gegeben, und meine einzige Chance, diesen Teil von mir nicht zu verlieren, bestand darin, ihn an mich zu binden.

Als ich am nächsten Morgen im Bett lag, hörte ich auf der anderen Seite der Zimmerwand die Dusche laufen. Wollte er weg? Für heute? Für immer? Schon bei dem Gedanken packte mich die Angst. Er hatte seine dunkelblauen Jeans und ein makelloses weißes T-Shirt an, als er auf Zehenspitzen ins Zimmer kam. Seine langen, gewellten braunen Haare waren säuberlich zu einem Pferdschwanz gebunden. Er wollte eindeutig weg.

«Hey, wo willst du hin?» Ich musste es wissen.

Derrick schaute mich an und legte grinsend den Kopf auf die Seite. Es schien ihn zu amüsieren, dass mir das wichtig war.

«Warum willst du das wissen?» Die Machtverschiebung in unserer Beziehung war mit Händen zu greifen. Bisher war er derjenige gewesen, der neugierig auf mich war. Er war es gewesen, der sich geschickt in meine Welt hineingeschoben hatte.

«Ich frage mich nur. Weißt du ... keine Ahnung. Ich dachte, wir könnten vielleicht heute was zusammen machen.» Die Worte purzelten aus meinem Mund.

«Nee, geht nicht. Ich muss los.»

Ich fühlte mich verletzlich und minderwertig bei dem Gedanken, er könnte mich verlassen. Hatte ich ihm noch nicht genug gegeben, dass er bei mir bleiben wollte? Ich hätte nie mit ihm schlafen sollen, dachte ich.

«Wo gehst du denn hin?» Schon als die Worte aus meinem Mund kamen, wusste ich, dass ich nicht noch einmal hätte fragen sollen. Ich hätte auf cool machen sollen, als wäre es mir egal. Ich hätte so tun sollen, als wäre mir die ganze Sache gleichgültig, um meine Macht zurückzugewinnen. Aber die Angst, ihn zu verlieren, hatte mich fest im Griff.

«Weg. Ich gehe weg.» Er sagte es mit einem Lachen. Meine Verzweiflung schien ihm zu schmeicheln.

«Also dann. Machs gut», sagte er, ging und ließ mich nach ihm schmachten.

Sechzehn

Vielleicht lag es daran, dass er sich keinen Job suchen wollte. Oder vielleicht daran, dass meine Mutter schon Jahre vor mir merkte, dass Derrick sich nicht retten lassen würde. Nach mehreren Monaten leiser Diskussionen hinter verschlossenen Türen und etlichen Erkundigungen, um welche Stellen er sich beworben habe, zog meine Mutter die Notbremse. Derrick musste seine Sachen packen.

«Wo wirst du hingehen? Was hast du vor?», flehte ich ihn unter salzigen Tränen an.

«Mir fällt schon was ein. Macht dir keine Sorgen um mich.» Seine Antwort war nicht dazu angetan, meine Ängste zu zerstreuen.

«Du kannst doch nicht einfach draußen auf der Straße leben. Was wirst du machen? Und wann werde ich dich wiedersehen?»

Ich zog meine Sockenschublade auf und kramte ganz hinten darin herum, wo ich einen kleinen Geldvorrat versteckt hatte. Den hatte ich mir bei meinem Sommerjob zusammengespart, als ich auf der Strandpromenade für Greenpeace T-Shirts verkauft hatte. Ich zog ein kleines Bündel Zwanzigdollarscheine hervor und gab sie ihm.

«Hier. Für den Fall, dass du es brauchst», sagte ich.

«Ich melde mich», sagte er, während er mir das Geld aus der Hand nahm. Und dann war er weg.

In jener Nacht konnte ich nicht schlafen. Immerzu dachte ich darüber nach, wo er sein mochte. Ich machte mir Sorgen, dass er irgendwo draußen auf der Straße schlief, aber ich wusste, dafür war er zu einfallsreich. Es erfüllte mich zwar mit Mitleid, wenn ich ihn mir als Obdachlosen vorstellte, aber was ich am meisten fürchtete, war die Alternative.

Was war, wenn jemand anderes sich um ihn kümmerte? Was war, wenn er mich nicht mehr brauchte? Solange er bei mir zu

Hause gewohnt hatte, hatte ich ihm etwas zu bieten gehabt; einen Anreiz, bei mir zu bleiben. Aber das war jetzt vorbei. Ich hatte ihm nichts zu geben. Was war, wenn ihn die schiere Notwendigkeit in die Arme einer anderen trieb?

Ein paar Tage später rief er an und bat mich, ihn im Einkaufszentrum in Santa Monica zu treffen. Ich eilte hin, so schnell ich konnte. Als ich ankam, saß er an der Bushaltestelle, den Kopf gesenkt, die Ellbogen auf die Beine gestützt. Er schaute auf zu mir, als ich aus dem Bus stieg. Ich hatte mir die Haare straff nach hinten zu einem Knoten gebunden, wie er es gern mochte, und hatte meine Lieblingslatzhose und ein weißes, gleich unter dem BH abgeschnittenes T-Shirt an. Sollte er ruhig sehen, was er zurückgelassen hatte. Ich beobachtete ihn, als sein Blick auf meine nackte Taille fiel. Mein Plan funktionierte.

«Hi, Der», begrüßte ich ihn.

«Wie läuft's?» Von Umarmungen hatte er nie viel gehalten, aber ich hatte gehofft, bei unserem Wiedersehen wäre eine fällig. Fehlanzeige.

«Wie geht es dir? Wie ist es dir ergangen?», fragte ich.

«Ganz okay.»

«Ich habe dich vermisst.» Ich sagte es in dem Wissen, dass er das nicht erwidern würde, aber ich nahm es nicht persönlich. Er musste sich hart geben, um sein weiches, verwundetes Herz zu schützen. Mit der Zeit würde ich ihm schon zeigen, dass er mir vertrauen konnte.

«Ach was, tatsächlich?», sagte er lächelnd. «Ich wollte dich sehen, um Tschüs zu sagen», fuhr er fort.

«Tschüs? Wieso Tschüs? Wo willst du denn hin?»

«Weg.»

«Aber wohin denn? Für wie lange?»

«Für eine Weile. Wahrscheinlich eine lange Zeit.»

Ich konnte die Tränen nicht zurückhalten, die mir in die Augen stiegen.

«Ich überlege, zur Armee zu gehen.» Bei diesen Worten richtete er den Blick in weite Ferne.

«Was!? In die Armee? Machst du Witze?» Dass er weg wollte, war schlimm genug, aber auch noch zur Armee! Da konnte er ja getötet werden.

«Ich sehe keine andere Möglichkeit.»

«Nein. Tut mir leid, aber du gehst nicht zur Armee», sagte ich bestimmt.

«Was soll ich denn dann machen? Sag du es mir.» Diesmal sah er mich direkt an. Die Intensität in seinem Blick ließ mich verstummen. «Dachte ich mir. Nichts. Es gibt nichts anderes, was ich tun kann.» Seine Worte klangen scharf und schneidend.

Ich erinnerte mich noch an das letzte Mal, als er in irgendetwas möglicherweise Lebensbedrohliches verwickelt gewesen war. Die Einzelheiten hatte er mir nie erzählt. Er sagte nur, er brauche sofort Geld, sonst würde etwas Schreckliches passieren. Mehr konnte er mir nicht verraten, weil er mich nicht in die Sache hineinziehen wollte. Woher sollte er das Geld nehmen? Mir fiel eine Lösung ein. Wir gingen zum nächsten Geldautomaten, und ich hob dreihundert Dollar von meinem Sparkonto ab. Das war das Geld, das ich für ein Auto angespart hatte. Aber Derrick brauchte es. Er brauchte mich. Und jetzt war es wieder so weit. Ich wusste, was er von mir wollte. Und wenn ich keinen Weg fand, ihn davor zu bewahren, zur Armee zu gehen, dann würde es ein anderes Mädchen tun.

«Du kannst dir eine Wohnung nehmen. Unten in Venice können wir was richtig Billiges für dich finden.»

«Und woher soll ich das Geld für die Miete nehmen?» Seine Stimme hörte sich fast höhnisch an.

«Ich helfe dir. Ich suche mir einen Job. Wir schaffen das, wir kriegen das hin. Ich will nur nicht, dass du abhaust und dich bei der Armee umbringen lässt. Das könnte ich mir nie verzeihen.»

Und so wurde es beschlossen. Er würde sich eine Wohnung suchen, und ich würde mir einen Job suchen. Bei der Lösung gewannen wir beide. Sie hielt ihn am Leben und hinderte ihn daran, mich zu verlassen.

Siebzehn

Kurz nach meinem siebzehnten Geburtstag wurde ich in einem Café in Santa Monica eingestellt. Derrick war in Sicherheit und wohnte in einer Einzimmerwohnung in Venice. Mir dagegen ging es nicht so toll. Eines Morgens hatte ich einen Riesenkrach mit meiner Mutter, nachdem sie mein Tagebuch gelesen und herausgefunden hatte, dass ich mit Derrick geschlafen hatte. «Ich habe diesen Jungen in meinem Haus aufgenommen, und die ganze Zeit hast du es hier drinnen mit ihm getrieben!», schrie sie.

Ich sah die Wut in ihren Augen. Der Streit eskalierte rasch, und ich beschloss, ihn auf die einzige Art zu beenden, die ich kannte – indem ich weglief. Ich schnappte mir meine Übernachtungstasche, die immer für den Fall, dass ich schnell verschwinden musste, gepackt war und marschierte auf die Tür zu. Als sie mich packte, wollte sie mich sicherlich zuerst nur davon abhalten, das Haus zu verlassen, aber ihre Wut gewann die Oberhand. Erst als ihr Freund hereinstürmte und sie von mir wegzerrte, konnte ich endlich entkommen.

Ich saß auf der Buswartebank in Santa Monica und drückte den zerzausten Koala an mich, den ich überall hin mitnahm. Selbst mit siebzehn konnte ich nicht ohne ihn schlafen. Wohin ich wollte, wusste ich nicht. Ich kannte nur zwei der großen Buslinien: Die eine würde mich nach Venice bringen; die andere nach Hollywood. Zu keinem dieser Orte zog mich irgendetwas hin. Und hier, wo ich war, hielt mich auch nichts. Ich hatte keine Beweggründe, keinen Plan. Ich hatte nur meinen

Teddybären und den Rucksack, den ich gepackt und griffbereit neben meinem Bett hatte, für den Fall, dass ich davonlief oder meine Mutter mich hinauswarf ... wieder einmal.

Vor der Bushaltestelle hielt ein champagnerfarbener Lexus. Die Fahrerin war eine Frau im mittleren Alter, die aussah, als duftete sie nach Gardenien und Haarspray. Ihr großer Diamantring reflektierte das Sonnenlicht und warf Regenbögen auf das Armaturenbrett ihres Wagens. Auf dem Beifahrersitz saß ein junges Mädchen – ihre Tochter vielleicht –, dessen seidige, blonde Haare sich über seine Schultern ergossen. Die Kleine sagte irgendetwas, und ihre Mutter warf lachend den Kopf zurück. Man konnte spüren, wie nahe sie sich standen. Ich sehnte mich nach dem, was die beiden hatten.

Als sie davonfuhren, stellte ich mir vor, sie wären auf dem Weg zu ihrem Haus in Malibu, an einen Canyon geschmiegt, mit Blick auf den Pazifik: ein Haus voller sauberer, weißer Kühlschränke, die immer gut mit feinen Markenlebensmitteln bestückt waren. Die Tochter würde in ihr perfektes, pinkfarbenes Zimmer gehen und sich auf ihr Bett fläzen, um ihre Hausaufgaben zu machen. Um halb sieben würde ihre Mutter die Familie zu Tisch rufen, und beim Essen würden sich alle darüber unterhalten, was sie den Tag über erlebt hatten. Ich wünschte mir, dieses Mädchen zu sein. Ich wollte ein Zuhause, das sich *anfühlte* wie ein Zuhause.

Von einer Telefonzelle vor dem Einkaufszentrum von Santa Monica aus rief ich meinen leiblichen Vater an und erzählte ihm von dem Krach mit meiner Mutter. Nicht einmal *er* würde wollen, dass seine Tochter sich nachts in den Straßen herumdrückte. Was sollten denn die Leute in der noblen Firma denken, in der er arbeitete? Als ich darüber nachdachte, kamen mir Zweifel, ob er überhaupt wusste, dass er eine Tochter hatte. Ich rief ihn an, und seine Sekretärin stellte mich durch.

«Hier ist Bill.» Er hörte sich forsch und professionell an.

«Dad, hier ist Harmony.» Nichts an seinem Tonfall änderte

sich, als er merkte, dass ich es war. Er hatte Termine und musste ein Flugzeug erwischen. Ich war ein Überbleibsel aus seiner Vergangenheit: ein verstaubtes Souvenir auf dem obersten Regalboden seines Schrankes, das ihn an die kurze Zeit erinnerte, in der er mit langen Haaren barfuß auf dem Campus der University of California in Los Angeles herumgelaufen war und so getan hatte, als wäre er kein kapitalistischer Republikaner.

Ohne Umschweife schilderte ich ihm meine Lage und bat ihn um Hilfe. Seine Antwort war unmissverständlich. Er brauchte keine neue Mitbewohnerin, und er hatte kein Interesse daran, einen wohltätigen Beitrag zu meiner Sache zu leisten. Letzten Endes konnte ich nichts für mich heraushandeln, und er musste sich wieder seiner Arbeit widmen.

Ich quetschte meinen Teddy an meine Brust und legte meine Wange auf seinen kratzigen Kopf. Vor meinem inneren Auge sah ich meinen Vater, wie er sich nachts in sein riesiges Bett voller flauschiger Kissen kuschelte. Natürlich hatte ich gehofft, er würde mir ein Flugticket anbieten, damit ich zu ihm nach Chicago kommen könnte. Er hatte ja genug Zimmer übrig in seinem riesigen Haus mit Aussicht auf einen halben Hektar Wald am Stadtrand, so dass er mich hätte unterbringen können. Aber ich wäre auch schon mit einem Motelzimmer für eine Nacht zufrieden gewesen. Als ich über all das nachdachte, redete ich mir ein, es wäre bestimmt seine neueste Ehefrau, die mich dort nicht haben wollte. Das war leichter zu akzeptieren als die Alternative.

Der Sommerhimmel verdunkelte sich zu einem tieferen Blau, und ich wusste, dass in etwa einer Stunde die Sonne verschwinden würde. Ich hatte keine Ahnung, wo ich hinsollte, aber mein Instinkt riet mir, in Bewegung zu bleiben. Also stieg ich in den nächsten Bus zurück nach Venice und ging in Richtung Strand. Dort kannte ich mich am besten aus.

Ich stand am Rand des Fahrradweges und blickte auf die

sanften Sanddünen hinaus, die sich bis zum Ozean erstreckten. Der Wind ließ mir das sandblonde Haar ums Gesicht flattern. Eine Schar Möwen stritt sich um eine weggeworfene Tüte Pommes frites. Eine davon schnappte sie, flog auf und ließ sie dann wieder fallen. Drei andere zerrten an dem Papier herum, bis es zerriss und die Pommes frites sich auf dem Sand verteilten. Das brachte die anderen Möwen zur Raserei. Dutzende von ihnen stürzten sich gackernd und gurrend auf ihren Anteil der Beute.

Was mache ich jetzt? Die Frage drängte sich von innen gegen meine Lippen, so dass ich sie am liebsten laut herausgeschrien hätte, damit jemand sie hörte. In diesem Moment fiel mir die Telefonnummer wieder ein, die Derrick mir gegeben hatte.

«Wenn du heute Abend keinen Platz zum Übernachten findest, ruf diese Hotline an und sag denen, was passiert ist. Die werden dir sagen, was du machen sollst.»

Bei ihm konnte ich natürlich nicht mehr übernachten; nicht jetzt, wenn meine Mutter drohte, ihn wegen Fluchtbeihilfe für eine Minderjährige anzuzeigen. Ihm war das nur recht. Mich in seiner Wohnung unterzubringen – einer Wohnung, die von mir bezahlt wurde, wohlgemerkt – wäre ihm ein Riesenklotz am Bein gewesen. Ich wischte mit dem Blusenärmel den Hörer in der Telefonzelle ab und rief an. Nachdem ich den Streit mit meiner Mutter in allen Einzelheiten geschildert hatte, stellte mir die Frau von der Hotline eine Frage.

«Würdest du dich sicher fühlen, wenn du zurück nach Hause gingest?» Ihre Stimme klang warm und fürsorglich.

Ich schwieg und dachte gründlich darüber nach, was es eigentlich hieß, mich sicher zu fühlen. Klar, ich würde nicht sterben, wenn ich nach Hause zurückkehrte. Bis zu diesem Vorfall hatte meine Mutter noch nie auch nur einen blauen Flecken bei mir hinterlassen. Aber war ich dort sicher? War ich dort je sicher gewesen? *Was heißt sicher?* Ich wusste es nicht genau. Was ich mir unter «Sicherheit» vorstellte, war vielleicht in dem Zuhause zu finden, das in meiner Fantasie die Mutter und ihre Tochter in dem Lexus bewohnten. Aber ob ich im Haus meiner Mutter sicher war oder nicht, eines stand fest: Ich wollte nicht wieder dorthin zurück.

«Nein. Ich würde mich nicht sicher fühlen, wenn ich in dieses Haus zurückginge», erwiderte ich.

Ich folgte ihrer Wegbeschreibung zu einem Wohnheim. Es war ein anheimelndes Häuschen, versteckt hinter üppigem Grün in einer Mittelklasse-Nachbarschaft nahe dem Santa Monica College. Als ich auf das Haus zuging, fragte ich mich, ob ein Nachbar mich vielleicht für eine Jugendliche halten würde, die gerade von einem Nachmittag im Kino mit ihren Freunden zurückkommt. Ich schlang einen Arm fest um meinen Teddybären und klopfte mit pochendem Herzen an die Haustür.

Ein Mann mittleren Alters im Jogginganzug ließ mich herein und führte mich in das düstere Frontzimmer, wo sich ein schlaksiger Junge auf einem alten Sofa lümmelte und sich eine Rap-Sendung auf MTV anschaute. Er nickte mir kurz zu, als ich an ihm vorbeiging.

«Komm mit nach hinten. Ich zeige dir dein Zimmer, damit du dich einrichten kannst. Wir haben heute Nacht nur noch ein anderes Mädchen hier, so dass du erst mal ein Zimmer für dich allein haben kannst. Die Jungs schlafen am anderen Ende des Flurs. Die Aufnahmeformalitäten kannst du morgen erledigen. Heute Abend kannst du dich erst einmal ausruhen.»

Dass im selben Heim auch Jungen untergebracht waren, machte mich nervös. Ich fragte mich, ob wohl jemand über Nacht Wache hielt und aufpasste, dass keiner von ihnen sich in mein Zimmer schlich.

Er führte mich in ein Zimmer mit zwei Etagenbetten. Ich steuerte geradewegs auf die untere Koje zu, die am weitesten von der Tür entfernt war, und bemerkte ein Fenster gleich daneben. Als ich durch den Vorhang spähte, sah ich zu meiner Erleichterung ein Eisengitter davor. Die Jungen am anderen Ende des Flurs konnten also nicht aus ihrem Fenster klettern und durch meines wieder einsteigen. Ich musste nur die Tür im Auge behalten und auf Schritte auf dem Flur lauschen.

Am nächsten Tag hatte ich mein Aufnahmegespräch. Ein gut aussehender Mann in den Zwanzigern namens Jermaine rief mich in das winzige Büro an der Vorderseite des Hauses. Er trug einen dunkelblauen Windbreaker-Trainingsanzug, wie Basketballspieler ihn tragen. Er war ein Typ, den meine Freundinnen und ich angegafft hätten, wenn wir ihn im Einkaufszentrum gesehen hätten. «Schnuckelig», hätten wir geflüstert, wenn er vorbeiging. Bevor er zu den eigentlichen Fragen kam, machte er mich erst einmal mit etwas Small Talk locker.

«Wo gehst du zur Schule?»

«Ich war auf der Fairfax, aber nach diesem Sommer soll ich auf die Santa Monica High gehen.»

«Ich war auch auf der Samo.» Eine Gemeinsamkeit. Ich fing an, mich zu entspannen.

«Ach, wirklich? Wann hast du denn deinen Abschluss gemacht?»

«1990. Ich habe mir ein bisschen Zeit gelassen, aber jetzt bin ich auf dem Santa Monica College.»

Ich fragte mich, ob wir wohl gemeinsame Bekannte hatten.

«Was studierst du denn?»

«Politikwissenschaft. Eines Tages werde ich der erste schwarze Präsident der Vereinigten Staaten sein.» Er rutschte auf seinem Stuhl herum und räusperte sich. Ich starrte ihn an und wartete darauf, dass er lachte und sagte, er mache nur Witze. Wer glaubte denn allen Ernstes daran, Präsident werden zu können?

Aber es war kein Witz. Wenn ich es mir recht überlegte, konnte er durchaus Präsident werden. Irgendjemand muss ja Präsident sein. Warum also nicht er? Die Tollkühnheit seiner

Hoffnung weckte in mir den Wunsch, auch auf irgendetwas zu hoffen.

Das Interview nahm seinen Lauf. Fragen, Fragen über Fragen: Vollständiger Name? Alter? Geburtsdatum? Geburtsort? Name der Mutter? Adresse? Geschwister? Wurdest du schon einmal vergewaltigt? *Wurdest du schon einmal vergewaltigt?*

Ich saß da und starrte durch das Erkerfenster hinaus auf die stille Straße. Schweigen. Diese Frage hatte mir noch nie jemand gestellt. Sie traf mich unvorbereitet. Er stellte sie beiläufig, gelassen, so als ob das ständig passieren würde. Ich antwortete beiläufig, gelassen, so als ob das ständig passieren würde: «Ja.»

Er erklärte mir, es sei seine Pflicht, dies zu melden. Wenn ich ihm den Namen der Person nennen würde, müsste er ihn melden.

«Wird er dann verhaftet?», fragte ich.

«Vielleicht.»

Die Erinnerung an die erste Vergewaltigung schoss mir durch den Kopf. Mein Ex-Freund Maurice und ich hatten eine Party verlassen und gingen durch das Wohnviertel, vorbei an bernsteinfarben erleuchteten Fenstern und Terrassentüren, hinter denen jüdische Familien zur Feier des Sabbats miteinander aßen. Es weckte so etwas wie Hoffnung in mir. *Vielleicht würden wir auch wieder zusammenkommen. Vielleicht könnten wir eines Tages eine Familie sein.*

Hinter den Mauern eines heimeligen, mit Efeu berankten Hauses neigte ein Mann mit dichtem schwarzem Bart sein Haupt zum Gebet und winkte seiner Familie, es ihm gleichzutun. Zu seiner Linken saß ein Mädchen in einem grünen Samtkleid. Sie war vielleicht vierzehn, so wie ich damals. Ihre Haut war wie reines, olivfarbenes Porzellan, und ihr Haar war zu einem zerzausten Pferdeschwanz nach hinten gebunden. Ein paar Strähnen umrahmten ihr zierliches Gesicht. Ich fragte mich, ob sie wohl jemals auf Partys ging oder für Jungen schwärmte.

Als ich so neben Maurice ging und seine Schritte auf dem trockenen Laub und seinen Atem in der kühlen Nachtluft hörte, hatte ich das Gefühl, an der Schwelle zu etwas Verheißungsvollem zu stehen. Ich stellte mir vor, Maurice würde mich in die Arme nehmen und mir sagen, er hätte mich nie gehen lassen sollen. Er könne sich ein Leben ohne mich nicht vorstellen – jedes Mal, wenn er unseren Song «Always and Forever» von Headwave höre, dann sei ich es, mit der er für immer und ewig zusammen sein wolle. Seit jener Nacht waren drei Jahre vergangen.

«Angenommen, ich melde etwas, aber es ist schon lange her. Könnte er trotzdem immer noch verhaftet werden?», fragte ich Jermaine.

«Solange es nicht länger als sieben Jahre her ist …» Jermaine ließ Stille über den Raum sinken, während ich überlegte, ob ich etwas sagen sollte.

Ich erinnerte mich, wie wir zu dieser Grundschule kamen. Maurice hatte während des ganzen Spaziergangs kaum etwas gesagt. Jetzt nahm er meine Hand und beschleunigte seinen Schritt.

«Komm», sagte er mit tonloser, gehetzter Stimme.

Als wir den drei Meter hohen Maschendrahtzaun erreichten, ließ Maurice meine Hand los, kletterte hinauf und schwang sich auf die andere Seite.

«Komm schon», wiederholte er, während ich meine Blicke nervös schweifen ließ.

Mit erwartungsvollem Blick stand er da. Sein Körper war geduckt und seine Knie leicht gebeugt, als wäre er so nicht so leicht zu sehen. Ich wollte ihn nicht enttäuschen. Ich wollte ihm zeigen, wie abenteuerlustig ich war. Also kletterte ich zitternd über den Zaun, der die ganze Zeit unter mir wackelte und schlingerte. Es war aufregend, so wie die Nächte, in denen meine Mutter meinen Bruder Noah und mich weckte, um mit uns die Küste hinunter in die Santa Monica Mountains zu fahren und mit uns eine Wanderung zu machen, nur vom Licht des Mondes geleitet.

Sobald ich über den Zaun war, lief Maurice auf ein im Schatten liegendes Treppenhaus auf der anderen Seite des kahlen Schulhofs zu. Ich rannte hinter ihm her und folgte ihm die Betontreppe hinauf, immerzu in geduckter Haltung. Als wir den letzten Treppenabsatz erreichten, reckte Maurice den Hals, um die Umgebung abzuchecken, und atmete schließlich erleichtert auf. Ich setzte mich auf die oberste Stufe. Mein Puls raste vor Adrenalin.

«Hi», sagte er grinsend und sah mich an, als wäre es zum ersten Mal. Seine hübschen Locken thronten säuberlich gescheitelt auf seinem Kopf.

«Hi», erwiderte ich und verzog meine Lippen zu einem koketten Lächeln.

Er hob mein Kinn an und berührte sanft meine Lippen mit seinen. Mein Herz flatterte so schnell, dass ich sicher war, er könnte es in meiner Brust schlagen hören. Irgendwo in meinem Innern wollte ich kein Mädchen sein, das mit einem Jungen herumknutschen würde, der nicht mein Freund war; aber irgendwo wollte ich mich auch von ungehinderter Liebe hinreißen lassen und Maurice zeigen, was er verpasst hatte, seit er mit mir Schluss gemacht hatte. Dieser Teil von mir behielt die Oberhand.

Nach und nach wurden Maurices Küsse hektischer und feuchter. Ich wich zurück und sah ihn fragend an. Als sein Gesicht wieder auf meines zufuhr, bremste ich ihn in seinem Schwung, indem ich meine Hand fest auf seine Brust legte und mich widersetzte. Da packte er mich an beiden Schultern und drückte mich mit seinem Gewicht auf den Boden. Die beißende Kälte des Betons drang durch mein T-Shirt, so dass mein Rücken sich zu einem Bogen wölbte.

«Hör auf!», verlangte ich.

«Schschsch!», brachte er mich zum Schweigen.

Sein Blick war wild und starr. Er schaute in meine Richtung, aber auf irgendeinen Punkt hinter mir. Als er sich vorbeugte, fiel sein T-Shirt über mein Gesicht. Es bedeckte meine Augen – bedeckte mich. Er ließ eine meiner Schultern los und verlagerte seine Hände auf die Mitte meiner Brust, immer noch mit seinen gesamten neunzig Kilo Körpergewicht auf mich gestützt. Vergeblich schlug ich auf seine Hände ein, um ihn aufzuhalten. Als er an meinen Jeans zerrte und dabei meine Hüfte vorwärts riss, schlug ich mit den Lendenwirbeln hart auf der Stahlkante am Rand der obersten Treppenstufe auf.

Unter dem Moschusgeruch seines T-Shirts versuchte ich, meine Tränen zu unterdrücken. Wenn ich jetzt weinte, würde ich damit anerkennen, wie falsch das alles war. Und das Falsche war mehr, als ich jetzt verdauen konnte. Doch es gelang mir nicht. Tränen strömten über meine Schläfen herab und tropften auf den Beton unter mir. Eine vertraute, kühlende Lähmung überkam meinen Körper. Sie strömte von meinem Hals durch meine Arme und durch die Mitte meines Körpers hinab zu den Füßen. Ich empfand etwas wie ein Rauschen in meinem Blut, das ich nur zu gut kannte. Es war dieselbe Empfindung, die mich schon in der Vergangenheit durch verschiedenste derartige Erlebnisse getragen hatte. Sie gab mir das Gefühl, von der Situation, die mir gerade aufgezwungen wurde, weit weg zu sein.

Maurice stand auf und zog seine Jeans wieder hoch, ohne mich eines Blickes zu würdigen. Zuerst rührte ich mich nicht. Ich *konnte* mich überhaupt nicht rühren. Ich rollte mich zu einer Kugel zusammen und schluchzte in meine Knie hinein. Schließlich sah er in meine Richtung.

«Warum heulst du?» Er kniff seine Augenwinkel zusammen, als er die Frage stellte.

Schon das Wort «Heulen» löste einen neuen Schub aus.

«Was zum Geier ist denn los mit dir?», fragte er kopfschüttelnd. Dann drehte er sich um und ging die Treppe wieder hinunter.

«Lass mich hier nicht allein ...», flehte ich vergeblich.

Ich sah ihm nach, wie er über den Hof ging. Diesmal duckte oder versteckte er sich nicht. Ich kauerte in einem dunklen Treppenhaus, während er selbstbewusst mit hoch erhobenem Kopf zurück zur Party ging. Inzwischen war ich hin- und hergerissen, ob ich ihm die Schuld geben sollte oder mir selbst. Vielleicht hatte er gar nicht gemerkt, dass ich nicht mit ihm schlafen wollte? Vielleicht war ich selbst daran schuld, weil ich überhaupt einen Spaziergang mit ihm gemacht hatte? Ich hätte es besser wissen müssen. Er hätte mich auch nicht zwingen müssen, wenn ich mich nicht widersetzt hätte. Aber was ist das für ein Mistkerl, der mit einem Mädchen schläft und es dann allein und weinend zurücklässt? Jetzt denkt der bestimmt, ich bin eine Drama-Tussi, und will nichts mehr mit mir zu tun haben. Letzten Endes war es leichter, mir selbst die Schuld zu geben, als diese ganzen Zweideutigkeiten auseinanderzusortieren. Wenn es mein eigener Fehler war, hatte ich es wenigstens unter Kontrolle. Wenn die Schuld bei mir lag, gab es immerhin noch die Hoffnung, dass *ich* mich ändern könnte.

Erst, als ich auf der anderen Seite des Zauns wieder auf dem Boden ankam, wurde mir klar, dass ich den Weg zurück zur Party nicht kannte. Wir waren ein paar Mal abgebogen, und ich hatte nur Augen für Maurice gehabt, so dass ich nicht darauf geachtet hatte, wo wir entlanggingen. Ich schlug die grobe Richtung ein, aus der wir gekommen waren, wanderte kreuz und quer durch Straßen, gesäumt von Bäumen, die so groß waren, dass sie die ganze Straße überspannten und sich über der Mittellinie die Hände zu reichen schienen. Es schien ein ruhiges, sicheres Viertel zu sein, mit funktionierenden Straßenlaternen und zirpenden Grillen. Doch mein Herz pochte vor Angst bei dem Gedanken, wie verirrt und verloren ich war. Wie unendlich verloren.

Nachdem ich eine Stunde lang umhergeirrt war, bemerkte ich endlich einen vertrauten Anblick, als das efeuberankte Haus in Sicht kam. Das Abendessen war vorüber, und das Esszimmer war menschenleer – keine Familie mehr darin und keine Gebete. Nur das schmutzige Geschirr stand noch da, zurückgelassen von den satten Essern.

Als ich endlich die Musik und das Geplauder der Partygäste hörte, ungefähr einen halben Häuserblock weit entfernt, tat ich mein Bestes, um meine zerzausten Haare wieder in Form zubringen und mir das zerlaufene Mascara von den Wangen abzuwischen. Meine Hoffnung war, dass ich Maurice in einer Ecke des Raums finden würde, schmachtend in Bedauern und Sorge über das, was passiert war. Doch stattdessen stand er mitten im Raum und erzählte irgendeinen blöden Witz, über den sich alle anderen vor Lachen bogen. Er wirkte völlig zufrieden. Sein Appetit war ja auch befriedigt worden. Ich dagegen fühlte mich nur leer und beschämt – schmutzig und benutzt. Er tat so, als wäre nichts gewesen. Seine Gleichgültigkeit ließ mich an meinem Verstand zweifeln. Im Lauf des nächsten Jahres vergewaltigte er mich noch einige Male. Jedes Mal wuchsen die Scham und der Abscheu, die ich empfand. Irgendwann hörte ich auf, mich gegen ihn zu wehren. Wenn ich ihm gab, was er wollte, konnte er mich wenigstens nicht vergewaltigen.

«Gibt es etwas, was du mir sagen möchtest?», hakte Jermaine behutsam nach. Seine Stimme drang in meine Versunkenheit und brachte mich zurück in das kleine Büro in dem Wohnheim.

«Ja. Ich bin vergewaltigt worden …» Die Worte kamen wie aus dem Mund einer anderen Person – einer, die stärker und selbstgewusster war als ich – «… aber ich weiß nicht, ob ich dir seinen Namen sagen möchte.»

Ich ließ mir alles durch den Kopf gehen. Maurice im Gefängnis. Vor mir blitzte ein Bild auf, wie ich im Zeugenstand saß, mich an die Vergewaltigungen erinnerte; wie ich befragt wurde; beschuldigt. Wie Leute sich Meinungen bildeten; mit Fingern deuteten; Namen flüsterten.

«Nein. Ich sage dir den Namen lieber nicht», beschloss ich.

Alle paar Minuten ging ich an dem Telefon im Wohnheim vorbei, immer in der Hoffnung, Tisha, eine andere Bewohnerin, wäre endlich fertig mit ihrem endlosen Gespräch. Sie saß vornüber gebeugt auf einem Hocker, und ihre braune Pausbacke presste sich gegen den Hörer, während sie abwechselnd flüsterte und kicherte. Wenn ich nicht bald Derrick anrufen konnte, würde ich bis zur Telefonzeit am nächsten Tag keine Gelegenheit mehr dazu haben.

«Tisha, ich muss auch mal ans Telefon ...», unterbrach ich sie schließlich.

Sie klappte die Zähne zusammen und sah genervt zu mir auf.

«Bitte. Es ist wirklich dringend.»

Sie holte tief Luft und beendete dann ihr Gespräch. «Ich muss Schluss machen. Dieses weiße Mädchen, von dem ich dir erzählt habe, muss mal telefonieren.»

«Danke, Tisha», sagte ich, als sie auflegte.

«Schon gut. Das war nur der Typ, den ich gestern mit Kayla im Einkaufszentrum getroffen habe.»

Die anderen Mädchen in dem Wohnheim gingen immer ohne mich ins Einkaufszentrum und auch sonst überall hin. Während sie den Sommer über ihre Ausgangsscheine für gutes Betragen nutzten, um sich eine schöne Zeit zu machen, am Strand zum Beispiel, benutzte ich meine Scheine, um arbeiten zu gehen. Manchmal kamen sie in dem Café vorbei, in dem ich arbeitete, um «Hi» zu sagen und mir von all den Telefonnummern zu erzählen, die sie den Tag über gesammelt hatten.

«Du hättest diesen Freak sehen sollen, mit dem ich mich unterhalten habe! Der war so süß!», prahlten sie mit ihren Eroberungen des Tages. Und ich stand da mit Karamellflecken auf meiner weißen Schürze, roch so, als hätte ich in Kaffeebohnen gebadet, und hörte mir sehnsüchtig an, was sie für einen Spaß hatten.

Ich setzte mich auf den Hocker, der immer noch warm war, nachdem Tisha so lange dort gesessen hatte, und wählte die Nummer. Endlich meldete er sich.

«Hey, Der!» Ich konnte meine Begeisterung nicht zurückhalten, als ich seine Stimme hörte.

«Oh, hi. Was gibt's?»

«Ich versuche dauernd, dich anzurufen, aber du gehst nie dran. Wo warst du?»

Schweigen. Er mochte es nicht, wenn man ihm Fragen stellte.

«Also, ich verschwinde hier demnächst», sagte ich.

«Schon?» Schon? Ich war schon fast einen Monat hier! Und er war nicht einmal während der Besuchszeit da gewesen.

«Du hörst dich ja richtig enttäuscht an.»

«Bin ich nicht. Ich meine nur, die Zeit ist wie im Flug vergangen.» Er versuchte, die Situation zu retten.

«Hier in der Gegend gibt es keine Heime, und bis nach Lancaster gehen will ich nicht. Der Sozialarbeiter sagt, ich kann mich nicht freistellen lassen, weil das Verfahren zu lange dauern würde und ich sowieso schon fast achtzehn bin. Also gehe ich erst mal zurück nach Hause.»

«Bist du sicher, dass das eine gute Idee ist?»

«Bald fängt die Schule wieder an. Außerdem werde ich weiter arbeiten gehen. Ich werde also sowieso nicht allzu viel Zeit zu Hause verbringen …»

Doch das Wichtigste war, dass ich wieder in Venice sein würde, in seiner Nähe. Außerdem wusste ich ja, dass ich nicht mehr lange zu Hause bleiben musste. Sobald das Schuljahr vorbei war, würde ich achtzehn werden und mir eine eigene Wohnung suchen können.

Achtzehn

Ich schob vorsichtig die Tür auf und trat auf Zehenspitzen in die Wohnung, die nach frischer Farbe roch. Nach einigem Tasten fand ich den Lichtschalter. «Mist, kein Strom», flüsterte ich vor mich hin. Nachdem meine Augen sich an die Dunkelheit gewöhnt hatten, schlich ich hinüber zum Küchentresen und stellte meine Handtasche ab.

Du brauchst hier nicht so herumzuschleichen, sagte ich mir. Das hier ist deine Wohnung. Hier bist du zu Hause. Die Miete für den ersten Monat und die Kaution hatte ich bereits bezahlt, aber der Gedanke, eine eigene Wohnung zu haben, war immer noch neu für mich.

Die Worte meiner Mutter klangen mir noch in den Ohren: «Du kommst eh zurück.»

Ich und zurückgehen? Warum in aller Welt sollte ich zurückgehen? Ich hatte extra weitere Schichten im Café übernommen, jeden Cent gespart, geplant, gerechnet und schließlich den Verwalter dieses Hauses noch überredet, mich den Mietvertrag noch vor meinem achtzehnten Geburtstag unterschreiben zu lassen. Nein, ich würde auf keinen Fall wieder zurückgehen.

Hier bin ich zu Hause, dachte ich, als ich mitten in dem dunklen, leeren Wohnzimmer stand. Ich schüttelte meine Sandalen ab und ließ meine Füße in dem Teppich versinken – meinem Teppich. Dann machte ich einen Rundgang durch die Wohnung, schaute in alle Schränke und Kommoden hinein und stellte mir vor, wie sie mit meinen Klamotten und meiner Habe darin aussehen würden. Mir wurde klar, dass ich noch mal shoppen gehen und mir ein Badehandtuch kaufen musste.

Das Schlafzimmer war geräumig, viel größer als das, an das ich gewöhnt war. Ich zog die Vorhänge zurück und schaute hinaus auf die ruhige Straße in West Los Angeles. Unten bog gerade ein Jogger mit einem Golden Retriever um die Ecke. Es war zwar nur zehn Minuten von Venice entfernt, aber es fühlte sich an wie eine völlig andere Welt.

Ich würde Venice vermissen. Fast achtzehn Jahre lang war es der unverrückbare Boden unter meinen Füßen gewesen. Rastafaris mit Dreadlocks, die mit dicken, rauen Händen und sonnengegerbter Haut auf Bongos herumtrommelten. Bandenmitglieder standen in ihren dunkelblauen Westen und blauen Kopftüchern an der Windward Avenue, cool und hart, und beobachteten die sechzehnjährigen Mädchen in Jeans und Goldnugget-Ohrringen, die ihre Kinderwagen an ihnen vorbeischoben. Hippies, die von gestrecktem Gras abgespaced im Kreis standen und unentwegt tanzten, bis die Sonne sich orange und purpurn färbte.

Auch meine Mutter war ein Teil von Venice: Sie verkaufte Kristalle und handgemachten Schmuck, um sich über die Runden zu bringen, und hielt sich wacker mit ihren wilden, rotblonden, windzerzausten Haaren und ihren nachdenklichen grünen Augen. Ich sehe mich noch selbst als barfüßiges Hippiekind mit strandblonden Haaren und braun gebrannter Haut, bedeckt mit weißen Salzrückständen. Wie ich durch den heißen Sand gerannt war und mich in das verschmutzte graue Wasser gestürzt hatte, in dem ich herumplanschte und tauchte, bis ich ganz außer Atem und schwindelig war.

Ja, ich würde das Leben in Venice vermissen, wo ein nach Urin stinkender Obdachloser deiner Mama Bescheid sagte, wenn er dich beim Klauen im Schnapsladen beobachtet hatte. Es gab immer Augen, die einen beobachteten und alles mitbekamen, ohne Worte oder Formalitäten.

Ein Blick aus dem Fenster auf all die geparkten Hondas und Toyotas am Rand der stillen Straße zeigte mir, dass ich nicht mehr in Venice war – obwohl es nur ein paar Meilen weit weg war. Die Stille gefiel mir. Auch wenn Derrick nicht kommen und hier wohnen würde, konnte ich mich hier häuslich einrichten. Vielleicht war es ja schön, ganz für mich allein zu sein:

Niemand konnte mir sagen, was ich tun und lassen sollte, und es gab niemanden, um den ich mich kümmern musste. Damit würde ich schon klarkommen.

Ich fuhr zusammen, als es an der Tür klopfte. Rasch hüpfte ich auf Zehenspitzen durch das kleine Wohnzimmer und schaute nach, wer es war. Ich wusste es zwar sowieso schon, aber ich schaute trotzdem nach, für alle Fälle. Durch den Türspion sahen seine sonst scharf geschnittenen Züge rund und überzeichnet aus, und sein Gesicht wirkte, als wäre er in einem Fischglas gefangen. Mit seiner braunen Haut und seinen lockigen dunklen Haaren merkten die meisten Leute gar nicht, dass er halb schwarz, halb weiß war. Doch seine Nase ragte hervor wie ein spitzer Pfeil, und seine scharf abgehobenen Wangenknochen sanken herab und gingen in einen feinen, aber präzisen Kiefer über. All das raunte geheimnisvoll von der ungeplanten Schwangerschaft eines fünfzehnjährigen polnischen Mädchens. Ich machte die Tür auf, um ihn zu begrüßen.

«Das ist also deine neue Bude», sagte er, während er an mir vorbeiging.

«Ja. Das ist sie.» Ich war stolz.

Nachdem ich ihn im schwachen Mondlicht herumgeführt hatte, konnte ich nicht länger widerstehen und stellte ihm die Frage, die an mir nagte, seit ich den Mietvertrag unterschrieben hatte.

«Hast du dir schon überlegt, was du machen willst?»

Selbst im Dunkeln konnte ich sehen, wie sich seine Kiefermuskeln anspannten. Meine neu gefundene Freiheit war ein Dämpfer für seine.

«Keine Ahnung.»

«Weißt du, ich kann es mir nicht mehr leisten, dir mit deiner Miete zu helfen, jetzt, wo ich selbst welche zahlen muss … vom College ganz zu schweigen. Nächstes Semester will ich aufs College, und ich habe vor, das volle Programm an Kursen an den Abenden mitzunehmen.» Selbst wenn ich mir einen zweiten Job hätte suchen wollen, um weiterhin seine Miete zu zahlen, hatte ein Tag einfach nicht genug Stunden, um neben dem College noch vollzeit zu arbeiten.

«Ich weiß. Das brauchst du mir nicht alles zu sagen.» Seine Stimme klang scharf und ärgerlich.

An diesem Abend beantwortete er meine Frage nicht, aber er schlief neben mir auf dem kratzigen beigen Teppich.

Einerseits wollte ich, dass er sich zusammenriss und anfing, sich um sich selbst zu kümmern. Doch andererseits hatte ich schreckliche Angst, ihn zu verlieren, wenn er das tatsächlich täte. Was würde passieren, wenn er mich nicht mehr brauchte? Würde er sich dann nicht mehr melden? Vielleicht war ich es ja auch, die ihn brauchte. Ich war mir nicht völlig sicher, ob ich überhaupt in der Lage war, es ohne ihn zu schaffen. Mit elf Jahren hatte ich ihn kennengelernt. Im Rückblick konnte ich mich kaum an eine Zeit erinnern, in der er nicht da war: stetig und konstant; das einzig Gewisse inmitten von lauter Unbekannten. Wie sollte ein Leben ohne ihn überhaupt aussehen? Ich wollte es überhaupt nicht wissen. Am nächsten Abend kam er auch und blieb über Nacht. Und am nächsten ebenso. Eines Nachts lag ich wach neben ihm auf dem behelfsmäßigen Deckenlager und machte mir tausend Gedanken. Die Ungewissheit machte mich fertig.

«Bleibst du bei mir?», fragte ich ihn schließlich.

Er antwortete nicht. Mir kam nie der Gedanke, dass die Entscheidung nicht bei ihm liegen musste; dass es nicht unbedingt so sein musste, dass die Macht immer woanders lag als bei mir.

Ein paar Tage später fragte er, ob ich ihn zu seiner Wohnung fahren könnte. Da musste er den Räumungsbescheid bereits bekommen haben, denn als wir ankamen, schlichen wir herum wie Einbrecher und brachen durch ein Fenster ein, um seine Sachen zu holen. Er brachte sein Zeug in meine Wohnung. Das war seine Antwort.

Ich saß auf meinem kaputten Futon und schnitt Coupons aus

der Sonntagszeitung aus. Das war für mich der Hauptgrund, die Zeitung zu kaufen. Die ganzen Tragödien und Cartoons blätterte ich immer durch, bis ich den Teil mit dem hell glänzenden Gutscheinpapier gefunden hatte. Da ich mit dem Gedanken spielte, dass Derrick sich vielleicht tatsächlich einen Job suchen könnte, überflog ich dann noch die Anzeigen, ob es nicht etwas gab, was nicht viel Geschick oder Bildung erforderte. Und war sie. Immer wieder dieselbe Anzeige in Fettdruck, größer als alle anderen:

Hostessenstellen. Mädchen gesucht.
$150–300 pro Nacht. Ab 18 Jahre.

Alt genug war ich. Aber es schien mir immer zu schön, um wahr zu sein. Was genau würde ich wohl machen müssen, um so viel Geld zu verdienen? *Wenn die Anzeigen in der L.A. Times schalten, kann es ja wohl nicht so schlimm sein … oder?* Es gab nur einen Weg, das herauszufinden. Also wählte ich die Nummer.

«Hi. Ich rufe wegen des Jobs an …»

«Ja. Wann willst du dich vorstellen?», erwiderte eine barsche Frauenstimme.

«Also, eigentlich wollte ich erst einmal mehr über die Stelle wissen.»

«Dies ist ein Nachtclub. Wir stellen Mädchen ein, um unsere Gäste zu unterhalten.»

«Ah, verstehe …» Gar nichts verstand ich. «Welche Art Unterhaltung?»

«Nun, das kommt darauf an. Männer kommen hierher, um etwas zu trinken, um Pool zu spielen, um zu tanzen. Sie haben gern schöne Frauen um sich …»

«Das ist alles?», fragte ich argwöhnisch.

«Ja. Möchtest du heute Abend vorbeikommen und dich vorstellen?»

Ich stellte mir einen eleganten Nachtclub vor, den wohlhabende Männer auf Geschäftsreisen aufsuchten, um ihre Freizeit dort zu verbringen. In Hollywood ließen sie hübsche Mädchen umsonst in die Clubs, weil «Männer gern schöne Frauen um sich haben». Vielleicht ging man in diesem Laden einfach nur einen Schritt weiter und bezahlte Frauen, damit sie in ihren Club kamen. Da ich nichts zu verlieren hatte, sagte ich zu. Ich zog mir ein kurzes, schwarzes Sommerkleid mit Spaghettiträgern an und bat Derrick, mich zu dem Vorstellungsgespräch zu fahren. Wir hielten vor einem heruntergekommenen kleinen Laden mit einer Neonreklame im Zentrum von Los Angeles.

«Bist du sicher, dass es hier ist?», fragte ich Derrick.

«Das ist die Adresse, die du mir gegeben hast», erwiderte er.

So viel zum Thema elegant. Die ganze Gegend sah eher schäbig aus. Als ich auf den Eingang zuging, sah ich Männer auf der grauen, mit Abfall übersäten Straße herumlungern und ziellos umherwandern. Während ich die dunkle Treppe hinaufging, um meinen potenziellen Arbeitgeber kennenzulernen, war ich dankbar, dass Derrick draußen im Wagen warten würde, bis mein Interview vorbei war.

Oben auf dem Treppenabsatz klopfte ich an eine schwarze, unbeschriftete Tür. Eine untersetzte Mexikanerin mit trüber, abgestumpfter Miene empfing mich. Sie führte mich durch den menschenleeren Club zu einem kleinen Büro mit Aussicht auf die Straße. Ich wollte einen Blick nach draußen werfen und mich vergewissern, dass Derrick noch da war. Die Frau warf mir einen Blick zu, der von den Vielen sprach, die vor mir gekommen waren und nach mir kommen würden. Nach einem Lebenslauf fragte sie nicht. Sie wollte nicht einmal wissen, was für Erfahrungen ich bisher hatte.

«Du wirst nach Minuten für die Zeit bezahlt, die du mit den Gästen verbringst. Wenn ein Mann dich auswählt, nimmst du diese Stechkarte und steckst sie in die Stechuhr neben den Sofas», sagte sie und reichte mir eine Stechkarte.

«Und dann?», fragte ich. Ich kapierte immer noch nicht, wieso ein Mann nach Minuten bezahlen sollte, um Zeit mit mir zu verbringen. Ich konnte mir keinen Reim darauf machen, wieso sie nicht einfach in einen ganz normalen Club gingen und Frauen zu Getränken einluden wie andere Männer auch.

«Dann verbringst du Zeit mit ihm», sagte sie, als ob ich es mittlerweile kapiert haben müsste.

«Das ist alles?», hakte ich nach.

«Ja. Das ist alles.»

«Anfassen dürfen sie mich nicht, oder?»

«Nein. Anfassen ist nicht erlaubt», antwortete sie monoton, als läse sie aus einem Schulungshandbuch vor. Die ganze Situation gefiel mir nicht, aber die Geldnot wog schwerer als mein Unbehagen. Ich rannte nach unten und sagte Derrick, ich hätte den Job auf Anhieb bekommen. Er könne mich um 2.00 Uhr abholen.

Bis ich damit fertig war, das bisschen Papierkram zu erledigen und meinen Namen, meine Adresse, mein Geburtsdatum und meine Sozialversicherungsnummer in ein Formular einzutragen, hatte der Club geöffnet, und ein dünner, aber stetiger Strom von Gästen begann den Raum zu füllen. Ich bemerkte ein paar Männer, die direkt vor der Bürotür herumlungerten. Als die Chefin mich in den Gastraum eskortierte, folgten die Männer ihr auf dem Fuße und riefen ihr auf Spanisch etwas zu. Sie meldeten den ersten Anspruch auf mich an. Ich schaute mich um und sah die geschminkten Gesichter der Frauen, die gelangweilt in ihren glitzernden Satinkleidern auf einer Ansammlung roter Samtsofas saßen, die um die Tanzfläche herumstanden. Sie musterten mich mit abgestumpften Blicken, als ich auf sie zukam, und erwiderten widerstrebend mein Lächeln.

Die Chefin feilschte rasch mit den Männern, die uns gefolgt

waren, bis sie ausgehandelt hatten, wer als Erster bei mir an der Reihe sein würde.

«Steck deine Karte hier rein», sagte sie und deutete auf die Stechuhr. Dann winkte sie mich weiter und schickte mich zu einem untersetzten Mann mit säuberlich nach hinten gekämmten, glatten schwarzen Haaren.

Irgendwie machte mich die ganze Sache nervös. Mein Bauchgefühl sagte mir, dass diese Männer viel mehr als nur nette Gesellschaft und Plauderei erwarteten. Ich blickte zurück zur Chefin, in der Hoffnung, sie würde die Furcht in meinem Gesicht bemerken – vielleicht steckte ja doch so etwas wie ein mütterlicher Instinkt in ihr, und sie würde mich zurück in ihr sicheres Büro rufen. Doch sie blieb völlig ungerührt und hart, und ich fühlte mich hilflos und verloren.

Der Mann führte mich in eine halbmondförmige Nische mit einem Tisch. Ich schaute mich nach den anderen Mädchen um, aber sie saßen alle auf den Samtsofas und warteten, dass jemand für ihre Zeit bezahlte. Da ich nicht die leiseste Ahnung hatte, was ich als Nächstes tun sollte, setzte ich mich ihm gegenüber – so weit weg von ihm wie möglich. Lächerlich weit weg.

«Komm her. Komm, setz dich hier zu mir», sagte er mit leichtem mexikanischen Akzent und klopfte mit der flachen Hand auf das Kissen neben ihm.

«Nein, danke. Ich sitze lieber hier», erwiderte ich und schaute mich nervös um.

Er schmunzelte und gab mir dann den ersten Ratschlag, den ich im Hinblick auf meinen neuen Job bekam. «Hör mal, wenn du in diesem Laden Geld verdienen willst, musst du ein bisschen freundlicher sein. Du musst ein bisschen auf Tuchfühlung gehen, wenn du weißt, was ich meine.»

Ich blieb stur sitzen, wo ich war, und weigerte mich, seinem Rat zu folgen. Nach ein paar Augenblicken rutschte er zu mir herüber und legte seine Hand auf mein Bein. Instinktiv stieß ich seine Hand weg und marschierte geradewegs hinüber zur Chefin.

«Der Kerl hat mich angefasst!»

«Anfassen ist nicht erlaubt», erwiderte sie mechanisch.

Es hatte sich bereits eine kleine Schlange von Männern gebildet, die wartete, bei mir zum Zuge zu kommen. Ich kam mir allmählich vor wie ein Sonderangebot im Supermarkt: «Heute Frischfleisch im Angebot.» Das grüne «Exit»-Zeichen lockte. Am liebsten wäre ich sofort wieder aus diesem Laden verschwunden. Aber ich war doch schon so weit gekommen. Außerdem würde Derrick mich erst in ein paar Stunden wieder abholen.

Der nächste Gast war noch aggressiver als der Erste. Er begrapschte mich und zog meine Hüfte an seine Seite, so sehr ich auch protestierte. Ich schaute hinüber und sah eine andere Frau auf der Tanzfläche. Was sie da mit ihrem Gast machte, ging übers bloße Tanzen weit hinaus. Ich riss mich von dem Mann los, rannte nach hinten ins Büro und verlangte, das Telefon zu benutzen, um mich abholen zu lassen. Die Chefin schien mittlerweile geradezu froh zu sein, mich wieder loszuwerden.

Während ich darauf wartete, dass Derrick mich abholte, kamen zwei Frauen ins Büro, um sich zu bewerben. Sie waren wunderschön, richtige Hingucker; die Art von Frauen, die ich schon immer bewundert hatte. Sie sahen so aus, als müssten sie eigentlich in einem schicken Restaurant am Sunset Boulevard Champagner schlürfen.

«Das ist hier nicht das Richtige für euch. Das ist ein grauenhafter Laden! Es heißt zwar, Anfassen sei nicht erlaubt, aber das stimmt überhaupt nicht. Ihr solltet sehen, was eines der Mädchen da draußen macht!», warnte ich die beiden, sobald die Chefin den Raum verlassen hatte.

Sie wechselten einen Blick und sahen dann wieder mich an. Was war das in ihren Augen? Mitleid? Arroganz? Spott? Dankbarkeit war es jedenfalls nicht. Die beiden wussten genau, wo sie waren und was sie hier tun würden. Aber warum? Warum wollten zwei schöne Frauen wie sie freiwillig in so einem Loch arbeiten?

Mir ist egal, wie viel die mir bezahlen, ich könnte das nie machen, dachte ich im Stillen.

Als das Telefon klingelte, hob ich meinen schweren Kopf und schaute auf den Wecker. Es war sechs Uhr morgens. Komisch, dass so früh jemand anrief. Nach dem vierten Klingeln ging Derrick schließlich dran. Obwohl er neben mir im Bett lag, konnte ich bei dem Verkehrslärm vor unserem Fenster auf der Overland Avenue kaum hören, was er mit seiner müden, nuschelnden Stimme sagte.

Plötzlich fuhr Derrick hoch und saß kerzengerade da. Seine dichten, braunen Augenbrauen zogen sich so eng zusammen, dass es fast aussah, als hätte er eine durchgehende Braue.

«Was? Ist das dein Ernst?» Er hörte sich panisch an.

«Wo ist sie?», fuhr er fort.

Ich setzte mich auf und formte mit den Lippen die Frage: «Wer ist das?»

Er warf die Bettdecke zurück, ging aus dem Zimmer und ließ mich ratlos zurück. Als er ins Zimmer zurückkam, fing er an, Sachen aus dem Kleiderschrank zu zerren.

«Was ist denn los? Wo willst du hin?», fragte ich.

«Ich muss mich um ein paar Sachen kümmern.»

«Was für Sachen denn? Derrick, sag mir doch, was los ist.» Meine Stimme hörte sich verzweifelt und drängend an.

Er drehte sich um und schaute mir in die Augen. Sein ganzer Körper war vollkommen reglos, und ich erstarrte ebenso. Schweigen. Ich kannte ihn gut genug, um zu wissen, dass es besser war, ihn jetzt in Ruhe zu lassen. Während er duschte und sich anzog, wartete ich auf unserem Futonsofa im Wohnzimmer. Wenn ich mitten im Weg saß, würde er vielleicht seine Meinung ändern und doch noch mit mir reden. Doch als er fertig war, ging er direkt an mir vorbei auf die Tür zu, ohne auch nur in meine Richtung zu schauen. Erst, als er schon den Türknauf in der Hand hatte, warf er mir einen Blick aus dem Augenwinkel zu.

«Meine Mutter hatte einen Schlaganfall. Ich gehe zu ihr.»

Bevor ich ein Wort sagen konnte, war er weg.

An diesem Tag ging ich zur Arbeit und kam nach Hause, so schnell ich konnte. Als später am Abend die Zehnuhrnachrichten kamen, saß ich auf dem schwarzen Futonsofa, genau an derselben Stelle wie an diesem Morgen, als Derrick weggegangen war. Im Fernsehen liefen Bilder von einem tödlichen Autounfall. Die Luftaufnahme aus dem Helikopter zeigte eine Schnellstraße voller Feuerwehrautos und Krankenwagen, und irgendwo dort mitten in den Trümmern waren Leichen. Leichen von Leuten, die irgendwo hingewollt hatten; die eine Vorstellung davon gehabt hatten, was sie zu Abend essen wollten und zu wem sie nach Hause wollten. Doch all das war nun bedeutungslos, weil sie tot und in verbeulten, brennenden Metalltrümmern eingeschlossen waren.

Ich stellte mir Derrick in diesem Trümmerfeld vor. Der Gedanke an seinen Tod erfüllte mein Herz mit Schrecken. Tränen liefen mir über die Wangen, während ich die Nachrichten anschaute. Was würde wohl aus mir werden, wenn er starb? Würde ich das überleben? Würde man mich überhaupt zu seiner Beerdigung einladen? Ich hatte seine Familie nie kennengelernt. Die konnten gar nicht wissen, wie sehr ich ihn liebte – was für eine Geschichte uns verband. Dass er derjenige war, der immer für mich da gewesen war: als mein Vater wegging; als meine Mutter wegging. Als ich außer Tortillas und Butter nichts zu essen hatte, ging er mit mir in den Laden an der Ecke und kaufte Essen für mich und meinen Bruder.

Ich stellte mir vor, wie mein Leben aussähe, wenn Derrick nie wiederkommen würde. Ich würde mich umbringen müssen – ich würde mir in der Badewanne die Handgelenke aufschlitzen und zusehen, wie das Leben aus mir herausströmte. Ich wusste, dass ich es nicht würde ertragen können, ohne ihn zu leben.

Dann hörte ich das Klimpern von Schlüsseln an der Tür, richtete mich kerzengerade auf und wartete, bis er hereinkam. Er sagte kein Wort, als er ins Zimmer trat. Ich saß still auf dem Sofa und beobachtete, wie er in die Küche ging und sich etwas zu trinken holte. Er kam mit einer Zweiliterflasche Limo wieder und setzte sich ans andere Ende des Sofas. Ich wusste, dass ich nicht in ihn dringen durfte. Da ich nichts sagen oder tun wollte, was ihn dazu bringen würde, dichtzumachen, wartete ich schweigend ab, bis er selbst etwas sagte.

«Sie ist gelähmt. Sprechen kann sie auch nicht. Die Ärzte sagen, sie wird Hilfe brauchen, die rund um die Uhr im Haus ist. Meine Schwester hat drei Kinder, die kann das nicht machen.»

In seiner Stimme schwang so viel unterdrückter Schmerz, dass ich ihn gerne getröstet hätte, aber es war nicht seine Art, seine Verletzlichkeit einzugestehen. «Derricks verlieren nicht», sagte er beim Dominospiel. «Derricks werden nicht krank», sagte er, während er sich die verschleimte Nase putzte. Und vor allem: «Derricks weinen nicht.» Er saß auf der Sofakante, die Ellbogen auf die Knie gestützt, und drehte den Deckel der Limoflasche auf und zu. Die wohlmodellierten Muskeln in seinen schlanken Armen spannten sich bei jeder Bewegung.

«Ich habe meiner Schwester gesagt, ich mache es. Ich ziehe zu meiner Mutter und kümmere mich um sie.»

Meine Brust schnürte sich zusammen bei dem Gedanken, dass er mich verlassen würde. Ich hielt die Luft an.

«Ich schätze, es wird sowieso besser sein, wenn wir in einem Haus wohnen. Wir werden einen Garten haben», fuhr er fort.

Lautlos ließ ich meinen Atem ausströmen. Wir. Er würde mich nicht verlassen. Ich würde mit ihm gehen.

Noch am selben Abend fuhren wir zum Haus von Derricks Adoptivmutter in Santa Monica. In den sieben Jahren, seit ich

Derrick kannte, war dies das erste Mal, das ich einen Fuß ins Haus seiner Mutter setzte. Er hatte immer Angst davor gehabt, mich seiner Mutter vorzustellen. Als ich die Eingangstreppe hinaufging, fiel mir eine Geschichte ein, die Derrick mir vor Jahren erzählt hatte: wie seine Mutter seine Freunde mit einer Schrotflinte von der Eingangstreppe verscheucht hatte. Die Szene hätte besser auf eine Farm in Texas gepasst als in die dicht bevölkerte Stadt Santa Monica.

Hinter der schwarzen, eisernen Sicherheitstür gab es noch eine weitere Tür mit fünf Bolzenschlössern. Im Haus war es dunkel, und es roch wie in einer muffigen Bibliothek. Ich hörte ein Wimmern, und die Hündin fiel mir ein, von der Derrick mir erzählt hatte. Er rief ihren Namen, als er zur Tür hereinkam: «Budda!»

Obwohl Derrick als Jugendlicher ab und zu Drogen verkauft hatte, hatte er sich geschworen, nie selbst welche zu nehmen, aus Angst, wie seine Mutter ein Cracksüchtiger zu werden. Trotzdem benannte er die Haustiere gerne nach bewusstseinsverändernden Substanzen. Budda war ein anderes Wort für Gras. Die Nächsten auf seiner Haustierliste waren zwei Rottweiler namens Coke und Caine. Wir bogen um die Ecke, und da, eingesperrt in der Küche, ohne Futter oder Wasser, war eine schwarz-weiß gescheckte Pitbull-Terrier-Hündin, deren Rippen man zählen konnte. Derrick hüpfte über das hölzerne Gitter, das den Eingang versperrte, und begann Budda zu streicheln. So schwach und gebrechlich sie war, nahm Budda doch irgendwoher die Energie, mit dem Schwanz zu wedeln. Sie rollte sich auf den Boden und ließ sich von ihm ihren weichen, rosafarbenen Bauch streicheln.

«Du hast Hunger, was? Oh, ich wette, du bist am Verhungern.» Derrick überraschte mich, indem er mit der typischen hohen Stimme sprach, die Leute verwenden, wenn sie mit Tieren und Kindern reden.

«Sie muss völlig ausgehungert sein. Mom lag zwei Tage lang

hilflos im Haus, bevor die Sanitäter kamen und sie ins Krankenhaus brachten», sagte er, während er mit langen, sanften Bewegungen Buddas Bauch streichelte.

Sie sah unterernährt aus. Nach ihren eingesunkenen Augen und der Art zu urteilen, wie ihre Haut lose an den Knochen hing, hatte Budda schon länger als zwei Tage nichts mehr gefressen. Nachdem wir sie mit Futter und Wasser versorgt hatten, erkundeten wir den Rest des Hauses auf getrennten Wegen. Keine Glühbirne schien mehr als vierzig Watt zu haben. Selbst nachdem wir jedes Licht im Haus eingeschaltet hatten, war es immer noch düster.

So etwas wie das Gästezimmer hatte ich noch nie gesehen. Auf den Möbeln stapelten sich so hoch Bücher, dass es aussah wie eine Szene aus einem Buch von Dr. Seuss. Es kam mir vor, als könnte ich kaum durch das Durcheinander gehen, ohne dass ein Bücherstapel auf einem Stuhl oder ein Bücherregal über mir zusammenbrach. Doch ich war so neugierig auf die Geheimnisse um Derricks Mutter, dass ich das Risiko einging und auf Zehenspitzen durch das Chaos schlich. In der Mitte der Decke hing eine nackte Glühbirne mit einer langen Metallschnur daran. Ich zog an der Schnur, um einen besseren Blick auf meine Umgebung zu bekommen.

An einer Wand stand ein Schreibtisch. Oben drauf stand ein alter Sessel, bezogen mit einem tiefburgunderroten Stoff. Auf dem Sessel stapelten sich mindestens fünfzig verstaubte Bücher mit zerfledderten Umschlägen. Ich beugte mich näher vor, um die Buchrücken zu lesen. Mit was für Büchern mochte diese Frau ihre Zeit verbringen?

Auf einem der Buchrücken stand in verblichenen goldenen Lettern das Wort *Zauberei*. Das reichte mir schon, um auf dem Absatz kehrtzumachen und ans andere Ende des Hauses zu rennen, wo Derrick war. Atemlos kam ich ins Schlafzimmer und traf Derrick dabei an, wie er an den Enden der dicken, dunkelbraunen Vorhänge zerrte und sie von der Wand abzureißen versuchte, an der sie angenagelt waren. Plötzlich hatte ich das Gefühl, als ob jemand hinter mir stünde. Ich drehte mich rasch um. Es war niemand da.

«Was machst du da?» Ich ließ meine Stimme laut und normal klingen, um die Furcht zu verscheuchen, die mich durchströmte.

«Wonach sieht es denn aus?» Er stand auf einem Stuhl und versuchte, das obere Ende der Vorhänge zu erreichen.

Ich schaute mich in dem Zimmer um. Es war mit einem Schlafzimmer-Set aus Mahagoni möbliert, komplett mit Kopfbrett, Kommoden und Kleiderschrank. Das Bett war säuberlich gemacht und sah aus wie auf einem Katalogfoto. Tagesdecke und Kissen waren tiefburgunderrot, mit einem feinen Paisleymuster.

«Warum hat sie denn alle ihre Vorhänge so festgenagelt?», fragte ich.

Er antwortete mir nicht.

Als er endlich den ersten Vorhang herunter hatte, erwartete ich, dahinter ein Fenster nach hinten in den Garten zu sehen. Stattdessen sah ich nichts als unbehandeltes Kiefernholz. Derricks Mutter hatte es nicht dabei bewenden lassen, ihre Vorhänge an der Wand festzunageln; sie hatte auch noch die Fenster mit Brettern verrammelt. Entweder hatte diese Frau furchtbare Angst davor, dass jemand ins Haus eindringen könnte, oder sie versuchte, jemanden am Verlassen des Hauses zu hindern. Beide Gedanken waren beunruhigend. Ich konnte nur hoffen, dass unser neuer Wohnsitz bei Tageslicht nicht mehr so unheimlich sein würde.

Am folgenden Wochenende verfrachteten wir unsere spärliche Habe zwei Meilen weit nach Santa Monica in dieses seltsame Dreizimmerhaus, in dem es möglicherweise spukte.

Das Wasser in meiner Badewanne war so heiß, dass mir schwindelig davon wurde. Schweiß tropfte mir in die Augen.

Eine Frau zu sein, die gerne ein ausgiebiges Bad genoss, war schon immer mein Ideal gewesen. Ich hatte mir sogar eine Kerze angezündet und das Radio auf den Sender KJLH eingestellt. Die Isley Brothers spielten. Ich wollte mich entspannen, aber das Wasser war so brühheiß, dass es meiner Haut wehtat.

Warum hatte ich mir das Bad so heiß gemacht? Ich versuchte, mein Unbehagen abzuschütteln, und sagte mir, das Wasser würde ja bald abkühlen, und dann könnte ich mich entspannen. Das war eigentlich immer meine Art, mit dem Leben umzugehen. Ich nahm Schmerz in Kauf, in der Hoffnung, ich würde ihn überstehen. Das Blut in meinem Gesicht pochte von der Hitze.

Was machen Leute eigentlich in der Badewanne? Wie halten sie es aus, so lange still zu sitzen, ohne irgendetwas zu tun? In den letzten drei Monaten hatte ich mir die Hacken abgelaufen: Neben der Arbeit, dem College und der Pflege von Derricks gelähmter Mutter war für Stille keine Zeit mehr gewesen. Keine Zeit, sich hinzusetzen und nachzudenken. Das war mir ganz recht gewesen, denn Nachdenken machte mich nur traurig. Doch am Ende hatten wir eingesehen, dass wir uns nicht angemessen um sie kümmern konnten. So kamen wir schweren Herzens zu dem Schluss, dass sie in ein Pflegeheim gehörte, wo sie rund um die Uhr versorgt wurde.

Jetzt, als Derricks Mutter weg war, hatte ich Zeit, eine Bilanz meines Lebens zu ziehen. Zeit, mir Rechenschaft über meinen immer größer werdenden Schuldenberg und über die Distanz zwischen Derrick und mir zu geben. Seit ich nicht mehr vom College und von der Arbeit nach Hause hetzen musste, um mich um sie zu kümmern, gab es Freiraum in meinem Tagesablauf und mehr Zeit, in der ich versuchte, *nicht* nachzudenken.

Seit wir zu seiner Mutter gezogen waren, waren Derrick und ich kaum jemals gleichzeitig im Haus gewesen. Sobald ich nach Hause kam, schoss Derrick zur Tür hinaus, erleichtert, dass er endlich mal von seiner Mutter und ihren ständigen Fluchtversuchen wegkam. Ich verbrachte meine ganze Freizeit damit, auf jede ihrer Handbewegungen und jeden ihrer Grunzlaute zu reagieren. «Schlum Dem! Schlum Dem!», rief sie, wenn sie Hunger hatte. «Schlum Dem!», rief sie, wenn sie Hilfe brauchte, um von ihrem Rollstuhl auf die Toilette zu kommen. Nachdem ich den ganzen Tag über an meinem neuen Arbeitsplatz im Kindergarten stinkende Windeln von Kleinkindern gewechselt hatte, erwarteten mich zu Hause die Fäkalien und der Urin einer sechzigjährigen untherapierten schizophrenen Frau.

Nachdem sie nun weg war, hoffte ich, Derrick und ich könnten endlich Zeit miteinander verbringen. Wir könnten spätabends im Park herumhängen, Körbe werfen und miteinander lachen wie früher.

Das Wasser in der Wanne begann sich abzukühlen. Marvin Gaye sang «I Heard It Through the Grapevine», und ich beugte mich hinüber, um das Radio leiser zu stellen. Derrick war immer stolz darauf gewesen, ein in sich gekehrter Mensch zu sein – keine Verletzlichkeit zu zeigen; keinen Menschen, auch nicht mich, seine Fehler und Schwächen sehen zu lassen. Das erste Mal, dass ich einen winzigen Einblick in sein persönliches Leben bekam, war gewesen, als er fünfzehn und ich dreizehn war und er mit einem säuberlich mit Bleistift geschriebenen Brief in der Hand zu mir nach Hause kam.

«Es gibt ein paar Dinge, die du über mich nicht weißt. Manche Dinge kann ich dir nicht sagen. Ich möchte sie dir sagen, aber ich kann es nicht. Hier ist ein Rap, der dir helfen wird, es zu verstehen ...», hieß es in dem Brief.

Er endete mit einem Rap, der davon erzählte, wie jemand auf der Straße aufwuchs und Crack verscherbelte. Ich fragte ihn, ob er ihn geschrieben habe, aber er antwortete mir nicht. Ob er es geschrieben hatte oder nicht, er versuchte, mir damit etwas darüber zu sagen, wer er in dieser Welt war. Nach meinem Empfinden wollte er mir damit zeigen, dass er mir nicht nahe sein könne, so sehr er sich das auch wünschte. Er war nicht fähig dazu. Ich war nicht verletzt darüber, dass er sich nicht mehr öffnete; es war mir Ehre genug, dass er es überhaupt wollte.

Diese kleinen Momente der Verletzlichkeit gaben mir Hoffnung für unsere Beziehung. Sie gaben mir die Hoffnung, ich könnte ein Band der Abhängigkeit zu ihm knüpfen, das es ihm unmöglich machen würde, mich je zu verlassen. Meine Mutter sagte immer, sie und ich wären Heilerinnen. Verletzte Menschen brauchen andere Menschen, die sie reparieren. Und ich brauchte jemanden, den ich reparieren konnte. Ich war fest entschlossen, Derrick zu lieben, bis es ihm besser ging – bis es *mir* besser ging.

Als ich klein war, nahm meine Großmutter mich einmal zu einem Besuch bei Verwandten mit. Diese Verwandten hatten ein schwarzes Kaninchen namens Lucy. Aber Lucy war ungesellig und völlig menschenscheu. Sobald ich das hörte, fasste ich den Entschluss, zu der furchtsamen Lucy durchzudringen. Ich ging in den Garten, wo ich sie an der Ecke eines Holzstapels kauernd fand, wo ich sie nicht erreichen konnte. Mit Futterkügelchen in der Hand legte ich mich flach auf den Boden und versuchte, sie leise anzulocken. Ich war wild entschlossen, die Unerreichbare zu erreichen; ihr zu zeigen, dass ich ein ungefährlicher Mensch war. Binnen zwei Stunden fühlte Lucy sich sicher genug, mir aus der Hand zu fressen.

Genau dasselbe wünschte ich mir auch für Derrick. Ich wollte ihm zeigen, dass es, wie bitter und einsam es auch in der Welt sein mochte, immer einen Menschen gab, auf den er sich verlassen konnte. Und ich war bereit, mit weit geöffneter Hand dort auszuharren, wie lange es auch immer dauern mochte, das zu beweisen.

Ich hielt ihm meine Hand entgegen, indem ich ihm Geld und alles andere gab, wovon ich meinte, dass er es brauchte. Er nahm widerstrebend an, was ich ihm anbot. Nur zog ihn das nicht näher zu mir, wie es bei Lucy gewesen war. Jetzt, nachdem ich in seinem Haus mit seiner Mutter zusammengelebt und alles gesehen hatte, was er sein Leben lang hatte verbergen und verschleiern wollen, zog er sich noch tiefer in seine Ecke zurück, noch weiter außer Reichweite.

Das Geräusch der ins Schloss fallenden Haustür riss mich aus meinen Gedanken. War jemand da? Vielleicht waren es unser Nachbar Terrance und seine Freundin Gina.

Das Badewasser wurde allmählich kalt, und ich konnte sowieso nicht mehr still sitzen. Schon gar nicht, wenn wir Besuch hatten. Nachdem ich mich abgetrocknet hatte, wickelte ich mich in ein schmuddeliges blaues Badetuch und spähte ins Wohnzimmer.

«Hallo?»

Im Haus war es still. Kein Fernseher. Keine Stimmen.

«Hallo?», wiederholte ich ein wenig lauter.

Immer noch keine Antwort. Es war 22.00 Uhr. Derrick war nicht da. Als ich nach draußen schaute, sah ich, dass mein Auto auch weg war. Vielleicht war er zum Einkaufen gefahren oder so. Wo sollte er sonst um diese Zeit hinwollen? Ich zog mir meinen Schlafanzug an, setzte mich auf die Couch und wartete. Und wartete. Dreißig Minuten – eine Stunde – immer noch kein Derrick. Ich fuhr zusammen, als es an der Tür klopfte, und schlich auf Zehenspitzen hin, um durch den Türspion zu schauen. Es war Terrance, Derricks alter Freund aus Kindertagen, der immer noch im Haus seiner Mutter nebenan wohnte.

«Hey!», sagte ich, machte die Tür auf und begrüßte ihn.

Er druckste nervös herum.

«Hey … ist Derrick da?»

«Nein. Er ist weggegangen. Ich habe keine Ahnung, wo er ist. Aber ich sage ihm, dass du da warst.»

Ich rechnete damit, dass Terrance wieder gehen würde, aber er blieb schweigend stehen. Überlegte.

«Gina ist auch weg. Sie ist vor ungefähr einer Stunde weggegangen.»

Ob die beiden zusammen unterwegs waren? Nein, das würde Derrick einem Freund nie antun. Oder? Terrance und ich standen in der Tür und schauten einander hilflos an. Schließlich bat ich ihn herein. Wenn wir schon herumsitzen und warten mussten, dass die beiden nach Hause kamen, konnten wir es wenigstens zusammen tun. Wir setzten uns auf entgegengesetzte Enden der Couch. Ein unbeholfenes Schweigen lag zwischen uns. Sollten wir uns jetzt darüber unterhalten, dass sein ältester Freund sich gerade mit seiner Freundin aus dem Staub gemacht hatte?

«Hat Gina gesagt, wo sie hinwollte?», fragte ich schließlich.

«Nein. Wir haben uns gestritten, und sie ist einfach abgehauen. Ich dachte, sie würde gleich wiederkommen, wie sie es sonst tut ...»

«Worüber habt ihr euch gestritten?» War es um Derrick gegangen? Ich fragte mich, ob da schon länger etwas zwischen den beiden lief und ich vielleicht die Letzte war, die es erfuhr.

Terrance schien sich seine Worte gut zu überlegen. Seine Haut war wie glatte, dunkle Schokolade. Er hatte ein hübsches Gesicht, aber da er seit Jahren Football spielte, war er kräftig und muskulös gebaut. Schließlich holte er tief Luft, senkte die Augen und antwortete.

«Ehrlich gesagt, haben wir uns über Sex gestritten. Sie weiß, dass ich warten will, bis wir verheiratet sind, aber sie drängt mich immer.»

Ich versuchte gar nicht erst, meine Ungläubigkeit zu verbergen. «Du machst Witze! Meinst du das ernst?»

Er sah mich an, und ich sah in seinen Augen, dass er ehrlich verletzt war. Er sagte die Wahrheit. So etwas hatte ich noch nie einen Mann sagen hören. Es ergab überhaupt keinen Sinn für mich. War es nicht normalerweise anders herum? Dass die Männer die Frauen zum Sex drängten? Sollte er sich nicht freuen, dass sie mit ihm schlafen wollte?

«Gina findet es auch verrückt. Sie versteht es nicht.»

«Nein … ich meine, weißt du, ich habe so etwas noch nie gehört», stammelte ich hilflos herum.

«Mein Glaube ist mir sehr wichtig. Das versuche ich ihr immer klarzumachen, aber sie kapiert es nicht.»

Ich wollte ihm nicht sagen, dass ich es auch nicht kapierte. So schwiegen wir beide und schauten aus lauter Gewohnheit auf den Fernseher. Er war aus.

«Magst du Gospel?»

«Ja. Ehrlich gesagt, ich liebe Gospel. Es ist so leidenschaftlich.»

«Ich laufe schnell rüber und hole dir eine Kassette mit meinen Lieblingssongs. Du kannst sie behalten. Mein Bruder hat Kopien davon gemacht.»

Nach ein paar Minuten kam er zurück und gab mir die Kassette. Ich schloss die Tür und ging mit der Kassette in der Hand zurück zum Sofa. Was sollte ich jetzt machen? Die ganze Nacht hier sitzen und auf Derrick warten? Würde er das wollen? Ich wollte, dass er sich ebenso um mich sorgte, wie er mich zwang, mich um ihn zu sorgen. Also ließ ich mir etwas einfallen. Ich würde zu dem kleinen Häuschen gehen, in dem sich der Kindergarten befand, wo ich arbeitete, die Tür aufschließen und mich dort aufhalten, solange es ging. Derrick musste das Haus leer antreffen, wenn er nach Hause kam. Dann würde er merken, wie es ist, nicht Bescheid zu wissen.

Mit der Kassette und meinem Hausschlüssel in der Hand ging ich die halbe Meile zu dem Häuschen und schlich mich leise hinein, nachdem ich mich vergewissert hatte, dass keiner der Nachbarn mich beobachtete. Die Lichter ließ ich ausgeschaltet, damit niemand mich sah. Im Licht des Vollmondes steckte ich Terrances Kassette in den Kassettenrekorder, legte mich vor die Terrassentür und blickte hinauf zum indigoblauen Nachthimmel.

«My voice is an instrument of praise», schmetterte eine Frau mit voller, samtiger Stimme.

Die Stimme als Instrument. Der Gedanke gefiel mir. Wenn die Stimme ein Instrument ist, dann ist es mein Lieblingsinstrument. Wirklich gute Jazzsänger können Trompete und Saxofon imitieren, und andere können ihre Stimmen anschwellen lassen wie das Geräusch eines vorbeifahrenden Zuges. Ja, die Stimme ist das großartigste Instrument. Ich lauschte den leidenschaftlichen Rhythmen und Melodien der Gospelsänger und sehnte mich danach, auch eine Stimme zu haben.

Als die Kassette zu Ende war, spielte ich sie noch einmal ab. Und dann noch einmal und noch einmal, bis Stunden vergangen waren und die Sorge, die ich wegen Derricks Verschwinden empfand, sich zerstreut hatte. Als ich einzudösen begann, beschloss ich, nach Hause zu gehen. Draußen war es inzwischen kühler. Ich ging rasch. Hätte ich doch nur ein Sweatshirt mitgenommen. Vier obdachlose Männer, die vor dem Schnapsladen standen, starrten mich unverhohlen an, als ich vorbeiging. Mir war sehr bewusst, dass ich weiß war. Ich hätte gerne hinübergeschaut, um zu sehen, ob Derricks älterer Bruder, der obdachlos war, wie ich wusste, dabei war. Aber stattdessen hielt ich die Augen stur geradeaus und ging selbstbewusst weiter, als ob ich dort hingehörte. Denselben Gang hatte ich eingesetzt, als ich in den Straßen der Ghost Town in Venice aufgewachsen war.

Durchgefroren und müde kam ich zu Hause an und sah sofort, dass mein Auto immer noch weg war. Es gab mir einen scharfen Stich in der Magengegend. Auch Derrick war noch nicht wieder da. Im Haus war es dunkel und leer. Ich kroch ins Bett, das Gesicht der Schlafzimmertür zugewandt – und wartete. Als mein Kopf das kühle Kissen berührte, ließ ich den Tränen freien Lauf. Ich weinte lautlos, aber mein Körper bebte und zitterte heftig. Hätte ich einen Laut herausgelassen, wäre es ein lautes Heulen gewesen. Derrick war jetzt weiter weg von mir als je zuvor.

Er kam die ganze Nacht über nicht zurück. In der nächsten

auch nicht. Und auch nicht in der Nacht danach. Jeden Abend, wenn ich vom College nach Hause kam und sah, dass mein Auto immer noch nicht in der Einfahrt stand, wuchs die Verzweiflung in meinem Herzen. Und dann kam Zorn dazu. Wie konnte er mich einfach so sitzen lassen? Wie konnte er mit einer anderen abhauen, wo ich doch diejenige war, die sich um ihn kümmerte? Ich war es, die gerade die letzten Monate damit verbracht hatte, seiner Mutter den Hintern abzuwischen, und jetzt ließ er mich bei der ersten Gelegenheit allein in ihrem Haus sitzen! Meine Empfindungen waren mehr, als ich ertragen konnte – also ertrug ich sie nicht. Ich schob sie geradewegs wieder zurück hinunter in meinen Bauch, wo sie sich zu harten Knoten zusammenzogen.

Sobald mein Englischkurs zu Ende war, stopfte ich meine Bücher in meinen Rucksack und schickte mich an, nach Hause zu jagen. Ich war erschöpft davon, jeden Abend bis in die tiefe Nacht zu warten und mir Gedanken zu machen, wo Derrick steckte. Das Einzige, woran ich denken konnte, war, nach Hause zu kommen und zu sehen, ob er inzwischen zurück war. Auf dem Weg den Flur entlang hörte ich von hinten eine Stimme rufen.

«Harmony! Hey, Harmony, warte!»

Es war Evan aus meinem Kurs. Das ganze Semester über hatte er neben mir gesessen und versucht, Small Talk zu machen – ob ich die Lektüre gelesen, für den Test gelernt, ein schönes Wochenende gehabt hätte, was immer ihm einfiel, um ein Gespräch zu beginnen. Ich blieb stehen und wartete, bis er mich eingeholt hatte. Er zog die Riemen seines Rucksacks nach vorn, damit er nicht so schaukelte, als er mir nachrannte.

«Hey, ich wollte nur fragen, was du heute Abend vorhast. Ob du vielleicht Lust hast, im Coffee Bean einen Kaffee oder irgendwas zu trinken.» Mit seinem leichten Übergewicht war er von dem kurzen Sprint den Korridor entlang schon außer Atem. Auf seinem Kopf thronte ein dichter Schopf rötlicher Haare.

«Tut mir leid. Ich trinke keinen Kaffee.»

«Es heißt nur The Coffee Bean. Da gibt es auch andere Sachen zu trinken. Du kannst auch Tee oder so etwas bekommen.»

Ich war noch nie im Coffee Bean gewesen. Hatte noch nicht einmal davon gehört. «Ach so, nein ... danke. Ich habe den ganzen Tag gearbeitet und sollte lieber nach Hause gehen und etwas lesen.»

«Ach komm, du bist doch eh schon eine Woche oder so voraus in der Lektüre. Du musst auch mal ein bisschen leben!» Mein hoher Arbeiteifer war kein Geheimnis. In Wirklichkeit war ich sogar *zwei* Wochen voraus.

Eigentlich war es ja kein schlechter Gedanke, mal aus dem Haus zu kommen. Es würde mir wohl kaum gut tun, den ganzen Abend herumzusitzen und zu grübeln, was Derrick wohl gerade machte.

«Also schön. Ich komme mit. Aber ich kann nicht zu lange bleiben. Ich muss morgen früh arbeiten.»

The Coffee Bean war gerammelt voll mit Leuten in den Zwanzigern in Designerjeans, die bei Espressos und Biscotti miteinander plauderten. Mir war schleierhaft, wie jemand drei Dollar für einen Kaffee ausgeben konnte. Unbegreiflich. Für drei Dollar konnte ich mir im 99-Cent-Laden Schampoo, Conditioner *und* Haargel für einen ganzen Monat kaufen. Nur gut, dass Evan mich eingeladen hat, dachte ich.

Draußen wurde ein Tisch frei, und wir setzten uns, er mit seinem Kaffee, ich mit meinem Tee. Er wollte mehr über mich wissen. Was gab es da zu erzählen? Ich arbeite; ich gehe aufs College; ich lerne; ich schlafe ein wenig; und jetzt, wo ich mich in meiner Freizeit nicht mehr um die verrückte gelähmte Mutter meines Freundes kümmern muss, versuche ich, eine scheiternde Beziehung wieder flottzubekommen. Ich erzählte ihm so viel, wie ich konnte.

«Ich arbeite, ich gehe aufs College, ich lerne, ich schlafe ein bisschen, und dann geht das Ganze wieder von vorne los.»

«Warum arbeitest du so hart?», fragte er mich mit mitleidigem Blick. Er neigte sein längliches, sommersprossiges Gesicht ein wenig zur Seite.

«Wie meinst du das?» Warum sollte ich denn nicht hart arbeiten? Was sollte ich denn sonst tun?

«Na ja, die meisten Mädchen in deinem Alter sind auf Spaß aus. Sie gehen auf Partys, genießen ihre Collegezeit.»

«Na, dann bin ich wohl nicht wie die meisten Mädchen. Ich *muss* arbeiten. Eigentlich bin ich sogar gerade an dem Punkt, wo ich mir wahrscheinlich noch einen zweiten Job suchen muss», sagte ich, während ich den Teebeutel aus meinem Tee fischte.

Er machte den Mund auf und sog die Luft ein, als ob er etwas sagen wollte; doch dann überlegte er es sich anders.

«Was? Was wolltest du gerade sagen?», hakte ich nach.

«Ach, weißt du, meine Mutter hat eine Freundin. Und die hat einen Job, wo sie richtig ordentlich Geld verdient. Ich weiß nicht, ob es mir zusteht, so etwas zu sagen, aber ein hübsches Mädchen wie du könnte mit dem, was diese Frau macht, ein Vermögen verdienen. Und du müsstest nicht so hart arbeiten.»

«Was macht sie denn?»

Er stockte einen Moment lang und legte sich seine Worte zurecht. «Sie ist … sie ist – ähm – eine Oben-ohne-Tänzerin.» Na, das nenne ich einen Zuhältertrick. Einfach ein Mädchen zum Tee einladen und ihr vorschlagen, Stripperin zu werden.

«Was? Was soll das heißen? Ich sollte Striptänzerin werden?» Ich gab ihm durch meinen Tonfall zu verstehen, dass ich schon den Gedanken beleidigend fand.

«Sie ist nicht nackt oder so. Nur oben ohne.»

«Also, vielen Dank, aber so etwas könnte ich nie machen.» Ich warf ihm einen Blick zu: den richtig bösen Blick, den meine Mutter immer drauf hat, wenn man ihr Unrecht getan hat, und der einen im Nu dazu bringt, sich für seine bloße Existenz auf diesem Planeten entschuldigen zu wollen.

«Es tut mir leid, Harmony. Ich wollte nicht ... ich ... ich wusste, ich hätte lieber den Mund halten sollen ...» Er ließ den Kopf hängen. «Ich wollte nur helfen.»

Hätte er nicht so harmlos ausgesehen – wie eine molligere Version von Richie Cunningham –, so wäre ich vielleicht skeptischer gewesen, was seine Absichten anging. Aber er wohnte noch zu Hause bei seiner Mutter, die ihm frische Erdbeeren mit Zucker und Milch auftischte. So ein Typ war nicht darauf aus, sich an anderen zu bereichern. Der wollte nur ein bisschen Würze in sein langweiliges Leben bringen.

Abgesehen von den Richtungsanweisungen, die ich ihm gab – «hier rechts; jetzt geradeaus» –, verlief die Fahrt zu mir nach Hause schweigsam. Als wir in die Sackgasse einbogen, in der sich das Haus von Derricks Mutter befand, begann mein Herz erwartungsvoll zu pochen. Ich stellte mir vor, wie Derrick zu Hause saß und sich den Kopf zerbrach, wo ich wohl sein mochte. Ob er wohl in den Schubladen nachschaute, ob meine Klamotten noch da waren? Ob er mir zutraute, dass ich ihn verließ?

«Hier ist es – auf der rechten Seite», sagte ich und deutete auf den pfirsichfarben verputzten Bungalow, den ich mein Zuhause nannte. Das Auto war immer noch weg. Meine Knie fühlten sich zu weich an, um mich aufrecht zu halten.

Derrick war noch nie so einfach verschwunden. Die Distanz zwischen uns wurde immer größer. Ich musste etwas tun, damit er mich nicht verließ – etwas, wofür es sich lohnte, dass er zu mir nach Hause kam.

«Wie viel?», fragte ich schließlich.

«Hä?» Ihm blieb ein wenig der Mund offen stehen, während er auf meine Erklärung wartete.

«Du sagtest doch, dass deine Freundin eine Menge Geld verdient. Wie viel verdient sie denn?»

«Hm, ich weiß nicht genau. Mindestens zwei- oder dreihundert pro Abend.»

Zweihundert pro Abend! Ich könnte in ein paar Tagen mein gesamtes Monatseinkommen verdienen!

«Ich glaube trotzdem nicht, dass ich das könnte», sagte ich. Wahrscheinlich versuchte ich mehr mich selbst als ihn davon zu überzeugen.

In dieser Nacht wachte ich davon auf, dass die Haustür aufgeschlossen wurde. Rasch setzte ich mich auf und lauschte angestrengt auf seine Schritte vorne im Haus. Ich hatte nicht vor, aus dem Bett zu hüpfen und zu ihm zu laufen, wo er mich doch so allein gelassen hatte. Jetzt, wo er sicher wieder zu Hause war, verwandelte sich meine Traurigkeit in Zorn; Wut quoll in meiner Brust auf, und mein Herz pochte wild.

Doch als er nach fünfzehn Minuten immer noch nicht ins Schlafzimmer gekommen war, gab ich es auf. Ich schlich auf Zehenspitzen hinaus ins Wohnzimmer, wo ich ihn auf dem Sofa liegend fand. Er hatte sich eine Decke genommen. Schweigend stand ich in der Tür und versuchte, die Stimme zu finden, nach der ich mich so sehnte. Ich wollte ihn an unsere Geschichte erinnern, daran, wie wir zusammen aufgewachsen waren und wie er im Sommer jeden Tag mit dem Bus zu mir gefahren war, nur, um mit mir zusammen zu sein. Ich wollte, dass er sich an die Zeit erinnerte, als die Machtverhältnisse umgekehrt waren; als er mich noch mehr gebraucht hatte als ich ihn. Ich wollte etwas Bedeutsames sagen – etwas, das ihn oder mich oder uns beide verändern würde –, aber ich fand einfach keine Worte. Er blickte kurz zu mir auf und drehte sich dann auf die Seite. In diesem

Moment wusste ich, dass ich dabei war, ihn zu verlieren. Es musste etwas geschehen.

Als ich am nächsten Morgen aufstand, um zu meinem Mathe-Kurs um 7.30 Uhr zu gehen, saß Derrick, der noch nie ein Langschläfer gewesen war, auf dem Sofa und spielte Videospiele. Es drängte mich, ihn zur Rede zu stellen. Am liebsten hätte ich verlangt, dass er mir auf der Stelle sagte, wo er sich in den letzten paar Tagen herumgetrieben hatte. Aber ich wusste, wenn ich danach fragte, würde er es mir nie erzählen. Lieber hätte er sich Bambusschösslinge unter die Fingernägel stecken lassen und wochenlang ohne Essen ausgeharrt, als jemandem, der etwas von ihm wissen wollte, irgendwelche Informationen zu geben. Außerdem sagte mir mein Instinkt, dass er mit Gina zusammen gewesen war. Mein Verdacht bestätigte sich, als ich nach draußen schaute. Ihr Auto stand plötzlich wieder an seiner gewohnten Stelle vor Terrances Haus nebenan.

«Wir müssen umziehen», brach Derrick das angespannte Schweigen zwischen uns.

«Was? Wie meinst du das? Wann?», fragte ich.

«Weil meine Mutter im Pflegeheim ist, will meine Schwester das Haus verkaufen, um die Kosten zu decken.»

Bisher hatte ich nicht den Eindruck gehabt, als ob sich seine Schwester Sorgen um die Deckung irgendwelcher Kosten gemacht hätte. Sie hatte ja alles uns überlassen – mir! Ich holte tief Atem und behielt meinen Zorn dort, wo ich ihn immer aufbewahrte – tief in mir drin.

«Und was machen wir jetzt?», fragte ich ernst.

O Gott! Gab es überhaupt noch ein «Wir»? Oder war es jetzt vorbei mit uns?

«*Umziehen.* Das werden wir machen. *Umziehen.*» Er reagierte genervt.

«Okay. Dann fange ich mal an, nach einer Wohnung zu suchen», erbot ich mich.

Wir brauchten Geld, und zwar schleunigst.

Neunzehn

«Ich weiß nicht, ob wir da hingehen sollten», sagte ich, während ich in meiner Schüssel mit Obstsalat eine Weintraube hin- und herschob.

«Du musst ja nicht gleich vortanzen. Wir können einfach hingehen und uns den Laden anschauen. Wenn es dir nicht gefällt, machst du es einfach nicht.» Evan zog seine Augenbrauen mitfühlend in die Höhe.

«Ja. Du hast eigentlich recht ...»

Ich konnte es nicht fassen, dass Derrick nichts dagegen hatte, dass ich mit einem anderen Typen loszog, um Stripclubs auszukundschaften. Ich dachte, er würde eifersüchtig reagieren, aber ich schätze, es gab für ihn wohl wichtigere Dinge als die Leine, an der er mich hielt. Er brauchte Geld.

«Vielleicht solltest du ein Glas Wein trinken oder so. Das macht es leichter», schlug Evan vor.

«Ich bin noch nicht einundzwanzig.»

«Macht doch nichts.»

«Ich trinke eigentlich nicht. Und Wein schmeckt mir sowieso nicht», sagte ich und schaute mich in dem hell erleuchteten Restaurant um. Die Leute kauten an ihrem Tagesessen: lauwarme Schweinekoteletts, Tiefkühlerbsen und Fertig-Kartoffelbrei. Niemand trank Alkohol.

«Ich weiß genau das Richtige für dich, wenn dir Wein nicht schmeckt», sagte er und hob den Finger, um unsere Kellnerin auf sich aufmerksam zu machen. «Könnte ich bitte ein Glas weißen Zinfandel bekommen?» Nachdem er ihr seinen Ausweis gezeigt hatte, wandte er sich wieder mir zu. «Das ist so etwas wie ein Wein für Anfänger. Er wird dir schmecken, weil er süß ist. Pass nur auf, dass die Kellnerin nicht sieht, wenn du davon trinkst.»

Der Wein war süß und fruchtig. Er erinnerte mich an die Erdbeerbowle, die meine Freunde und ich uns immer von Obdachlosen im Schnapsladen hatten besorgen lassen, als wir auf der Highschool waren. Seit der Highschool hatte ich keinen Alkohol mehr getrunken, und ich spürte die Wirkung sofort. Als wir vor dem Oben-ohne-Club in Inglewood hielten, fühlte sich mein Blut warm und dick an, und das Herz klopfte mir nicht mehr so heftig. Wir stellten uns hinter einer Gruppe von bereits betrunkenen Gästen an. Als wir an der Reihe waren, übernahm Evan die Führung.

«Hi. Meine Freundin denkt daran, sich hier um einen Job zu bewerben. Deshalb wollten wir uns hier mal umschauen.»

«Ausweise bitte», sagte der Türsteher und schaute an uns vorbei, als ließe er den Blick über einen Parkplatz schweifen. Über seine Schulter hinweg sah ich reihenweise Männer auf Barhockern sitzen und unverwandt auf eine kurvenreiche Brünette starren, die sich auf der Bühne verführerisch bewegte. Die Perlenkette an ihrem Hals schwang zwischen ihren Brüsten hin und her. Mit zitternden Händen reichte ich dem Türsteher meinen Ausweis.

«Tut mir leid. Du musst mindestens einundzwanzig sein, um hier reinzukommen.»

«Ich dachte, es wäre ab achtzehn», entgegnete Evan rasch.

«Nein: Oben-ohne-Clubs sind ab einundzwanzig. Wir servieren Alkohol. Versucht es doch mal in einem Club mit ganz nackten Mädchen. Die sind ab achtzehn», erwiderte er, während er weiter Ausweise kontrollierte und Männer an uns vorbei in den Club hineinwinkte.

«Kommt dir das nicht auch wie eine verkehrte Welt vor? Je jünger man ist, desto mehr muss man zeigen? Das ergibt doch keinen Sinn», sagte ich, als wir zurück zu Evans Auto gingen. Über uns am Nachthimmel funkelten die roten Blinklichter von startenden und landenden Flugzeugen.

«Na ja. Immerhin haben wir es versucht.» Um ehrlich zu sein, ich war erleichtert. Strippen kam nicht mehr in Frage.

«Ich kannte einen Nacktclub hier in der Straße», meinte er, während er den Motor anließ.

«Evan, lass uns nach Hause fahren. Auf keinen Fall werde ich nackt tanzen.»

«Es ist gleich um die Ecke. Wir könnten doch … wo wir sowieso schon mal hier sind.»

Ich wusste, dass seine Motive nicht unschuldig waren. So wichtig konnte ihm meine finanzielle Situation nicht sein, dass er deswegen bereit war, mich kreuz und quer durch die Stadt zu chauffieren, nur um mir zu «helfen», einen Job zu finden. Er wollte mich nackt sehen. Aber ich war immer noch verzweifelter als er.

«Na schön. Aber ich kann dir jetzt schon sagen, dass daraus nichts wird. Ich tanze nicht nackt.»

Der Raum war in trüb-rotes Licht getaucht. Als ich hineinkam, schlug mir der süße Geruch von Zigaretten und Deospray entgegen. Mädchen in Reizwäsche und Bikinis schlenderten durch den Raum, während die Männer sie wie Drohnen mit Blicken musterten. Evan und ich fanden Plätze in der dritten Reihe vor der Bühne und wurden von neugierigen Mädchen herzlich begrüßt.

«Bist du wegen eines Jobs hier?», fragte mich eine freundlich lächelnde Frau mit hüftlangen blonden Locken. Ihr limonengrünes Bikinioberteil passte zu dem transparenten Sarong, den sie um die Hüften trug. Obwohl sie schon über dreißig war, wirkte sie irgendwie kindlich, wie sie so dastand mit ihren nach innen verdrehten Fußspitzen.

«Ähm, eigentlich nicht. Ich meine … ich wollte mich eigentlich nur mal umschauen … aber ich weiß noch nicht», stammelte ich.

«Och, wie süß! Sie ist nervös», kicherte die blonde Frau ihrer Freundin zu. «Du solltest es machen. Du solltest hier arbeiten», versicherte sie mir. «Findest du nicht auch?», wandte sie sich wieder an ihre Freundin, die mit stoischer Miene auf lächerlich hohen Plateausohlen neben ihr stand. Die Frau verzog die Winkel ihrer glänzend geschminkten Lippen zu einem leichten Lächeln und ging davon.

Die blonde Frau schaute ihrer Freundin nach und sah dann wieder mich an. Dann änderte sie ihre Taktik. «Wie wär's? Möchtest du einen Tabledance? Das kostet nur vierzehn Dollar.» Sie legte ihre Hände auf meine und warf mir einen koketten Blick zu.

Mit pochendem Herzen und hochrotem Gesicht sagte ich: «Nein ... aber danke.» Ich war um ihretwillen ebenso verlegen wie um meinetwegen.

«Bist du sicher?», schaltete Evan sich ein.

«Ja, ganz sicher», sagte ich und warf ihm einen raschen, kalten Blick zu. Sein Eifer begann mich abzustoßen. Er versuchte nicht einmal, sich cool zu stellen.

Während der nächsten Tage versuchte ich, meinen Standpunkt zu behaupten. «Ich könnte das nie machen», versicherte ich mir selbst, aber mit jedem Mal glaubte ich es weniger. Ich war mit meiner Empfindung auch völlig allein. Evan konnte es gar nicht abwarten, mich endlich nackt zu sehen, und Derrick war scharf auf das Geld. «Wenn ich ein Mädchen wäre, würde ich es machen.» «Die Mädchen verdienen sich doch fast alle damit ihr Geld fürs College.» «Wenn es dir nicht gefällt, kannst du ja jederzeit wieder aufhören.» Ihre Argumente kreisten mir ständig durch den Kopf.

Schon, als ich fünfzehn gewesen war, hatte Derrick zum ersten Mal gemerkt, dass er mich verkaufen könnte. Wir gingen den Lincoln Boulevard in Venice entlang, als ihm der Gedanke kam.

«Es ist verrückt», sagte er kopfschüttelnd.

«Was ist verrückt?», erkundigte ich mich.

«Dass jede einzelne Person, die an uns vorbeifährt, dich anschaut. Sogar die Frauen.»

«Was redest du da? Das stimmt doch überhaupt nicht», widersprach ich.

«Komm her. Setz dich einfach hin und sieh es dir selbst an», sagte er mir und führte mich zu einer Buswartebank.

Er hatte recht. Bei manchen war es nur ein kurzer, beiläufiger Blick. Bei anderen war es ein ausgedehntes Starren. Ein Auto nach dem anderen; mit ganz wenigen Ausnahmen schauten die Leute darin mich an. Mir wurde richtig schlecht. Was hatten die zu glotzen? Was hatte ich an mir, das sie dazu brachte? Ich hätte ja gerne geglaubt, es wäre meine Schönheit, die ihnen die Köpfe verdrehte, aber tief in meinem Innern wusste ich, dass es etwas anderes war: die schmutzigen, verborgenen Geheimnisse über Dinge, die im Dunkeln geschahen. Was die Leute zu mir hinzog, war für mich eine hässliche Bürde auf meinen Schultern. Doch Derrick sah es nicht so.

«Ich könnte dich *verkaufen*», sinnierte er.

«Was? Was soll das denn heißen?», fragte ich.

«Ich könnte dich verkaufen.» Er warf den Kopf zurück und lachte herzhaft. «Hey! Hey!», rief er einem Mann zu, der gerade vorbeiging. «Wollen Sie sie kaufen?»

«Derrick! Sei still!», sagte ich laut und streckte die Hand aus, um ihm den Mund zuzuhalten. Immer noch grinsend packte er meine Hand und schob sie nach unten. Seine andere Hand schoss in die Höhe und deutete auf meinen Kopf.

«Hat jemand einen Zehner?» Er ließ nicht davon ab, mich den verdutzten Passanten wie eine Verkaufsware anzubieten.

Das war also mein gängiger Preis. Ein Zehner. Damit ich es nicht vergaß, erinnerte mich Derrick hin und wieder wahllos irgendwo in der Öffentlichkeit an meinen Wert, indem er wildfremden Leuten zurief: «Hat jemand einen Zehner?»

Offenbar hatte Derrick seit damals nur auf eine Chance gewartet, aus mir Kapital zu schlagen. Und jetzt, als es sich abzeichnete, dass ich Stripperin werden sollte, war seine Chance gekommen. Die Wahrheit ist, dass ich mich nicht verkaufen lassen wollte. Ich brauchte eine Stimme der Vernunft: einen neutralen Dritten, der mir sagen konnte, was er davon hielt. Und ich kannte genau die richtige Person.

Das letzte der Kinder war abgeholt worden, und im Kindergarten herrschte die dröhnende Stille von der Abwesenheit der kreischenden Kleinen. Ich mischte etwas Clorox mit Wasser und begann alle Flächen abzuwischen, auf denen pummelige Kinderfinger winzige fettige Abdrücke hinterlassen hatten. Mittlerweile liebte ich es geradezu, wie der durchdringende Geruch der Chlorbleiche in der Luft hing. Während ich die Fußböden wischte, passte ich auf, dass nichts von der Bleiche auf die Hosenbeine meiner weiten blauen Trainingshosen spritzte. Dann war alles sauber – und mein Arbeitstag zu Ende.

Da mir noch etwas Zeit bis zu meinem Psychologiekurs um 17.00 Uhr blieb, hockte ich mich in die Leseecke auf eines der Schaumstoffsofas in Kindergröße. Obwohl ich in meiner Pflichtlektüre schon eine Woche voraus war, zog ich mein Buch hervor, begierig, alles in mich aufzusagen, was es über das Thema zu wissen gab – begierig, Dr. Stevenson zu beeindrucken.

Im Gegensatz zu meinem Psychologielehrer auf der Highschool, der alt und streng gewesen war, war Dr. Stevenson ein junger Mann mit einem richtigen Jungengesicht. Er war noch keine dreißig, sehr ausgelassen und kontaktfreudig. Er wirkte wie ein Lehrer, der am liebsten an den Wochenenden etwas mit seinen Studenten unternehmen würde, wenn es erlaubt wäre. War es aber nicht. Das hatte ich herausgefunden, als ein Student aus dem Kurs Dr. Stevenson zu einer Party eingeladen hatte.

Äußerlich war er nicht gerade mein Typ – er sah viel zu sehr wie ein Yuppie aus. Aber ich fühlte mich trotzdem zu ihm hingezogen. Er war intelligent und ehrgeizig, und während seiner Vorlesungen kam eine Leidenschaft in ihm auf, die seine Augen und seine Haut warm und hell zum Leuchten brachte. Er war in seinem Element, und das macht einen Mann ausgesprochen attraktiv.

Wie in allen meinen Kursen saß ich rechts in der ersten Reihe. Die Mitte der ersten Reihe wäre zu offensichtlich gewesen. Indem ich mich auf der rechten Seite hielt, vermittelte ich, dass ich lernbegierig war, aber nicht Lehrers Liebling spielen wollte (auch wenn meine Kommilitonen das sicher anders sahen). Wenn ich die Antwort auf eine Frage wusste, schoss meine Hand zwanghaft in die Höhe. Und weil ich jedes Lehrbuch von vorn bis hinten durchlas, wusste ich meistens die Antworten. Mehr Anreiz, als eine «Eins» zu bekommen, brauchte ich nicht, um in meinen Mittagspausen und abends bis spät in die Nacht zu lernen. Doch mich bei Dr. Stevenson beliebt zu machen, war ein zusätzlicher Bonus.

Als ich an diesem Nachmittag in der Lesenische des Kindergartens saß, fiel es mir schwer, mich aufs Lernen zu konzentrieren. Ich konnte an nichts anderes denken als an das Gespräch, das ich nach dem Kurs mit Dr. Stevenson führen würde, falls er Zeit für mich hatte. Er war meine letzte Chance, die mich vom Strippen abhalten konnte.

Als ich mit Derrick darüber sprach, tat er verschlagen so, als überließe er die Entscheidung mir.

«Ich weiß einfach nicht, was ich machen soll. Ich weiß nicht, ob ich das könnte», erklärte ich ihm.

«Es liegt bei dir. Aber ich wette, du könntest einen Haufen Geld verdienen. Wir könnten endlich ein paar Rechnungen abzahlen. Und ich könnte mir die neuen Jordans von Nike kaufen», fügte er mit seinem charmanten Jungenlächeln hinzu, das er immer aufsetzte, wenn er etwas von mir wollte. Und irgendwie kam dann bei mir immer ein «Ich brauche dich» an. Das war das Band, das uns zusammenhielt. Ich dachte einen Moment lang darüber nach, wie viel das bedeuten konnte. Dann dachte ich wieder daran, was auf dem Spiel stand.

«Ja, aber fändest du es nicht blöd, wenn ich mich vor anderen Männern nackt ausziehen würde?»

«Wie gesagt, es liegt ganz bei dir. Wenn ich ein Mädchen wäre, würde ich es machen», argumentierte er.

«Aber was wird dann aus meiner Karriere?» Die Vorstellung, «Karriere» zu machen, so unbestimmt und weit entfernt sie auch war, war schon immer mein Plan A gewesen. Ich wusste nicht viel darüber, wie sie aussehen würde. Aber ich würde meine Feierabende damit verbringen, mich in meinem Luxusapartment im dreißigsten Stock auf einem langen, schwarzen Ledersofa zu entspannen, Weißwein zu schlürfen und den überwältigenden Anblick der Skyline von Los Angeles zu genießen, während auf der Stereoanlage Miles Davis spielte.

Meine Karriere war mein Plan, den Fesseln der Armut zu entfliehen und dafür zu sorgen, dass kein Vermieter je die Macht hatte, mich auf die Straße zu setzen. Während all die anderen Mädchen, mit denen Derrick sich abgab, in irgendwelchen Sackgassenjobs bei Foot Locker oder so arbeiteten, würde ich einen guten Beruf haben, in dem ich richtig Geld verdiente. Und dann würde er nicht anders können, als sich für mich zu entscheiden.

Derrick hatte meine Frage nicht beantwortet.

«Derrick, was wird aus meiner Karriere? Was ist, wenn ich mir damit jede Chance zunichtemache, Kinderpsychologin zu werden?»

«Ich weiß nicht, was ich dir dazu sagen soll.» Sein Tonfall deutete an, dass ich diesen Preis vielleicht einfach würde zahlen müssen.

«Vielleicht sollte ich meinen Dozenten fragen, wie er darüber denkt. Vielleicht kann er mir sagen, was ich tun soll.»

«Wenn du willst ...», gab er zurück. Er blieb bei seiner Taktik, es so aussehen zu lassen, als hätte ich noch so etwas wie Kontrolle über mein eigenes Leben. Aber wir wussten beide, dass ich die Kontrolle schon längst an ihn abgegeben hatte.

Ich stand von der Lesenische auf und ging ins Bad, um mich frisch zu machen und umzuziehen. Statt der Trainingshosen und des XL-T-Shirts zog ich ein kurzes, geblümtes Trägerkleid an, das an der Taille gerafft war. Wenn mein Verstand mir nicht genügend Aufmerksamkeit von Dr. Stevenson eintrug, würde mein schnuckeligstes Outfit ein Übriges tun. Ich zog mir das Haarband aus den Haaren, glättete die losen Strähnen, indem ich mir mit den Handflächen fest über den Kopf fuhr, und schnürte meinen Pferdeschwanz fester. Letzte Finesse: ein Paar schwarzer Clogs, die meine Großmutter mir gekauft hatte.

Als der Kurs endete, zitterten meine Knie. Ehe mir der Mut versagte, um ein Gespräch zu bitten, sprang ich regelrecht von meinem Stuhl auf und ging nach vorn zu seinem Schreibtisch. Dort hatte sich bereits eine kleine Schlange von Studenten gebildet. Jeder wollte nach dem Kurs mit ihm reden. Erst vor ein paar Wochen hatte ich nach seiner Vorlesung über Schizophrenie auch in dieser Schlange gestanden. Der «paranoide Typus» war eine perfekte Beschreibung von Derricks Adoptivmutter. Die verrammelten Fenster; die an der Wand festgenagelten Vorhänge; die vielen Bolzenschlösser an jeder Tür wegen all der Leute, die «hinter ihr her» waren. Seit ihrem Schlaganfall hatte sie nicht mehr sprechen können, aber das hielt sie nicht davon ab, unentwegt zu schimpfen und zu stöhnen: «Schlum Dem! Schlum Dem!»

Einmal rief sie nach mir: «Schlum Dem ...» Es war ein Wimmern: ein kleiner Aufschrei eines Menschen, der Barmherzigkeit braucht. Ich hielt ihre eine Hand, die sie noch bewegen konnte und die noch Gefühl hatte, in meiner. Ihre Haut war ein dickes, strammes Schokoladenbraun. Ihre überlangen Fingernägel fielen mir auf. Die Hälfte ihres Gesichts, die noch zur Mimik fähig war, verzog sich zu einem Lächeln, als ich anfing, ihr die Nägel zu feilen und zu lackieren. Dann packte sie mich plötzlich am Arm, kräftiger, als ich es ihr je zugetraut hätte, und zog mich näher zu sich heran. Ihr Atem wehte mir sauer und warm ins Gesicht. «Schlum Dem!», sagte sie mit zusammengebissenen Zähnen. Ihr Mund konnte die Worte nicht mehr artikulieren, aber ich spürte, was sie mir sagen wollte: «Hör zu, weißes Mädchen, du kannst mir den Hintern abwischen und mir das Essen machen, aber hier bin ich immer noch der Boss.»

Nachts weinte und stöhnte sie und warf sich aus dem Bett, um ihren schlaffen Körper zur Tür zu schleppen, wo sie mit den Fingernägeln am Holz kratzte, bis wir aufstanden und ihr halfen. Wenn ich dann in ihr Zimmer kam, deutete sie auf Menschen und Gegenstände, die nur sie sehen konnte. In ihrem Blick lag eine solche Furcht, dass man hätte denken können, sie sähe den leibhaftigen Teufel vor sich. Das Gespräch mit Dr. Stevenson über ihr bizarres Verhalten hatte mir etwas von meiner Angst genommen. Dr. Stevenson hatte mir versichert, dass Derricks Mutter nicht besessen war. Sie hatte eine diagnostizierbare Störung. Ich hatte Fragen; er hatte Antworten. Er war ein Trost für mich.

Als der Student vor mir endlich damit fertig war, Dr. Stevenson von irgendeinem Verwandten zu erzählen, der unter Depressionen litt, trat ich vor, um mit ihm zu reden. Sein Hemd und seine Hosen waren säuberlich gebügelt und rochen nach Weichspüler. Hoffentlich rieche ich nicht nach Kinderknete, dachte ich.

«Hallo, ich wollte fragen, ob ich Sie mal einen Moment sprechen kann. Ich möchte Sie etwas fragen … unter vier Augen.» Ich bemühte mich, ruhig und selbstbewusst zu wirken, aber meine Stimme hörte sich leise und zittrig an.

«Sicher. Wir können in mein Büro gehen, sobald ich hier fertig bin.»

In seinem Büro stapelten sich überall Bücher und Papiere. Die Leuchtstoffröhren tauchten alles in dem winzigen Raum in einen grünlichen Schimmer. Ich hatte gedacht, er würde hinter einem großen Eichenschreibtisch sitzen, mit einem sorgfältig auf der Kante platzierten Namensschild, nicht hinter so einem Metallding, übersät mit gelben Haftnotizen. Das ganze Ding klapperte jedes Mal, wenn er eine Schublade aufzog. Er machte es sich auf seinem ledernen Bürostuhl bequem, und ich setzte mich stocksteif, die Hände auf den Schoß gelegt, auf den Stuhl ihm gegenüber.

«Also, worüber möchten Sie mit mir reden?», fragte er.

«Na ja. Ich brauche dringend Rat. Wissen Sie noch, wie ich Ihnen von der Mutter meines Freundes erzählt habe?»

«Ja, ich erinnere mich, die Frau, die an Schizophrenie leidet.»

«Nun, seit ich mich um sie gekümmert habe, ist es bei uns finanziell ziemlich eng geworden.» Hätte Derrick sich einen Job gesucht, wären wir wahrscheinlich prima zurechtgekommen. Und seine Mutter war zwar inzwischen im Pflegeheim, aber eine kranke Frau zu pflegen hörte sich nobler an, als einen kräftigen jungen Mann ohne Job zu unterstützen.

«Deswegen muss ich mir etwas Neues einfallen lassen, um Geld zu verdienen», fuhr ich fort. «Ich mag meinen Job mit den Kindern sehr, aber die Bezahlung reicht nicht. Und deshalb …» Aus Scheu, ihn direkt anzuschauen, studierte ich das Mille-Fleurs-Muster am Saum meines Kleides. *Was wird er von mir denken, wenn ich ihm sage, woran ich denke?*

«Also, mein Freund sagt, ich solle mir einen Job als Stripperin suchen, aber ich weiß einfach nicht …»

Okay, Dr. Stevenson, das ist Ihr Stichwort, um mich zu unterbrechen und mir zu sagen, dass ein nettes Mädchen wie ich nicht auf eine derartige Arbeit angewiesen sein sollte. An dieser Stelle sollten Sie mir sagen, dass es doch bestimmt eine andere Möglichkeit gibt, dass ich eine glänzende Zukunft vor mir habe – eine Zukunft, in der so etwas nicht vorkommt.

Er schwieg. Ich blickte auf und sah, wie er sein Kinn auf seine Finger stützte, als ob er immer noch darauf wartete, was ich ihm zu sagen hätte. *Vielleicht hat er mich nicht verstanden.*

«Und wonach wollten Sie mich jetzt fragen?», erkundigte er sich schließlich und setzte sich in seinem Stuhl auf.

«Ähm. Na ja. Danach. Ich meine, Sie wissen doch, dass ich mich auf Entwicklungspsychologie spezialisieren möchte, nicht wahr? Und ich möchte nichts tun, was negative Auswirkungen auf meine Laufbahn hätte. Ich weiß einfach nicht, ob ein Job als Stripperin eine gute Idee wäre, wissen Sie?»

«Na ja, Sie müssen das ja nicht unbedingt in Ihren Lebenslauf schreiben.» Er lachte kurz auf, als er das sagte, als wäre alles halb so wild. Vielleicht war es ja auch so.

«Ja. Sie haben wohl recht. Ich wollte nur sichergehen. Ich meine, ich würde es sowieso nur für ein paar Monate machen, aber ich will nicht, dass mir das nachhängt.»

«Also, Ihr Freund hat Ihnen den Vorschlag gemacht?»

«Ja. Er kennt eine Tänzerin, die eine Menge Geld verdient.»

«Wo?»

«Wie bitte?»

«In welchem Club wollen Sie arbeiten?» Die Frage kam mir seltsam vor. Was spielte es für eine Rolle, in welchem Club?

«Direkt am Flughafen.»

TEIL 2
Narben

Solange der Schmerz, so zu bleiben, wie man ist, nicht größer ist als der Schmerz der Veränderung, ziehen es die meisten Leute vor, so zu bleiben, wie sie sind.
Dr. Richard D. Dobbins

Ich saß auf dem Beifahrersitz von Evans dunkelblauem Toyota Camry. Als ich über das billige Schild des Stripclubs hinwegschaute, geschrieben in roten und orangefarbenen Lettern im Stil der 1970er, sah ich in der Ferne ein Flugzeug auf dem Weg zum Los Angeles Airport. Während ich ihm mit meinem Blick über den Nachthimmel folgte, fiel mir eine Geschichte ein, die meine Großmutter mir immer erzählte. Als ich zwei Jahre alt war, hatte sie mich in der Wohnung in Venice besucht, die wir im Scherz immer das Kakerlakenmotel nannten. Sie war eine kultivierte Frau, die sich mit Antiquitätenhandel und viel Geschick auf dem Immobilienmarkt selbst einen erklecklichen Wohlstand erarbeitet hatte. Es ging ihr ans Herz und gegen den Stolz, ihre einzige Enkeltochter in solch ärmlichen Verhältnissen aufwachsen zu sehen. Wenn meine Großmutter diese Geschichte erzählte, hatte sie Tränen in den Augen.

«Wir gingen Hand in Hand die Strandpromenade entlang. Plötzlich schautest du zum Himmel hinauf und sagtest: ‹Oma, ich wünschte, wir könnten einfach wegfliegen.› Am liebsten hätte ich dich einfach weggeholt von dort», sagte sie in ihrem gedämpften Südstaatenakzent. Der Akzent verriet ihre ländlichen Wurzeln in Winnsboro, Texas, wo die Städter auf ihre Baumwollpflückerfamilie vom Land herabgeschaut hatten. Den Akzent wurde sie ebenso wenig los wie ihre Gewohnheit, so zu tun, als ob alles in Ordnung wäre, auch wenn das nicht der Fall war. Dieses So-tun-als-ob machte es ihr möglich, mich *nicht* mitzunehmen.

Eine Maschine flog über uns hinweg und brachte Evans Auto zum Vibrieren. Ich habe gehört, dass der Treibstoffvorrat eines Flugzeugs größtenteils beim Start verbraucht wird, weil so viel Energie nötig ist, um es in die Luft zu bringen. An diesem Abend auf dem Parkplatz des Stripclubs war mir der Treibstoff ausgegangen. Ich hatte einen Ganztagsjob gehabt, studiert und mich auch noch um Derricks gelähmte, an den Rollstuhl gefesselte, paranoide schizophrene Mutter gekümmert. Inzwischen stand ich an der Schwelle zum Bankrott; und inzwischen machte sich Derrick tagelang mit diesem oder jenem Mädchen aus dem Staub. Meine Selbstachtung war völlig am Boden, und bei jedem Kampf, den es zu kämpfen gab, war ich am Verlieren. Das einzig Gute, was ich hatte, war mein Notendurchschnitt von 1,0, und allein, um den zu halten, brauchte ich alle Kraft, die ich hatte. Wieder dröhnte ein Flugzeug über unsere Köpfe hinweg.

Nein, Wegfliegen kam für mich nicht infrage. Bestenfalls konnte ich versuchen, nicht abzustürzen. Meine Hoffnung war, dass das Strippen mir dabei helfen würde. Auf diese Weise könnte ich meine Schulden abzahlen. Hoffentlich würde Derrick, der vor allem daran interessiert war, Zeit mit der Person mit dem größten verfügbaren Einkommen zu verbringen, dann aufhören, mit anderen Mädchen abzuhauen.

Evans Stimme riss mich aus meiner Versunkenheit. «Harmony, möchtest du, dass ich mit dir hineingehe?» Ich sah ihn an. Sein Gesicht war voller geheuchelter Anteilnahme. Es ärgerte mich, wie er seinen Wunsch, mich nackt zu sehen, hinter einer falschen Sorge um mein Wohlergehen zu verbergen versuchte.

«Nein, ich möchte nicht, dass du mit mir hineingehst», sagte ich und rollte die Augen. «Um das klarzustellen: Ich möchte, dass du *niemals* da hineingehst, während ich arbeite. Hast du verstanden?»

«Okay, ich dachte nur, du brauchst vielleicht Unterstützung.»

«Nein, ich brauche deine Unterstützung nicht, vielen Dank. Du kommst mich um 2.00 Uhr abholen, ja?»

Für einen Augenblick tat er mir leid. Der arme Kerl musste mich kreuz und quer durch die Stadt karren, und für ihn sprang überhaupt nichts dabei heraus. Und Derrick! Ich schicke mich hier an, in einem Stripclub zu arbeiten, um Geld zu verdienen für das Auto, das er fährt, und für das Dach über seinem Kopf – und er ist noch zu bequem, mich in meinem eigenen Auto hinzufahren!

Sobald mir diese Gedanken in den Sinn kamen, musste ich sie verscheuchen. Sie führten zu nichts. Wenn ich mit Derrick über meine Gefühle zu sprechen versuchte, würde nur alles noch schlimmer werden. Er würde mich stillschweigend bestrafen, indem er noch weniger Zeit mit mir verbrachte, als er es ohnehin schon tat. Wenn ich je seine Zuneigung und Hingabe erringen wollte, konnte ich es mir nicht leisten, etwas zu tun, womit ich ihn verscheuchte. Ich wusste, hier wurde ein Spiel gespielt – und ich war entschlossen, es dieses Mal zu gewinnen. Meine Strategie: die letzte Frau im Ring zu sein. Letzten Endes würden alle anderen Frauen verschwinden, und er würde nur noch mich haben. Und dann würde er endlich einsehen, dass *ich* diejenige war, der er vertrauen und auf die er sich stützen konnte. Nur ich würde immer für ihn da sein und mich um ihn kümmern. Ja; meine Liebe würde siegen.

«Okay, ich bin um 2.00 Uhr hier», erwiderte Evan.

Ich musste an den Abend meines Vortanzens denken. Das Herz hatte mir so heftig geklopft, dass ich dachte, es wollte mir aus der Brust springen. Ich folgte dem Manager in einen leeren Raum mit einer kleinen Bühne in der Mitte. Aus dem angrenzenden Raum hörte ich gedämpfte Musik. Prince sang «Purple

Rain», und auf der Hauptbühne tanzte eine Frau. Sie schien Lichtjahre weit weg zu sein. Ich bin anders. Ich werde nicht so werden wie sie, sagte ich mir.

Hinter der Bühne, halb in der Hoffnung, den Job nicht zu bekommen, streifte ich das weiße Baumwollkleid ab, das ich anhatte, und entkleidete meinen jugendlichen Körper. Ich weiß noch, wie ich mir beim letzten Blick in den Spiegel selbst in die Augen schaute und mich fragte, wer ich eigentlich war. Dann zog ich den Vorhang zurück, trat auf die Bühne, ging zur nächsten Stange und hielt mich daran fest. Sie war das Einzige, was mich aufrechthielt. Der Manager rief meinen Namen und sagte mir, ich könne aufhören. Nach meinem Auftritt mit schlotternden Knien war ich sicher, dass er mich nicht anheuern würde. Ich irrte mich: Ich hatte den Job. Plötzlich war die Frau im angrenzenden Raum gar nicht mehr so weit weg.

Als ich in Evans Auto nach dem Türgriff fasste, packte mich die Nervosität. Bei dem Gedanken, vor wildfremden Leuten nackt zu tanzen, zog ich den Bauch ein und fuhr mir mit der Hand darüber. Vielleicht hätte ich besser nicht nur das Mittagessen, sondern auch das Frühstück ausfallen lassen sollen, um dünner auszusehen. Ich wog zwar mit meinen ein Meter dreiundsiebzig nur knapp siebenundfünfzig Kilo, aber ich hörte immer noch die Stimme in meinem Kopf, die mich seit meiner Kindheit verfolgte: eine Stimme, die allen Komplimenten der Männer und aller Aufmerksamkeit, die ich bekam, zu widersprechen schien. Sie war immer noch lauter als jede andere. «Du bist fett und hässlich», fauchte sie mir zu.

Die Vorstellung, so tanzen zu müssen, als ob ich mich für sexy hielte, ließ mir die Knie weich werden. Als Mädchen war Tanzen mein Hobby gewesen. Ich führte Jazztänze, lyrische Tänze und Hip-Hop-Nummern bei Schulveranstaltungen und Sportevents auf, aber das alles würde mir heute Nacht nicht weiterhelfen. Dies war eine völlig neue Welt und eine ganz andere Bühne. Eine, von der ich keine Ahnung hatte. Ich konnte nur hoffen, dass mir der Nachmittag zugutekommen würde, den ich mit zugezogenen Vorhängen in meiner Wohnung damit verbracht hatte, die Bewegungen einzustudieren, die ich bei den anderen Tänzerinnen gesehen hatte. Dass ich mich irgendwie nicht völlig blamieren würde.

Es stand zu viel auf dem Spiel in meinem Leben. Vor meiner ersten Schicht zu kneifen, kam für mich nicht infrage. Trotzdem zögerte ich, bevor ich aus dem Wagen stieg.

«Du schaffst das locker, Harmony», beruhigte mich Evan.

Als ich ausstieg, kam ein hochgewachsener Mann in marineblauer Windjacke mit der Aufschrift «Security» auf mich zu. Seine Haut war kohlschwarz und ledrig, als hätte er schon viele Tage und Nächte auf Parkplätzen zugebracht, in der trockenen Hitze des Sommers in Los Angeles und in der Kühle der Winternächte.

Seine Augen waren schwer vor Alter und Erfahrung, als er mich anschaute und fragte: «Sind Sie zum Arbeiten hier?» Dann fuhr er fort, den Rest des Parkplatzes zu mustern.

«Ja, ist meine erste Nacht heute», sagte ich höflich lächelnd. Er nickte einmal und schaute einem vorbeifahrenden Bus hinterher, als ob der interessanter wäre als das, was ich eben gesagt hatte. Vermutlich hatte er schon Tausende Mädchen wie mich kommen und gehen sehen, seit er auf diesem Betonparkplatz stand. Obwohl er sich wahrscheinlich schon lange nicht mehr darum scherte, wie die Leute hießen, dachte ich mir: jeder ist ein Freund, bis man es sich mit ihm verscherzt, und stellte mich vor.

«Ich heiße übrigens Harmony …»

«Jerome … okay, für die Mädchen geht es hier hinein.» Er führte mich einen Weg zwischen zwei großen, grünen Müllcontainern hindurch. Kein roter Teppich. Nicht einmal ein Anschein von Eleganz hier. Diese Mädchen müssen jeden Abend an stinkendem Müll vorbei. Ich hoffe nur, keine von ihnen ist je in einem dieser Container gelandet.

Er eskortierte mich durch die Hintertür in den Club und führte mich einen Flur entlang, der aussah, als gehörte er in ein Krankenhaus. Der Fußboden war mit cremefarbenem Linoleum ausgelegt, die Wände dumpf und kahl.

«Warte hier, ich hole den Manager», sagte Jerome, als wir das Ende des Flurs erreicht hatten. Ich hörte eine Toilettenspülung und sah ein Mädchen in einem signalroten Kunstlederkleid aus einer Kabine in der Toilette zu meiner Rechten kommen. Sie blieb vor einem Spiegel stehen, schürzte ihre glänzenden Lippen und bauschte die Wurzeln ihrer platinblonden Haare auf. Als sie fertig war, ging sie direkt an mir vorbei, ohne mich auch nur eines Blickes zu würdigen. Dies war wohl nicht der Ort, um Freundschaften zu schließen, dachte ich mir.

Die Garderobe roch wie ein Potpourri aller Körpersprays von Victoria's Secret und war erfüllt von den Geräuschen der Haartrockner und dem Geplauder der Mädchen. Ich hielt mich vom Türrahmen fern, damit sie mich nicht sahen, und zupfte nervös am Saum meines mit Rauten verzierten Kleides.

Ich war die Neue, die noch nicht wusste, wie alles lief. Ich mochte keine Unbekannten in meiner Gleichung, auch wenn mein Leben voll davon war. Doch hier war mir alles unbekannt. Ich wusste nicht das Geringste über die Abläufe oder die Etikette und fühlte mich vollkommen fehl am Platz. Am nächsten Tag würde ich wieder in meiner Komfortzone sein und mit den kleinen Kindern in dem Highschool-Programm für jugendliche Eltern arbeiten. Ich besuchte jeden Kurs über kindliche Entwicklung, der am Santa Monica College angeboten wurde, und wenn es etwas gab, womit ich mich auskannte, dann waren es Kleinkinder. Wenn der Job nur besser bezahlt würde!

«Oooh! Eine Neue ...», hörte ich jemanden sagen. Es war wohl ebenso für meine Ohren bestimmt wie für alle anderen dort. Ich hatte keine Ahnung, wie ich darauf reagieren sollte. Sollte ich mich umdrehen und mich vorstellen? Ich ging lieber auf Nummer sicher und tat so, als hätte ich sie nicht gehört.

«Hey, neues Mädchen … wie heißt du?» Ihre Stimme triefte vor einstudierter Freundlichkeit.

Ich drehte mich um und sah eine umwerfende Frau mit langen, schnurgeraden schwarzen Haaren, die sich über ihren Rücken ergossen. Sie hatte drei andere Mädchen im Schlepptau, die sie voller Bewunderung anschauten. Die anderen Frauen im Raum verstummten, als wären sie neugierig darauf, was sie als Nächstes tun würde.

«Harmony. Und du?», gab ich zurück und versuchte, mein Lächeln so selbstbewusst wie möglich aussehen zu lassen.

«Ich heiße Lotus … sieh mal an; wie jung du bist! Wie alt bist du denn?» In ihren Augen funkelte rauchige Lust, als sie mich von oben bis unten musterte.

«Ich bin neunzehn.»

In diesem Moment kam zu meiner Erleichterung Gabe, der Manager, herein. Offenbar bemerkte er mein Unbehagen. Er schaute sich in der Garderobe um und sah Lotus anzüglich feixen. Ihre roten Lippen waren in den Mundwinkeln sanft geschwungen, und ihre Augenbrauen hoben sich. Gabe wandte mir sein freundliches, sommersprossiges Gesicht zu. Seine Wimpern waren blass und federdünn.

«Hi, tut mir leid, dass ich dich habe warten lassen. Ich zeige dir erst einmal alles, bevor du dich umziehst. Das hier ist eine der drei Umkleiden», sagte er und deutete auf den Raum, in dem Lotus und ihr Harem saßen.

«Hier drüben ist ein Waschraum … da hindurch geht es zum Eingang zur Hauptbühne. Da gehst du entlang, wenn du mit deinem Set dran bist.»

«Gabe, ist die Neue nicht süß? Ob sie wohl auf Frauen steht?», sagte Lotus in spöttisch-verführerischem Ton. Die anderen Mädchen kicherten.

Ich spürte, wie mir siedend heiß wurde, und ich war sicher, dass mein Gesicht puterrot anlief. Ich hatte nicht das Gefühl, dass sie ernsthaft Interesse an mir hatte – ihre Bemerkungen waren wohl mehr für ihr Publikum bestimmt. Ich versuchte, ganz normal zu bleiben, als wäre ich es gewohnt, dass atemberaubende halb nackte Frauen mich anbaggerten. Gabe schüttelte den Kopf und grinste Lotus an, wie man ein fünfjähriges Kind angrinsen würde, das man gerade bei irgendeinem amüsanten Unfug erwischt hat. Zum Beispiel dabei, der Katze ein Rüschenkleid anzuziehen.

«Komm, Harmony, ich zeige dir den Rest.»

Gabe stieß eine Schwingtür mit runden Fenstern wie in einem Restaurant auf und ging hindurch. Eine Rauchwolke schlug mir entgegen. Zuerst versuchte ich die Luft anzuhalten, aber ich gab es auf, als ich merkte, dass der ganze Raum voller dicker, grauer Luft war. Unauffällig legte ich meinen Finger quer unter die Nase, um den Rauch fernzuhalten.

«Das da drüben ist die Hauptbühne», sagte er und deutete auf eine große Bühne mit schwarzem Fußboden, umgeben von Messingstangen. Die Hälfte der zwanzig Sessel rings um die Bühne waren besetzt mit Männern, die an nichtalkoholischen Getränken nippten, Zigaretten rauchten und unverwandt auf die Bühne starrten.

Ihre Blicke galten einer dünnen, geisterhaften Frau mit pechschwarzen Haaren. Sie kreiste schlaff um eine der Messingstangen. Das Gewicht ihres sehnigen Körpers hing an ihrem rechten Arm.

«Da drüben sind die Tabledance-Nischen», fuhr Gabe fort und deutete auf eine Wand voller kabinenartiger Nischen, aufgereiht wie Pferdeställe. In jeder davon befand sich ein Stuhl vor einem Tisch auf einer erhabenen Plattform, vielleicht gerade einen halben Quadratmeter groß. Der Gedanke, mich in solch enger Umgebung für einen fremden Mann zu entkleiden, löste ein nervöses Zittern in meinen Beinen aus.

Mir fiel auf, dass alle anderen Mädchen bis auf dünne helle Tangastreifen einen gleichmäßig gebräunten Po hatten. Ich dagegen hatte einen blütenweißen Hintern, der sich scharf von meiner tiefgoldenen Hautfarbe abhob. Mir war es noch nie auch nur in den Sinn gekommen, am Strand einen Tanga zu tragen! Na bravo, dachte ich. Die Schwarzlichtlampen würden meinen Hintern vermutlich zum Leuchten bringen.

Gabe fuhr fort, mich wie ein Touristenführer bei den Universal Studios über alle Einzelheiten des Clubs zu informieren. «Alle Clubs in L.A. bieten Lapdances an. Wir hatten sie früher auch, aber wir haben unsere Lizenz verloren. Lange Geschichte. Jedenfalls gibt es bei uns jetzt nur noch Tabledances. Und die sind manchen Mädchen sowieso lieber, weil es dabei keinen Kontakt mit dem Gast gibt. Na ja, das ist jedenfalls die Vorschrift», sagte er schmunzelnd.

«Hier drüben ist der DJ», sagte er und führte mich zu einer Kabine an der hinteren Wand des Clubs, eingezwängt am Ende einer Reihe von Tabledance-Nischen. «Und das ist Doug, unser DJ.»

Ich schaute auf und erblickte einen Mann mittleren Alters mit schulterlangen, krausen braunen Haaren. Der größte Teil seines Gesichts war von einem riesigen, purpurnen Feuermal bedeckt. Ich fragte mich, was es wohl mit seinem Selbstwertgefühl machte, so ein unansehnlicher Typ zu sein. Hier war er umgeben von schönen Frauen, bei denen er nie eine Chance haben würde. Im ersten Moment tat er mir leid, aber sobald er mich ansprach, wusste ich sofort, dass bei Doug Mitleid fehl am Platze war. Er schaute mich an und durch mich hindurch und versuchte, mehr von mir zu sehen, als ich ihm zeigen wollte. «Schau einer an, wen haben wir denn da?», sagte er. «Wer ist denn diese hübsche junge Dame?»

«Das ist Harmony. Es ist ihr erstes Mal.» Gabe schien Dougs Spielchen schon zu kennen.

Doug warf den Kopf in den Nacken und schaute zum Himmel empor, wie um Gott zu danken. Ein schmalziges Lächeln breitete sich auf seinem purpurnen Gesicht aus. «Verstehe!

Eine Jungfrau sozusagen. Wie alt bist du, mein Schatz?», erkundigte er sich mit tiefer Stimme.

Ich warf einen Blick zu Gabe, der völlig ungerührt zu sein schien. Sollte ich etwa einfach dastehen und diesen alten Perversling endlos so weitermachen lassen? Meine Nettigkeit behielt die Oberhand.

«Ich bin neunzehn», sagte ich, so freundlich ich konnte. Es hatte ja keinen Sinn, gleich an meinem ersten Abend gefeuert zu werden.

«Neunzehn Jahre alt! Ein Baby und eine Jungfrau! Die Gäste werden dich *lieben*. Du bist ja noch ein Teenager, meine Güte! Sieh zu, dass du das den Leuten sagst, das wird dir hier eine Menge Geld einbringen.»

Ich schaute mich im Raum um und bemerkte ein paar Männer, die in der Nähe herumlungerten und mich unverhohlen angafften. Es widerte mich an, aber ich wusste, dass Doug recht hatte. Wenn ich mich schon verkaufen wollte, sollte das mein Markenzeichen sein: die junge, unschuldige Jungfrau. Na ja, für ein paar Monate würde ich das wohl aushalten können, bis meine Finanzen wieder in der Spur waren. Dann konnte ich diesen Job wieder sausen lassen und zurück in den Kindergarten gehen, um den Zweijährigen Sesamstraßenlieder vorzuträllern.

«Entschuldige einen Moment», sagte Doug und hielt ein Mikrofon vor sein feixendes Gesicht. «Auf der Hauptbühne sehen Sie jetzt die entzückende junge Angel», sagte er mit tiefer Radiostimme. «Für lediglich vierzeeeeehn Dollar bekommen Sie einen privaten Tabledance, nur für Sie ganz allein. Vierzeeeeehn Dollar …» Seine Stimme verebbte.

«So, Miss Harmony, dann werde ich dich mal in den Plan eintragen. Soll das dein Bühnenname sein?», fragte Doug.

Es kam mir albern vor, mir als Stripperin irgendeinen Künstlernamen zuzulegen. Ich wollte keine Bambi oder Bubbles oder sonst etwas Blödes sein.

«Ich denke schon. Ich kann doch einfach Harmony als Bühnennamen nehmen.»

«Harmony also», sagte er und dreht sich zu einer weißen Schreibtafel an der Rückwand der Kabine um. Ich sah zu, wie er die Kappe von einem schwarzen Markierstift nahm und H-A-R-M-O-N-Y an die Tafel schrieb.

Die Muskeln in meinem Nacken und meinen Schultern spannten sich. Es machte mich nervös, meinen Namen dort schwarz auf weiß stehen zu sehen. Ich musste gegen den Impuls ankämpfen, über den DJ-Tisch zu steigen und mich von der Tafel zu löschen – und am besten gleich aus diesem Club. Ich hatte nicht das Zeug dazu, hier zu arbeiten. Es konnte nicht Harmony sein; es musste jemand anderes sein.

«Okay, ich hab's mir anders überlegt. Könntest du das bitte wegwischen?», sagte ich und bemühte mich um einen gleichmütigen Ton. «Ich bin ab jetzt Monique.» *Monique*: Das ist Französisch – sexy und dennoch mit Klasse – und es hört sich nicht zu sehr nach Stripperin an.

«Mohniiiiiik», sagte er und ließ sich den Namen über die Zunge rollen.

Mit einem Wisch fuhr er mit dem Schwamm über die weiße Kunststofftafel und löschte HARMONY aus. Stattdessen schrieb er MONIQUE. Ich war erleichtert. Monique also. Nun musste ich nur noch daran denken, mich nicht zu verplappern und jemandem meinen richtigen Namen zu nennen, wenn ich gefragt wurde. Ich folgte Gabe über die Tanzfläche zu einer Garderobe in der Nähe einer kleineren Nebenbühne, die nur benutzt wurde, wenn besonders viel Betrieb war.

«So, hier wird dein Spind sein. Hier drinnen kannst du dich umziehen.» Höflich klopfte er zweimal an die Tür, bevor er sie öffnete. Drinnen saß eine statuenhafte Frau mit langen, gewellten braunen Haaren vor einem kleinen Spiegel. Sie trug gerade einen burgunderroten Lippenstift auf. Sie warf uns einen kurzen Blick zu, ohne den Kopf zu bewegen, und machte dann weiter mit ihrem Make-up. Während Gabe mir meinen Spind zeigte, fuhr ich mir mit mit den Fingern über die Lippen. Plötzlich wurde mir mein ungeschminktes Gesicht bewusst. Meine Make-up-Strategie erschöpfte sich in Labello und Mascara.

«Ich weiß, es ist eng hier drinnen, aber in den größeren Garderoben sind keine Spinde mehr frei», sagte er entschuldigend. Der Raum war lang gestreckt wie ein Flur und kaum größer als die meisten begehbaren Kleiderschränke. Ich war erleichtert, dass ich mich nicht vor Lotus und den anderen Mädchen in ihrer Garderobe umziehen musste.

Gabe verließ den Raum und ließ mich mit dem Mädchen am Spiegel allein. Ich verstaute meine Einkaufstüte von «Fredricks of Hollywood» und meine Handtasche in dem blassrosa-farbenen Spind und starrte ins Innere, auf die abgerissenen weißen Reste von Aufklebern, die andere Mädchen lange vor mir dort angebracht hatten. Wenn ich nur lange genug dort stand, würde hoffentlich das Mädchen am Spiegel den Raum verlassen, und ich konnte mich allein ausziehen. Aber sie ging nicht. Also zog ich das metallisch golden schimmernde, kurze Tanktop und die Go-go-Shorts aus meiner Tasche. Ich hatte keine sexy Klamotten. Geld, um mir welche zu kaufen, hatte ich schon gar nicht. Deshalb hatte Evan sich erboten, mit mir mein erstes Stripper-Outfit kaufen zu gehen. «Nur, damit das klar ist», hatte ich ihm auf dem Weg zum Einkaufszentrum gesagt. «Ich kaufe mir das am wenigsten offenherzige Outfit, das ich finden kann. Ich habe vor, so wenig Haut wie möglich zu zeigen.»

So rasch ich konnte, schlüpfte ich in mein neues Outfit und schickte mich dann an, Labello mit Kirschgeschmack aufzutragen. In diesem Moment sprach mich meine Kollegin zum ersten Mal an.

«Du hast doch nicht etwa vor, diese Schuhe zu tragen, oder?», sagte sie mit entsetzter Miene. Ich schaute hinunter auf die abgetragenen schwarzen Clogs, die meine Großmutter mir geschenkt hatte.

«Doch», erwiderte ich mit aller Selbstsicherheit, die ich aufbringen konnte.

Sie seufzte missbilligend, strich die losen Strähnen ihrer gewellten Haare glatt und stand auf, um den Raum zu verlassen. Mein Herz raste vor Demütigung. Neue Schuhe konnte ich mir erst leisten, wenn ich etwas Geld verdient hatte, und die Clogs waren die einzigen Schuhe mit Absatz, die ich besaß. Mit ihrem Preis von sechzig Dollar waren sie zugleich die teuersten Schuhe, die je meine Füße geziert hatten. Sie waren mir immer kostbar gewesen, seit meine Großmutter sie mir gekauft hatte.

Da stand ich, Harmony, nun mit meinen unmöglichen Schuhen, meinem Lycrakostüm und meinem ungebräunten Hintern. Ich kam mir so fehl am Platz vor, dass ich am liebsten geradewegs zur Tür hinausgestürmt und nie wieder in diesen Club zurückgekommen wäre. Doch der Gedanke an meine erdrückenden Schulden, an den Stapel Rechnungen auf meinem Küchentresen und an das Gesicht, das Derrick machen würde, wenn ich kein Geld mit nach Hause brachte, wog schwerer als mein Stolz. So stieß ich, Monique, die Garderobentür auf und betrat den Club.

Kaum hatte ich die Tür geöffnet, stand auch schon ein Mann draußen vor der Garderobe, der auf mich wartete: auf meine Dienste. Nach ein paar Formalitäten – Hi. Wie geht's? Kann ich einen Tabledance bekommen? Ja – folgte er mir zur Bar, wo ich mir ein paar Fünfdollarmarken auslieh, da ich noch kein Geld hatte, um mir welche zu kaufen.

«Mit den Marken nimmt das Haus sein Geld ein. Immer, wenn du für jemanden tanzt, steckst du eine von den Fünfdollarmarken in die Maschine, um die Lichter in der Tabledance-Nische einzuschalten», hatte Gabe mir erklärt.

Ich ging mit dem Mann hinüber zu den Nischen und suchte mir die erste in der Reihe, die dem Security-Mann am nächsten war. Zufällig lag sie auch am nächsten zu Doug, dem DJ, den ich zwar ziemlich abstoßend fand, aber es gab mir Sicherheit, mehrere Leute in der Nähe zu haben, die ich kannte. Falls der Gast versuchen sollte, mich zu begrapschen wie die Männer in dem «Hostessenclub», in dem ich bis zu meiner Kündigung ganze dreißig Minuten gearbeitet hatte, hatte ich zumindest Zeugen und Leute, die notfalls eingreifen konnten.

Der Gast setzte sich auf seinen kleinen Sessel, und ich nahm meine Position auf der Plattform am anderen Ende des Tisches ein. Als ich mich umdrehte und Doug durch die transparente Plastiktrennwand sah, zwinkerte er mir zu. Sein Gesicht verzog sich zu einem diabolischen Grinsen. Allmählich hatte ich das Gefühl, ihn in der Nähe zu haben, machte die Sache nur noch schlimmer. Vielleicht war er derjenige, vor dem ich Schutz brauchte. Irgendwo in einer dunklen Ecke, wo er mich nicht sehen konnte, wäre ich besser dran gewesen.

Eine Rockballade ertönte, die ich noch nie zuvor gehört hatte, und ich fragte mich, wie ich zu so einer Musik tanzen sollte. Es hörte sich an, als ob ein zweijähriges Kind auf Töpfen und Pfannen herumschlug, und hatte überhaupt keinen erkennbaren Beat. Ich warf einen Blick auf die Bühne zu der Tänzerin, die sich den Song für ihren Set ausgesucht hatte, und sah eine mit dem Skalpell aufgemotzte Blondine, die offenbar Mitte dreißig war. Mit ihrer winzigen Nase, ihren schmalen Hüften und ihren Doppel-D-Silikonbrüsten erinnerte sie mich an eine Barbiepuppe.

Ich warf meine Marke in die Maschine. Das war ein Metallkasten, der aussah wie ein Münzautomat für diese mechanischen Ponys, die vor manchen Supermärkten stehen. Rote Scheinwerfer fluteten die Nische. Als ich mich noch einmal zu Doug umsah, formte er mit den Lippen überdeutlich das Wort «Teenager». Eine Welle der Übelkeit kam über mich. Der Gast saß auf der Kante seines Sessels und schaute mich gierig an.

Der Song lief, die Lichter waren an, aber ich wusste immer noch nicht so recht, wie man einen Tabledance machte. Bisher hatte ich nur aus der Ferne den einen oder anderen Blick darauf erhascht, wie andere Mädchen das machten. Ich spähte hinüber zu dem Mädchen in der Nische neben meiner. Sie sah ihren Gast kokett an und beschrieb eine kleine Acht nach der anderen mit ihren Hüften, während sie an ihren Rücken griff, um den Verschluss ihres BHs zu lösen. Ich tat mein Bestes, sie aus den Augenwinkeln zu beobachten, um ihre Bewegungen nachahmen zu können, aber schon nach ein paar Sekunden war sie völlig nackt und duckte sich unter dem Vorhang weg außer Sicht. Ich hatte noch nicht einmal mein Top ausgezogen. Ich wusste, dass ich die Sache nicht länger hinauszögern konnte. Also zog ich mich vor diesem Mann aus, dessen Namen ich nie erfahren würde, bis ich vollkommen nackt war. Ich fühlte mich steif, hielt mich beim Tanzen dicht an der Rückwand der Nische und achtete darauf, mich nicht zu irgendwelchen allzu offenherzigen Stellungen zu verrenken.

Meine Verletzlichkeit und Blöße erinnerten mich an Rudy Arias und den Tag, als ich nackt in unserem Wohnzimmer gestanden und mein puterrotes Gesicht hinter meinen Händen versteckt hatte. Ich war damals fünfzehn; er war in seinen Vierzigern. Er war ein angesehener Fotograf, den eine Freundin meiner Mutter wärmstens empfohlen hatte. Er war der Einzige in der Modelbranche, dem meine Mutter vertraute, und somit mein einzige Chance auf eine Karriere in der Welt des Glamours und der Schönheit.

Rudy sagte mir, wenn ich je ein erfolgreiches Model werden wollte, müsse ich mich mit meiner eigenen Nacktheit anfreunden. Und er wollte mir dabei helfen, das einzuüben. Mein Bauchgefühl sagte mir, dass das nur ein kranker Trick war, um meinen Körper zu sehen, aber meine Träume von der großen Karriere als Supermodel ließen mich den Mund halten und gehorchen.

An diesen Nachmittag, als ich verzweifelt und entblößt vor Rudy gestanden hatte, musste ich jetzt denken, als ich für den fremden Mann hier tanzte. Rudys nächster Karrieretipp war, dass ich so schnell wie möglich meine Jungfräulichkeit verlor, um mich mit meiner Sexualität anzufreunden. Großzügig und hilfsbereit, wie er war, erbot er sich, mir bei der praktischen Umsetzung zu helfen. Er hatte ja keine Ahnung, dass er mit seinem Ratschlag schon über ein Jahr zu spät dran war. Eines Sonntagnachmittags nahm Rudy mich mit, als er auf der Suche nach Inspiration hinunter zur Strandpromenade von Venice ging. Er wies mich auf die Mädchen hin, die das «gewisse Etwas» hatten, als sie an uns vorbeigingen. Es waren alles Hingucker: Frauen, die Sex und Selbstbewusstsein ausstrahlten und niemals unbemerkt bleiben würden, sagte er. Zu so einer Frau wollte er auch mich formen. Bis zu jenem Tag hatte ich keine Ahnung von dem «gewissen Etwas» oder davon, dass es mir fehlte. Rudy meinte, ich hätte dieses «Etwas» nicht, weil ich noch Jungfrau sei. Indessen fragte ich mich im Stillen, warum der Verlust meiner Jungfräulichkeit dieses begehrte «Etwas» nicht bereits hervorgebracht hatte.

Ob ich wohl jetzt dieses «gewisse Etwas» hatte? War das der Grund, warum dieser lüstern gaffende Mann bereit war, dafür zu bezahlen, dass ich so ungeschickt vor ihm tanzte?

Im Zuge seiner nächsten Taktik, um die Blume zu pflücken, die bereits gepflückt worden war, fuhr Rudy mit mir mitten in die Wüste zu einem «professionellen» Fotoshooting. Als er von der Landstraße abbog und ungefähr eine Meile weit einen Feldweg entlang bis zu einer verlassenen Hütte fuhr, kam mir der Gedanke, ich würde vielleicht nie wieder von hier zurückkehren. Im Kino verloren dämliche Mädchen genau auf diese Art ihr Leben. Sie fuhren mit irgendeinem Perversling an einen abgeschiedenen Ort, wo ihnen dann der Kopf abgehackt wurde. Zum Glück hatte Rudy mehr Interesse an Nacktheit als an Gewalt. Statt mich umzubringen, ließ er mich nur nackt in einem durchsichtigen Kleid posieren.

Auf der Heimfahrt hielt er an einer Tankstelle. Ich hatte einen Bärenhunger und war dehydriert, aber als er mir anbot, mir etwas aus dem Minimarkt zu kaufen, lehnte ich ab. Schon der Gedanke, irgendetwas von ihm zu wollen oder zu brauchen, war mir zuwider. Als er wieder in den Wagen stieg, warf er mir einen Schokoriegel auf den Schoß. Den Schokoriegel hatte er mir nicht etwa gekauft, weil ihm etwas an mir lag oder weil ich den ganzen Tag nichts gegessen hatte. Dahinter steckte irgendein anderes Motiv, aus dem ich nicht schlau wurde. Was auch immer für ein Gedanke dahinter stand: ich spürte instinktiv, dass ich, wenn ich ihn äße, dadurch irgendetwas aufgeben würde. Vielleicht das Recht, ihn zu verabscheuen oder wütend darüber zu sein, dass er den Umstand, dass er meine Karriere als Model in der Hand hatte, so sehr ausnutzte. Der Schokoriegel lag eine halbe Stunde lang auf meinem Schoß; dann ließ der Hunger meine Widerstandskraft erlahmen. Beschämt gab ich nach und aß ihn auf.

Und heute war es wieder der Hunger, der mich an diesen Punkt brachte: den Punkt, an dem ich bereit war, meinen Stolz und meine Würde einem stärkeren Bedürfnis zu opfern. Nur war es dieses Mal der Hunger nach der Liebe eines Mannes. Ich wäre nie in diesem Stripclub gelandet, wenn da nicht meine wahnsinnige Angst gewesen wäre, Derrick zu verlieren, und ich nicht das Geld gebraucht hätte, um zu verhindern, dass er mich für eine andere verließ.

Endlich war der Song zu Ende. Rasch raffte ich mein spärliches Outfit vom Boden auf und hielt es vor mich, um mich notdürftig zu bedecken. Doch zu meiner Überraschung und Bestürzung bat der Mann um einen weiteren Tanz. Und dann noch einen. Nach drei Songs überreichte er mir sechzig Dollar und ging, ohne Wechselgeld zu verlangen. Ich nahm das Geld, ohne zu zögern.

Sechzig Dollar! In zehn Minuten hatte ich mehr Geld verdient als an einem ganzen Tag in meinem bisherigen Leben. Natürlich waren noch Kreditkartenrechnungen und eine Rate fürs Auto zu bezahlen, aber wenn das so weiterging, konnte ich durchaus bis zum Ende dieser Nacht genug zusammenhaben, um Lebensmittel einkaufen zu gehen. Ich lebte jetzt schon so lange von billigen, lange haltbaren Produkten wie Getränkepulver, asiatischen Nudeln und Kartoffeln, dass ich es kaum erwarten konnte, mal wieder richtigen Käse und Joghurt und echten Fruchtsaft zu kaufen. Das war genau die Motivation, die ich brauchte, um für die anderen beiden Männer zu tanzen, die schon Schlange standen, um sich ebenfalls an dem Teenager zu ergötzen.

Als Doug mir schließlich sagte, ich sei als Nächste auf der Hauptbühne an der Reihe, bekam ich Herzflattern und spürte, wie meine Körpertemperatur stieg. Nichts hätte mir mehr Furcht einflößen können als die Vorstellung, nackt vor einem Raum voller fremder Männer zu tanzen. Jeder kleine Makel, jede Unsicherheit würde bloßliegen, um von allen begutachtet und kritisiert zu werden. Alles, was ich je mit schmeichelhafter Kleidung zu verstecken und zu bedecken versucht hatte, würde nun offen zur Schau gestellt werden. Ist das nicht der klassische Albtraum schlechthin: in einem Raum voller Menschen zu sein und als Einzige nichts anzuhaben? Und hier schickte ich mich nun an, mich absichtlich in diese Albtraumerfahrung zu stürzen. Nur würde ich nicht die Befriedigung erleben, schweißgebadet aufzuwachen und erleichtert zu erkennen, dass all das gar nicht wirklich passiert war. Denn es *passierte* ... es passierte gerade jetzt.

Ich stand in einem kleinen Raum, betrachtete mich in dem bodenlangen Spiegel und wartete darauf, dass die Tänzerin vor mir am Ende ihres Sets durch den schwarzen Filzvorhang kam, der mich von der Bühne trennte. Die Clogs sahen wirklich seltsam aus, aber außer barfuß zu tanzen, blieb mir nichts anderes übrig. Mir fiel auf, wie die Go-go-Shorts mich am Bund an den Seiten einschnürten, und ich spürte einen Abscheu vor mir selbst in mir aufsteigen. Als die Tänzerin von der Bühne durch den Vorhang kam, setzte ich mich in Bewegung, um auf die Bühne zu gehen.

«Hey, was machst du da? Du musst warten, bis ich mein Trinkgeld eingesammelt habe!», fuhr sie mich an, während sie sich einen Schulmädchenrock über die Hüften zog. Offenbar bemerkte sie dann mein verwirrtes Gesicht, denn sie seufzte schwer und erklärte es mir noch einmal weniger aggressiv.

«Man darf seine Trinkgelder nicht einsammeln, solange man noch nackt ist. Du musst warten, bis ich hinter die Bühne gekommen bin, mich angezogen und meine Trinkgelder geholt habe. Dann kannst du gehen», sagte sie.

Während sie ihr Trinkgeld einsammelte, gab DJ Doug seinen monotonen Spruch über die Tabledances für vierzehn Dollar zum Besten.

«So, jetzt bist du dran», sagte die andere Tänzerin herablassend, als sie wieder von der Bühne kam.

Bevor Doug den ersten Song auflegte, den ich mir für meinen Set ausgesucht hatte, stellte er mich dem Publikum vor. «Heute Abend zum ersten Mal auf unserer Bühne, begrüßen Sie bitte die reeeiiizende junge Monique. Erst neeeuuunzehn Jahre alt, meine Herren, neeeuuunzehn Jahre alt», sang seine Stimme.

Die ersten Takte von «Insatiable» von Prince ertönten. Das war der erotischste Song des erotischsten Künstlers, den ich kannte. Vielleicht konnte ich ja damit meinen Mangel an einstudierter Erotik wettmachen. Beim Beobachten der anderen Mädchen hatte ich gelernt, mein Portemonnaie an der Rückwand der Bühne abzulegen, bevor ich anfing zu tanzen. Sobald ich aufblickte, kam es mir vor, als ob sich der Raum um mich im Kreis drehte. Mein einziger Trost war, dass ich für diesen ersten Song meine Kleider anbehalten durfte. So wollten es die Hausregeln.

In meinem Kopf flirrte es, und mein ganzer Körper war wie taub vor Angst. Ich brauchte etwas, um mich aufrecht zu halten, etwas, das mir Halt gab; etwa die Messingstange drüben auf der Bühne. So schnell ich konnte, bewegte ich mich dorthin und klammerte mich daran fest. Während der ersten Hälfte des Songs tanzte ich lächerlich nahe an der Stange und achtete darauf, mich nie weiter als eine Armlänge davon zu entfernen. Der Zigarettenrauch der Gäste quoll in kleinen, sich kräuselnden Wolken um mich auf, stieg empor und verflüchtigte sich. Er machte die Luft dick und stickig. Rote und schwarze Scheinwerfer mischten ihr Licht und schufen eine Illusion der Makellosigkeit. Selbst Mädchen mit Cellulitis und Schwangerschaftsstreifen sahen bei diesem Licht gut aus.

Ich tat, was ich konnte, um die Gäste nicht zu bemerken. Stattdessen konzentrierte ich mich auf das Gleißen der Bühnenscheinwerfer und das Exit-Zeichen im Hintergrund, so dass ich ihre Gesichter nicht sehen musste. Ich beugte und bückte mich nicht wie die anderen Mädchen, die sich an den eigenen Fußgelenken fassten und auf Händen und Knien über die Bühne krochen. Stattdessen tanzte ich aufrecht und schwebend, nicht, um mich von ihnen abzuheben, sondern aus Mangel an Übung. Ich hatte nicht gelernt, so zu tanzen. Meine gewohnte Art zu tanzen, war auf Technik und Leidenschaft aus, aufs Geschichtenerzählen und Hervorrufen von Emotionen. Das hier war etwas völlig anderes.

Als der DJ nach dreieinhalb Minuten den Song endlich ausblendete, stürmte ich fluchtartig auf den Vorhang zu. Es war so weit. Jetzt musste ich vollkommen nackt wieder zurück auf die Bühne. Mein Herz pochte wie wild, und ich konnte nicht mehr normal atmen. Aus den Lautsprechern drang Princes Song über eine Frau, die er in einem Hotelfoyer kennengelernt hatte, «Darling Nikki», während ich mir den goldfarbenen Stoff abschälte und darunter mein zierlicher, kaum der Pubertät entwachsener Körper zum Vorschein kam. Wieder stellte Doug mich vor und lockte mich mit sonorer, leicht ironischer Stimme auf die Bühne.

«Bitte begrüßen Sie die reizende *junge* Moooooonique.»

Ich zog den Bauch ein, so gut es ging, und trat auf die Bühne. Diesmal konnte nicht einmal die Messingstange verhindern, dass der Raum rund um mich her ins Trudeln geriet. Ich zitterte am ganzen Leib und bewegte mich ungeschickt. Vor meinem geistigen Auge sah ich die Gäste bis zum letzten Mann aufstehen und von der Bühne weggehen, und ich fühlte mich augenblicklich noch tiefer gedemütigt.

Allmählich wünschte ich mir, sie würden tatsächlich alle aufstehen und weggehen. Aber das taten sie nicht. Sie beugten sich gebannt vor und verschlangen mich mit ihren Augen. Zu meinen Füßen sammelten sich Eindollarscheine; jeder davon ein Gebot für ein kleines Stück von mir. So neu die Situation war, sie hatte etwas seltsam Vertrautes. Es war nicht das erste Mal, dass ich mich zitternd entblößte und zum Objekt lüsterner Blicke wurde. Eine kühle Benommenheit lief durch meinen Körper. Ich driftete ab. Nicht körperlich. Wie schon so oft, fing ich an, mich wie aus der Ferne zu beobachten: wie mein Leben ablief, als wäre ich nur eine Zuschauerin.

Doch trotz dieser Vertrautheit gab es ein Element, das diese Erfahrung stark von denen meiner Vergangenheit unterschied. Es gab keine unerwünschten grapschenden Hände; keine herrischen Drohungen, die nach Unterwerfung und Schweigen verlangten; kein gewaltsames Eindringen. In diesem Moment, umgeben von Messingstangen und Distanz, hatte ich das Gefühl, *ich* hätte die Kontrolle über die Situation. Als meine erste Schicht vorbei war, ging ich mit 280 Dollar in der Tasche hinaus. Auf der Heimfahrt fragte mich Evan, wie es gelaufen sei.

«Es war gut», antwortete ich ausweichend.

Das Einzige, woran ich denken konnte, waren die 280 Dollar in meinem Portemonnaie und die Aussicht, bei meiner nächsten Schicht noch mehr Geld zu verdienen. Wenn ich die nächsten zwei Monate für fremde Männer meine Klamotten ausziehen würde, dann würde ich mir eine Strategie zurechtlegen müssen, wie ich das Beste daraus machte. Ich konnte es mir nicht leisten, Zeit zu verplempern; ich musste Gas geben.

Als ich in dieser Nacht nach Hause kam, wartete Derrick auf unserem geblümten Sofa aus zweiter Hand auf mich. Bis auf das flackernde blaue Licht des Fernsehers war es dunkel im Zimmer.

«Hey», begrüßte ich ihn und setzte mich ans andere Ende der Couch. Ich schaute zu ihm hinüber und versuchte, irgendeinen Hinweis auf seine Stimmung zu entdecken. Wenn er miese Laune hatte, würde er mich entweder ignorieren oder einen Seufzer ausstoßen, um mir zu signalisieren, dass er mich nicht in seiner Nähe haben wollte. Wenn ich Glück hatte und er keine schlechte Laune hatte, würde er meine Gegenwart mit einem Nicken zur Kenntnis nehmen, aber sein Blick würde nicht vom Fernsehschirm weichen. War er dagegen in guter Stimmung …

«Hey, wie ist es gelaufen?» Er schaute weiter seine Wiederholung von *Alle unter einem Dach.*

«Es war okay.» Ich wusste, was er hören wollte. Er wollte wissen, wie viel Geld ich nach Hause gebracht hatte. Aber ich wollte, dass er danach fragte.

«Echt? Cool.» Ein paar Minuten lang herrschte Schweigen, während wir beide so taten, als ob wir die Fernsehsendung verfolgten. «Wie viel Geld hast du verdient?», fragte er endlich und sah mich zum ersten Mal an, seit ich zur Tür hereingekommen war.

«280 Dollar.» Ich machte auf cool, als hätte ich damit gerechnet, so viel zu verdienen.

«Echt?» Seine Augen leuchteten auf, und er begann zu lächeln. Ich liebte dieses Lächeln. Ich vermisste es. Er hielt seine Faust vors Gesicht, um seine Zähne zu verbergen, und stieß ein tiefes, beherrschtes Lachen aus. «Mann, wenn ich ein Mädchen wäre, wäre ich Stripperin!»

Ich weiß nicht genau, ob ich ihm das glaubte.

«Was wirst du mit dem Geld machen?», fragte er.

«Keine Ahnung. Ich dachte, wir könnten anfangen, ein paar Kreditkartenkonten abzuzahlen. Und vielleicht morgen mal einkaufen gehen.»

«Mmmm», sagte er nachdenklich – er legte sich seine Taktik zurecht. «Du weißt ja, ich brauche ein Paar neue Basketballschuhe, oder?»

«Ich dachte, du hättest dir gerade erst neue Schuhe gekauft.» Ich musste vorsichtig sein. Ein falsches Wort, und das Gespräch würde vorbei sein. Und dann würde ich mit Schweigen bestraft werden, bis ich auf Knien angekrochen kam und mich für mein «Vergehen» entschuldigte. Und diese Entschuldigung würde natürlich die Schuhe für hundertzwanzig Dollar *und* ein Paar neue Basketballshorts beinhalten.

«Die Schuhe habe ich schon seit einem Monat oder so. Du weißt doch, die sind schon wieder abgenutzt.»

Natürlich waren seine Schuhe abgenutzt. Während der Rest der Welt arbeitete, spielte er mindestens fünf Tage in der Woche Basketball im Park, fünf Stunden am Tag. Aber immerhin, er «brauchte» etwas von mir, und ich hatte mir meinen Platz in seinem Leben als diejenige, die er brauchen konnte, erobert. Das war das Einzige, was zählte. Ich zog mein Portemonnaie heraus und gab ihm die Hälfte des Geldes, das ich in dieser Nacht verdient hatte.

«Danke», sagte er verbindlich und schaute mir in die Augen. Und das war meine Belohnung.

Als am nächsten Morgen um 6.00 Uhr mein Wecker klingelte, taten mir alle Muskeln weh, und ich hatte Blasen oben auf den Füßen, wo der Rand meiner Clogs mir die Haut aufgescheuert hatte. Ich spürte, wie die Adern an meinen Schläfen das Blut in meinen schmerzenden Kopf pumpten. Wenn ich zu schlucken versuchte, fühlte es sich an, als würde mir Sandpapier in die Kehle geschoben. Ich versuchte, meine verkleisterten Nebenhöhlen freizuschnauben. Als die schmierige Masse hinten in meinem Rachen hinabzurutschen begann, rannte ich ins Bad und spie einen schwarzen Brocken verdickten Schleims aus.

Widerlich! Und dabei rauchte ich nicht einmal! Die Worte einer Anti-Tabak-Kampagne fielen mir ein: «Passivrauchen ist tödlich.» Da Derrick noch schlief, versuchte ich so leise wie möglich zu sein, als ich meine marineblauen abgeschnitten Trainingshosen und ein einfaches graues T-Shirt aus dem Secondhand-Shop überstreifte.

«Dagegen solltest du wirklich was machen», hörte ich seine schläfrige Stimme vom Bett her.

«Was?»

«Das ist übel ...» Es hörte sich an, als hätte ihm jemand eine verfaulte Zwiebel unter die Nase gehalten.

«Ich weiß. Das ist von dem vielen Rauch letzte Nacht.»

«Nein, das meine ich nicht. Du musst was für die Rückseite deiner Beine tun.» Er drehte sich um und zog sich die Decke über den Kopf.

Ich verdrehte mich, um mich selbst von hinten anzuschauen, und musterte den Schönheitsfehler, den ich noch nie bemerkt hatte. Vielleicht hatte ich zu viele Gedanken darauf verschwendet, wie sehr ich meinen Bauch hasste, dass ich es ganz versäumt hatte, an meinen Beinen so herumzumäkeln, wie sie es verdienten. Seltsam, und ich hatte immer gedacht, sie wären mein bestes Merkmal, das Einzige, woran ich nicht herumbasteln musste. Das musste man Derrick lassen: er konnte mir wunderbar dabei helfen, meine Unsicherheit zu verstärken. Die waren wohl wirklich schon mal besser in Schuss, dachte ich, als ich die sich schwach ausbildende Cellulitis unter meiner Haut in Augenschein nahm. Als ich nach unten kam, wartete draußen schon Evan auf mich. Auf dem Beifahrersitz stand eine McDonalds-Tüte, und im Getränkehalter steckte ein Becher Orangensaft.

«Danke.» Ich spürte die Wärme des noch frischen, fleischlosen Egg McMuffin, als ich die Papiertüte in die Hände nahm.

«Gern geschehen», sagte er mit süßlich-verbindlicher Stimme. Seine Oberlippe stülpte sich über seine Unterlippe wie bei einer hässlichen Schildkröte, und ich verspürte plötzlich Lust, ihm mit der Faust auf den Mund zu schlagen.

Hätte er mir kein Frühstück mitgebracht, so hätte ich die Sachen essen müssen, die von der Cafeteria der Highschool für die Kleinkinder in den Kindergarten geschickt wurden: übriggebliebene wachsige, rote Äpfel und abgestandene kalte Rühreier, die irgendwie nach Putzmitteln schmeckten. Jedes Mal, wenn Evan mich mitnahm oder vorbeikam, um mir Frozen Yogurt zum Abendessen zu bringen, weil ich Lust darauf hatte, fühlte ich mich tiefer in seiner Schuld.

Angefangen hatte es wie bei allen anderen: hin und wieder eine Gefälligkeit, um meine Zuneigung zu gewinnen. Das war okay; es machte sogar Spaß. Aber bei Evan war das Befriedigen von Bedürfnissen so etwas wie eine Routine geworden. Ich wusste, dass er sich über meine wachsende Abhängigkeit von ihm freute. Ich hatte mich mein Leben lang angestrengt, um von niemandem mehr abhängig zu sein, doch Evan brachte mit seiner langsamen, schleichenden Sabotage alle meine Fortschritte nach und nach zum Bröckeln. Das war der eigentliche Grund, warum ich ihm an diesem Morgen am liebsten eine verpasst hätte.

«Also ...» Er wollte Details über meine erste Schicht hören.

«Also ...», äffte ich ihn nach.

«Wie geht es dir?», fragte er. Nicht, dass ihn das wirklich interessiert hätte.

«Gut», sagte ich, rollte die Augen und ließ meine Verärgerung durchklingen.

«Schon gut, ich frage ja nur.» Er hakte nicht weiter nach.

Die Atmosphäre zwischen uns wurde ungemütlich und distanziert. Während der restlichen Fahrt zu meinem Arbeitsplatz fiel kein Wort mehr zwischen uns. Ich konnte in seinem hoffnungslosen Blick sehen, dass er wusste, dass ich mich von ihm zurückzog. Wir rollten auf dem Freeway 10 Richtung Westen. Ich lehnte meinen Kopf gegen die Seitenscheibe und beobachtete die vorbeisausenden grünen Ausfahrtschilder.

Wie ekelhaft es doch ist, sich bedürftig zu fühlen. War das der Grund, warum Derrick mich nicht ansah, wenn ich ins Zimmer kam? Warum er mit seiner bitteren Mischung aus verletzenden Worten und Vernachlässigung auf die winzigen Überreste von Selbstachtung, die ich noch hatte, einschlug? War das der Grund, warum er unsere Beziehung vor der Welt verheimlichte und mit anderen Frauen schlief, die dachten, ich wäre einfach nur seine Kindheitsfreundin und Mitbewohnerin? Schämte er sich? Nicht für mich, sondern für sich selbst; dafür, dass er mich brauchte.

Meine knappen Überlegungen zu diesem Dilemma kamen durch eine simple Schlussfolgerung zum Erliegen: Es gab nichts, was ich hätte tun können, ohne einen Verlust zu riskieren. Ich hatte bereits einen Vater durch Alkohol und Apathie verloren. Ich hatte einen ganzen Berg Stiefmütter durch Scheidung und Selbstmord verloren. Ich hatte meine Kindheit und Unschuld durch Missbrauch und Drogenabhängige verloren. Ich hatte Freunde und Liebhaber verloren. Vor allem hatte ich die Hoffnung verloren, ja sogar die Hoffnung auf eine Hoffnung. Verlust war etwas Unvermeidliches. Aber ich würde nie etwas tun, was einen Verlust herbeiführen konnte, dagegen alles tun, um ihn zu vermeiden.

Wir hielten vor dem Maschendrahtzaun, der das Kindergartenhäuschen und seine mit Spielsachen übersäte Spielwiese umgab. Mir gefiel es dort. Mir gefiel, dass alles hier einen Sinn ergab. Es gab in dieser Einrichtung keinen einzigen Gegenstand, der nicht sorgfältig und mit Bedacht ausgesucht war, um die frühkindliche Entwicklung zu fördern. Im Sand nach Regenwürmern zu buddeln und mit Zweijährigen «Wheels on the Bus» zu singen, war ungefährlich. Und an diesen ungefährlichen Ort bot sich mir die Gelegenheit, etwas von meiner eigenen Kindheit nachzuholen.

Der frühe Morgen war mir die liebste Tageszeit. Ich stieg aus Evans Auto hinaus in die kühle, feuchte Meeresluft von Santa Monica und schloss den Kindergarten auf. Das sanfte, gelbe Licht fiel in dicken Strahlen durch die großen Fenster des umgebauten Dreizimmerhauses herein. Es war noch niemand da. Überall roch es noch nach dem Kiefern-Desinfektionsmittel und der Bleiche vom Putzen am Vortag. Ich stand in der Mitte des Raums, der einem Wohnzimmer glich, und tat so, als gehöre das Haus mir. Das warme Sonnenlicht hüllte mich ein, und ich gab mich den Gedanken hin, ich wäre eine kultivierte Frau, die ein angenehm-ruhiges Leben führte. Elegant und hübsch sah ich aus in dem flauschigen weißen Bademantel, in dem ich mich vor meinem geistigen Auge sah. Mein Mann war gerade zur Arbeit aufgebrochen, und wenn er zurückkam, würde ich ihm ein festliches Abendessen bei Kerzenschein servieren: Lasagne und prickelnden Cider.

Ich wurde aus meiner Tagträumerei gerissen, als ich Tommy auf das Haus zuspringen sah. Seine fünfzehnjährige Mutter folgte ihm, einen schwarzen Rucksack über eine ihrer Schultern geschlungen. Sie trug ein enges T-Shirt und einen Jeans-Minirock. Ihre Augen wirkten müde, ihr Bauch war zwei Jahre nach der Geburt immer noch dick und rund.

«Tommyboy!», rief ich fröhlich. Seine dichten Wimpern spreizten sich wie Federn, und seine kleinen Lippen waren fein gezeichnete Bögen, die sich pink von seiner cremeweißen Haut abhoben.

«Howey!», sagte er zutraulich und warf sich mir in die Arme. Den Namen Harmony auszusprechen, fiel den meisten Zweijährigen nicht leicht. Deshalb reagierte ich auf alle möglichen Versionen meines Namens, etwa Homny, Homity und natürlich Howey. Tommy sah mir ernsthaft in die Augen und begann den Tag, in dem er eine Frage stellte.

«Wheels on bus?» Seine Stimme klang kratzig und tief vom langen Schlaf in der Nacht.

«Du möchtest ‹Wheels on the Bus› singen?», fragte ich zurück.

«Jaaaaa!!», rief er und hüpfte dabei mit beiden Füßen gleichzeitig auf und ab.

«Okay, Tommy, ich gehe jetzt», sagte seine Mutter mit einem sanften Lächeln auf ihrem jungen Mondgesicht.

«Howey, ‹Wheels on bus›!», forderte Tommy erneut, während seine Mutter zur ersten Unterrichtsstunde des Tages aufbrach.

«Tschüs, Mami! Bis nach der Schule», sagte ich in Tommys Namen. Dann fing ich an zu singen: «The wheels on the bus go round and round, round and round, round and round, the wheels on the bus go round and round, all over town.»

Und so nahm der Tag seinen Lauf: Ich saß auf dem Fußboden und sang Kinderlieder. Krasser hätte der Gegensatz zu der vergangenen Nacht nicht sein können. Tommy kringelte sich vor Vergnügen, während ich ihm vorsang. Er sah mich mit solcher Bewunderung an, dass ein Beobachter hätte denken können, ich wäre eine berühmte Sängerin. Nichts ist so rein und ehrlich wie die Liebe eines Kindes.

Kurz darauf traf Angela ein, die Leiterin des Kindergartens. Sie war eine kräftige Frau mit makelloser blonder Dauerwelle und Wimpern, die sich in dicken, aber säuberlich getrennten schwarzen Büscheln bogen. Ich hatte Mühe, meine Müdigkeit zu verbergen.

«Geht es dir gut?», fragte sie besorgt.

«Ja, ich bin okay. Nur müde.»

Ich mied den Blickkontakt und tat so, als beobachtete ich Tommy, wie er mit einem roten Plastik-Feuerwehrauto spielte. Aber ich spürte, dass Angela mich immer noch ansah. Was würde sie von mir denken, wenn sie wüsste, dass ich die halbe Nacht nackt vor Fremden in einem Stripclub getanzt hatte?

Für den Rest des Tages regte ich die Kinder, wann immer sie mich zu Spielen wie Fangen oder Verstecken animieren wollten, zu weniger turbulenten Beschäftigungen wie Geschichten erzählen und Malen an. Doch als Angela vorschlug, einen Spaziergang zu machen, was bedeutete, dass wir acht Kleinkinder in ein Gefährt verfrachten mussten, das aussah wie ein zu groß geratener Einkaufswagen, gab es kein Entrinnen. Und da ich dreißig Jahre jünger war als sie, fiel es mir zu, das Ding zu schieben. Meine ermüdeten Beinmuskeln brannten bei jedem Schritt, aber ich bemühte mich, mir nichts anmerken zu lassen. Ich weiß nicht, wie lange ich das durchhalte, dachte ich insgeheim.

Bis zu meiner nächsten Schicht im Stripclub brauchte ich ein neues Outfit. Ich dachte mir, wenn ich schon so viel Geld verdienen konnte, indem ich dort herumlief, ohne viel Haut zu zeigen, dann konnte ich vielleicht mit einem offenherzigeren Outfit noch mehr verdienen. Da ich ja das goldene Outfit nur einmal angehabt hatte, wollte ich versuchen, es einfach gegen etwas Passenderes umzutauschen. Ich wusch die Sachen per Hand, hängte sie zum Trocknen auf und steckte sie zurück in die Plastiktüte von Fredricks of Hollywood. Erst als ich im Laden an der Kasse stand, merkte ich, dass es ein Problem gab.

Ich hatte mir schon etwas ausgesucht, wogegen ich die Sachen umtauschen wollte: ein schwarzes Tanga-Netztrikot. Die Kassiererin stand vor mir in einem schicken schwarzen zweiteiligen Kostüm mit einer Spitzenbluse darunter. Ich reichte ihr die Einkaufstüte.

«Ich würde das hier gerne umtauschen, bitte.»

«War etwas nicht in Ordnung?», fragte sie.

«Es stand mir nicht.»

Als sie die Tüte öffnete, stieg ein Geruch von kaltem Zigarettenrauch daraus auf. Ich hatte geglaubt, das Waschen würde den Geruch beseitigen. Irrtum. Der Gesichtsausdruck der Kassiererin verriet mir, dass sie den starken Geruch nicht nur bemerkte, sondern gründlich davon angewidert war. Mir schlug das Herz bis zum Hals. Was blieb mir übrig, als so still wie möglich dazustehen und zu hoffen, dass sie die Transaktion rasch über die Bühne bringen würde. Die Dame zog das glänzende Material langsam aus der Tüte. Sie fasste es nur mit Zeigefinger und Daumen an, als wäre es ein schmutziger Lappen. Ich wäre am liebsten im Boden versunken. Wie erklärt man, dass Wäsche so riecht, als hätte sie sich acht Stunden lang in einem verräucherten Club befunden? Die Verkäuferin rief ihre Vorgesetzte an die Kasse.

«Können wir das als Umtausch akzeptieren?», fragte sie. Dabei ließ sie das Outfit aus ihren zu Krallen gekrümmten Fingern auf den Tresen fallen. Sie sah ihre Vorgesetzte mit hochgezogenen Augenbrauen an, und die beiden führten mit ihren Blicken ein Gespräch darüber, was für ein verkommenes Stück Scheiße ich wohl sein müsste.

«Ich denke schon», sagte die Chefin dann und warf mir ein gezwungenes, knappes Kundendienstlächeln zu.

Ich verließ den Laden mit meinem neuen Outfit und den brennenden Blicken der beiden in meinem Rücken. Genauso hatte ich mich gefühlt, als ich die Flure meiner neuen Schule entlangging, nachdem Maurice überall damit angegeben hatte, wieso wir aus der alten hinausgeflogen waren. «Ich bin von der Schule geflogen, weil ich mit Harmony in der Aula gepoppt habe», brüstete er sich vor allen, die es hören wollten.

Wir hatten die Schritte gehört. Als der Dekan und der stellvertretende Schulleiter den Ort des Geschehens erreichten, waren wir bereits wieder angezogen: ein bisschen zerzaust, aber immerhin angezogen. Ich hatte es aufgegeben, gegen Maurice anzukämpfen. Es war eigentlich keine Vergewaltigung mehr; eher so eine Art erlernte Willfährigkeit. Aber diese Definition spielte für die Schule keine große Rolle. Sie warfen uns beide hinaus. Mein Ruf stand in allen Toilettenkabinen an der Wand: «Harmony ist eine Schlampe.»

Als ich nun durch das Einkaufszentrum in Santa Monica ging, lastete diese Definition meiner Identität schwer auf meinem Herzen. Ich war ein Mädchen mit schmutzigen Geheimnissen, ein Mädchen, das unsägliche Dinge tat. Dinge, die andere Frauen, die anständiger waren als ich, niemals tun würden.

Das Gefühl war nicht verblichen, nachdem ich den Laden verlassen hatte. Als ich an den jungen Müttern mit ihren unverbrauchten Gesichtern vorbeiging, die mit Latte-Bechern in der Hand ihre kleinen Kinder in gepolsterten Buggys durch die Gegend schoben, an den eleganten Einkaufsbummlern in ihren Designerschuhen und den Karrierefrauen, die sich in ihrer Mittagspause mal eben perfekt geschneiderte Kostüme kauften, da erkannte ich, dass ich nicht dazugehörte. Ich hatte das Gefühl, in einem heimlichen Leben zu versinken, abgeschottet von wirklichen Menschen, die ein reales Leben führten. Die jemanden wie mich niemals in ihre eleganten Häuser in den Santa Monica Mountains einladen würden. Wie entsetzt würden sie sein, wenn sie wüssten, dass eine so verabscheuungswürdige Person wie ich eines Tages Therapeutin für ihre Kinder werden wollte.

Ich stand in der Nähe der Bar, mit Blick auf die Hauptbühne und die Hinterköpfe der gaffenden Gäste: manche im mittleren Alter mit kahlen Stellen, andere mit noch jugendlichem Haarschopf. Ich wusste nicht recht, wie ich auf diese Schar von Köpfen zugehen und sie davon überzeugen sollte, mir ihr Geld zu geben.

Nur wenige andere Frauen hielten sich im Club auf, doch auch sie standen untätig herum. Ein Mädchen, das ich aus Lotus' Harem wiedererkannte, kam auf mich zu. Oder besser gesagt, sie steuerte zielstrebig auf mich zu, als wäre sie zu einer

Aufklärungsmission hergeschickt worden, und stellte sich dann neben mich.

«Wie heißt du noch mal?», fragte sie.

«Monique.»

«Ich bin Lucy. Ich bin Lotus' Schwester.»

Ich wandte mich ihr zu, um zu sehen, ob ich eine Ähnlichkeit feststellen konnte. Lucys Haut war blass; ihre Augen waren zwar mandelförmig, aber nur ein wenig. Ihr Gesicht war rund und weich. Sie sah Lotus mit ihrer braunen Haut, ihren scharf geschnittenen Augen und ihrem gemeißelten Gesicht überhaupt nicht ähnlich. Lucys vietnamesischer Akzent war stark und auffällig, während Lotus überhaupt keinen hatte. *Schwestern.* Unwahrscheinliche Geschichte, dachte ich. Sie bemerkte meine Skepsis.

«Wir haben verschiedene Mütter. Aber denselben Vater», sagte sie, um ihre Fährte zu verwischen.

«Aha.»

«Du hast also noch nie in einem anderen Club gearbeitet», lotete sie mich aus. Ihre Augen waren weit vor Neugier.

«Nein. Noch nie. Ich werde auch nicht sehr lange hierbleiben. Höchstens zwei Monate. Ich muss nur ein paar Schulden abzahlen», sagte ich. Ich hatte die Deckung oben wie ein gut trainierter Boxer.

Ihre Mundwinkel hoben sich zu einem wissenden Lächeln. «Mmm-hmmm», nickte sie, und wir beide taten so, als ob wir uns selbst und einander Glauben schenkten. Sie war schon lange genug im Geschäft, um zu wissen, dass niemand «höchstens zwei Monate» bleibt. Ich war klug genug, um es zu merken, wenn sich hinter einem freundlichen Gesicht zwielichtige Motive verbergen.

Lotus glitt auf die Hauptbühne. Lucy drehte sich um und schaute ihr mit bewundernder Hingabe zu. Doch damit war sie nicht allein. Es schien, als hätte der ganze Raum die Luft eingesogen und wollte sie nicht mehr herauslassen. Die Barkeeper, die Leute von der Security und die Cocktail-Kellnerinnen, alle hielten inne und beobachteten, wie Lotus die Bühne einnahm. Sie hielt alle in diesem Schwebezustand, und mir wurde bald klar, warum.

Sie ergriff die Messingstange, schlängelte meisterhaft ihren Körper um sie und glitt elegant an ihr hinauf. Ihre gekonnte, starke Akrobatik übertraf die von Profiturnerinnen, und die Gesetze der Schwerkraft schienen ihrem Körper nichts anzuhaben. Ihre geschmeidigen Gliedmaßen schwangen herum und schnellten hervor. Mit unglaublicher Finesse und Anmut wirbelten sie um die Stange. Solange sie auf der Bühne war, befand ich mich nicht mehr in einem Stripclub. Ich stand inmitten einer Galerie und betrachtete ein erhabenes Kunstwerk. Sie war Kunst in Bewegung. Ich war so gepackt und inspiriert, dass ich beschloss, auch meinen Bühnenauftritt artistisch zu gestalten. Ich war zu allem bereit, um etwas anderes daraus zu machen als das, was er war: der Verkauf meines Körpers.

Nach ihrem Auftritt glitt Lotus herüber zur Bar und gab dem Raum nochmals Gelegenheit, ihre Schönheit zu bewundern, bevor sie wieder dazu überging, private und weitaus weniger atemberaubende Nackttänze für vierzehn Dollar aufzuführen. Ich nutzte kühn den Moment, um mich der Unnahbaren zu nähern.

«Wow! Das war umwerfend. So etwas habe ich noch nie gesehen. Ich würde sehr gern lernen, wie man so mit der Stange arbeitet», sagte ich einladend. Vielleicht würde sie ja Potenzial in mir sehen und beschließen, mich zu ihrem Schützling zu machen.

Sie sah mir einen Moment lang in die Augen, um mich an ihre Dominanz zu erinnern. Dann drehte sie sich langsam um und wandte ihren Blick einem lohnenderen Objekt als mir zu, bevor sie mir Antwort gab.

«Du würdest herunterfallen und dir den Kopf aufschlagen.» Ihre Stimme ergoss sich über mich wie schwarzes Öl. Ich glaube, sie wollte mir Angst einflößen. Doch mit dieser Absicht inspirierte sie mich umso mehr.

Wild entschlossen, mir selbst und Lotus zu beweisen, dass ich imstande war, das Publikum ebenso zu faszinieren, wie sie es getan hatte, blieb ich Nacht um Nacht, wenn der Stripclub schloss, länger da, um mich mit jenen glänzenden Messingstangen vertraut zu machen. Am Anfang wirbelte ich noch sehr ungeschickt und warf mich selbst um die Stange, bis meine Hände schwielig wurden und schmerzten. Zitternd machte ich mich daran, zu lernen, mit dem Kopf nach unten zu hängen und mich nur mit dem Druck meiner Schenkel festzuhalten. Ich holte mir Striemen und blaue Flecken, aber das minderte meine Entschlossenheit nicht.

Zwei Monate kamen und gingen. Derrick war begeistert von dem Geld, das ich verdiente, und fand mehr Zeit für mich. Wenn ich nicht gerade arbeitete, gingen wir zusammen einkaufen und zum Essen in Restaurants, die mich schon immer gelockt hatten, aber für mich viel zu teuer gewesen waren. Doch neben einem Vollstudium sechzig Stunden in der Woche zu arbeiten, zehrte an den Kräften. Irgendetwas musste auf der Strecke bleiben. Schon bald bat ich meine Arbeitgeber des Programms für minderjährige Eltern um ein Gespräch, bei dem ich meine Kündigung mit der üblichen Zweiwochenfrist aussprach. Statt meines Tagesjobs ging ich nun in Nagelsalons und verbrachte meine Nachmittage damit, meine Bräunungslinien zu perfektionieren. Bis auf ein winziges Dreieck an der Basis meines Tangas war ich endlich am ganzen Körper gleichmäßig golden gebräunt. Schluss mit dem leuchtend weißen Po.

Auf der Bühne fing ich an, meine neu entwickelten Künste an der Stange vorzuführen. Je höher ich kletterte, je halsbrecherischer meine Tricks wurden, desto hingerissener war mein Publikum. Diese extravaganten Darbietungen der Kraft und Beweglichkeit waren viel gewinnbringender und machten mich viel weniger verletzlich, als wenn ich über die Länge von zwei

Songs ziellos über die schwarze Bühne gehuscht wäre. Es war genau wie in der Schule. Dort versteckte ich mich hinter angelerntem Wissen und einem glatten Einserschnitt. Im Stripclub lernte ich, mich hinter professioneller Geschicklichkeit zu verstecken.

Der Reiz des Neuen an mir verging rasch. Bald war ich keine Jungfrau mehr auf der Bühne oder in den Tabledance-Nischen. Die Männer standen nicht mehr Schlange, um das neue Mädchen bei ihrer ersten Schicht zu sehen. Es kamen ständig neuere, jüngere Mädchen hinzu. Wie zum Beispiel Mandy aus dem Mittleren Westen mit ihrem frischen, arglosen Gesicht. Sie hoffte auf eine Schauspielkarriere in Hollywood. Die Leute hielten uns immer für Schwestern; aber das hörte auf, als sie anfing, sich Speed zu spritzen und ihre weiche, jugendliche Gestalt zu dünner, über scharfe Knochen gespannter Haut verwelkte. Nach Mandy kamen noch andere. Eine stetige Prozession von Frauen kam und ging.

Um mit dem beständigen Strom der Konkurrenz Schritt zu halten, reichte es nicht, nur eine großartige Bühnenshow zu bieten und die schnuckeligsten Outfits zu haben. Um Geld zu verdienen, musste ich mich ins Zeug legen. Als Heranwachsende hatte ich gelernt, die Kristalle meiner Mutter am Strand von Venice an sonnenverbrannte Touristen zu verkaufen, während Mom mir stolz dabei zusah. Der Trick bestand darin, die Leute glauben zu lassen, dass sie diesen Kristall dringender brauchten, als man selbst ihr Geld. Im Stripclub lief die Sache weitgehend nach demselben Prinzip.

Als Teenager dann hatte ich gelernt, den Leuten Geld abzuluchsen, indem ich ihnen rührselige Geschichten erzählte, zum Beispiel, ich müsse dringend nach Hause und hätte kein Geld für die Buskarte. Als Fünfzehnjährige, die im Beverly Center herumlungerte und Sachen aus den Geschäften mitgehen ließ, hatte ich es natürlich in Wirklichkeit überhaupt nicht eilig, nach Hause zu kommen. Stattdessen kaufte ich mir von dem Geld Burritos bei Taco Bell und ging ins Kino. Solange man seine weißen Zähne blitzen ließ und so unschuldig wie möglich aussah, zückten die meisten Leute ohne zu zögern ihre Portemonnaies. Auch das war im Stripclub nicht anders.

Ich trödelte nicht herum, wenn ich von der Bühne kam, und verplemperte keine Zeit mit den anderen Mädchen in der Garderobe vor dem Spiegel. Nach jedem Set ging ich schnurstracks zu meinem Spind, tauschte mein Bühnenoutfit gegen irgendetwas, was sich schnell an- und ausziehen ließ (meistens ein Kleid zum Überstreifen, ohne mich lange mit BH oder Höschen aufzuhalten), sprühte mich mit Deo ein, tupfte mir den Schweiß von der Stirn und kehrte zurück in den Club. Außer dem Labello in meiner Handtasche brauchte ich weiter nichts, um mich herauszuputzen. Nach höchstens zwei Minuten war ich selbstbewusst lächelnd wieder an der Arbeit.

«Hey, Monique, der Mann da möchte einen Tanz von dir», sagte Lacey, nahm mich an der Hand und führte mich zu den Tabledance-Nischen. «Die feiern einen Junggesellenabschied», erklärte sie und stellte mich einem Mann in einem taubenblauen Hemd und khakifarbenen Hosen vor. Er roch nach Alkohol. Der Mann in der Nische neben uns beugte sich schwankend herüber und schlug meinem Gast mit der flachen Hand auf den Rücken. «Super! Du hast eine!» Seine Lippen verzogen sich, wenn er sprach, zu einer Seite, als hätte jemand den Griff eines Spazierstocks in seinen Mundwinkel eingehakt und zerrte daran.

«Sooo. Ein Junggesellenabschied ... sieht aus, als hätte die Party schon angefangen, bevor du gekommen bist», sagte ich, um etwas Small Talk zu machen, bis der Song einsetzte.

Er lachte laut, setzte seine Ellbogen vor sich auf den Tisch und stützte sein Gesicht auf die Hände. «Ja. Und ich glaube, du kennst den Bräutigam. Er will auch einen Tanz von dir, wenn ich fertig bin.»

«Ach, wirklich? Welcher ist es denn?», fragte ich, während ich den Verschluss meines BHs öffnete.

Er schwenkte seinen gestreckten Arm ausladend herum und deutete auf einen Mann, der außerhalb der Nische auf einem Hocker saß. «Da drüben, der in dem weißen Hemd.»

Wie aufs Stichwort drehte sich der Mann um und sah mich an. Im Gegensatz zu seinen beschwipsten Freunden schien er seine sieben Sinne beisammenzuhaben. Er saß still und steif auf seinem Hocker. Seine Wirbelsäule war schnurgerade, vom Becken bis zum Nacken. Er sah mich direkt an. Gerade, als ich im Begriff war, meinen BH zu Boden fallen zu lassen, wurde mir klar, wer das war: Es war mein Psychologiedozent, Dr. Stevenson.

Mir stockte der Atem. Rasch sprang ich hinunter auf den Boden der Nische. Dr. Stevensons Freund ließ mich nicht aus den Augen. Sein Gesicht war zwischen den Handflächen eingequetscht und verzerrt. «Hey, du», sagte er und zuckte mit den Augenbrauen wie Groucho Marx, als ich ihm auf Augenhöhe gegenüberstand. Dass ich nicht mehr bei der Sache war, ihn zu unterhalten, schien ihm gar nicht aufzufallen.

Ich musste sichergehen, dass er es war. «Dein Freund da drüben, wie heißt der denn?»

«Michael. Und er will nachher auch einen Tanz von dir.» Er starrte auf mein Becken, als wartete er darauf, dass es irgendetwas machte.

Michael. Dr. Michael Stevenson. Mir wurde alles klar.

«Sie müssen das ja nicht unbedingt in Ihren Lebenslauf schreiben ... In welchem Club wollen Sie eigentlich arbeiten?» Seine Worte fielen mir wieder ein. Seine letzte Frage war mir schon damals seltsam vorgekommen. Was ging es ihn an, in welchem Club ich arbeiten wollte?

Ich hing inzwischen nicht mehr dem naiven Glauben an, alle Männer, die in Stripclubs gehen, wären hässliche, perverse Sozialkrüppel – Männer, die bei Mädchen einfach nicht landen können. Ich hatte erlebt, dass in dem Laden alle Sorten zu finden waren: von sechzehnjährigen Jungen mit gefälschten Ausweisen über Geschäftsmänner in der Mittagspause bis zu gut aussehenden Weltreisenden in Armani-Anzügen. Doch ich hatte immer an der Hoffnung festgehalten, dass es da draußen noch ein paar Männer gab, die Achtung vor Frauen und vor sich selbst hatten und nie einen Fuß in einen Stripclub setzen würden. In diesem Augenblick, als Dr. Stevenson in meinem Herzen von diesem Sockel der Bewunderung purzelte, merkte ich, dass das ein Irrtum war.

«Du kannst zu deinem Freund gehen und ihm ‹Nein danke› sagen», erwiderte ich scharf. Hoffentlich war dieser Song bald zu Ende, damit ich mich wieder anziehen konnte.

«Hä?» Der Betrunkene sah mir ins Gesicht.

«Ich sagte, du kannst deinem Freund sagen, dass ich keinen Tabledance für ihn machen werde.» Ich sprach ein wenig lauter als beabsichtigt. Ich schaute hinüber. Hoffentlich hatte Dr. Stevenson mich gehört. Er saß da und schaute in sein Glas, während er die Eiswürfel darin klingeln ließ. Dr. Stevenson hatte mich vielleicht nicht gehört, aber sein Freund in der Nachbarnische schon.

«Was hat sie gesagt?», fragte er und beugte sich wieder hinüber zu dem Mann, für den ich tanzte.

«Sie sagt, sie will nicht für Mike tanzen», wiederholte dieser.

«Ach komm! Er heiratet morgen!», beschwor mich sein Freund mit flehendem Blick.

Ob sie wohl wussten, dass ich eine seiner Studentinnen gewesen war? Waren sie eingeweiht? Ich musste es herausfinden.

Ich stemmte eine Hand auf meine Hüfte. «Er ist Psychologiedozent, stimmt's?», fragte ich.

Sie warfen sich gegenseitig einen Blick zu und schauten dann wieder mich an.

«Ja», erwiderten sie im Chor.

Ich hielt inne und musterte ihre fragenden Gesichter.

«Ich tanze nicht für ihn», sagte ich unerbittlich.

Sie ließen das Thema fallen und schauten Lacey und mir für den Rest des Songs zu. Als der zu Ende war, bat der Betrunkene um einen weiteren Tanz. Indessen schoss Laceys Gast aus der Nische und kam mit dem verlegenen Dr. Stevenson wieder zurück, den er auf den Sessel zu Laceys Füßen drückte. Ich stand da und wartete, dass er mich ansehen würde. Es gab so viel, was ich ihm sagen wollte.

Ich habe Ihnen vertraut. Ich habe Sie respektiert. Sie sind ein Grund, warum ich hier bin! Können Sie mich sehen? Können Sie mich sehen, verdammt? Ausgerechnet Sie! Sie wollen ein Psychologe sein. Sie müssten doch etwas von Menschen verstehen. Sie hätten mir «Nein!» sagen sollen! Dass ich mehr wert bin als das hier, mehr als vierzehn Dollar. Dass ich eine strahlende Zukunft vor mir habe. Wussten Sie nicht, wie mich das fertigmachen würde, wenn Sie heute Abend hierherkommen? Dass ich an jemanden glauben musste! Dass ich an Sie glauben musste!

Ich schaute ihm direkt in seine schwimmbadblauen Augen und versuchte, ihm all das zu sagen, aber ich konnte nicht sprechen. Stattdessen tanzte ich weiter für Dr. Stevensons Freund. Dr. Stevenson saß reglos und starr da, während Lacey für ihn tanzte. Sobald der Song vorüber war, warf er einen Zwanzigdollarschein auf den Tisch, blickte voller Scham zu mir auf und verließ hastig den Club.

Falls es tatsächlich Leute gab, die in butterblumengelben Häusern mit leuchtend weißen Staketenzäunen und smaragdgrünen Rasenflächen wohnten, dann war in meinen Gedanken Dr. Stevenson einer davon gewesen. Er war meine einzige Hoffnung, dass es irgendwo auf der Welt die Chance auf so etwas wie Normalität gab. Irgendwo in meinem Innern wollte ich dafür kämpfen. Ich wollte mich vor die Abrisskugel werfen, die in meiner Fantasie auf das butterblumengelbe Haus zuschwang. Ich wollte eine Frau mit Integrität und Willenskraft sein. Am liebsten wäre ich geradewegs in die Garderobe gestürzt, um meine Sachen zu packen und mich nie wieder für irgendjemanden auszuziehen. Ich wollte der Welt zeigen, dass ich imstande war, mir eines Tages selbst ein butterblumengelbes Haus zu bauen.

Bedrückt von der schweren Last meiner zerbrochenen Hoffnungen sah ich Dr. Stevenson nach, wie er zur Tür hinausging. Dann zog ich den Reißverschluss meines Portemonnaies zu und ging auf den ersten Mann zu, der mir in den Blick kam.

«Möchtest du einen Tabledance?»

Zwanzig

Ich fuhr in meinem Nissan 240 SX vom College nach Hause. Das Auto hatte ich mir mit voller Unterstützung von Derrick gegönnt, der den Honda sowieso am liebsten für sich hatte. Außerdem war ich es leid, immer darauf angewiesen zu sein, dass Evan mich mitnahm. So hatte ich wenigstens einen Grund, seine ständigen Anrufe zu ignorieren. Das Auto war der schönste und teuerste Gegenstand, den ich je besessen hatte. Es war ein gutes Gefühl, damit zu fahren.

Als ich in den Parkplatz vor unserer Wohnung in West Los Angeles einbog, bemerkte ich, dass Derricks Auto nicht da war. Vermutlich spielte er heute länger als gewöhnlich im Park Basketball, dachte ich. Wo sollte er sonst sein? Mir knurrte der Magen. Ich hatte den ganzen Tag Seminare gehabt und nichts gegessen. Nachdem ich schnurstracks in die Wohnung gegangen war, ließ ich mich mit einer Schüssel voller Wassermelonenstücke aufs Sofa fallen. Da ich abnehmen wollte, hatte ich meine Kalorien- und Fettaufnahme genau im Auge behalten, seit ich angefangen hatte zu strippen. An den meisten Tagen aß ich nichts als Obst und Cracker oder fettfreien Frozen Yogurt. Wenn ich Lust auf Gummibärchen hatte, sparte ich mir meinen Appetit auf und holte mir auf dem Weg zur Arbeit eine kleine Tüte davon an der Tankstelle zum Abendessen. Abgesehen von dem Schwindelgefühl und dem knurrenden Magen funktionierte mein Plan bestens. Ich hatte problemlos sieben Kilo abgenommen und war schon viel selbstsicherer. Sogar Derrick bemerkte den Unterschied und sagte mir zum ersten Mal seit der Highschool, ich sähe gut aus.

Sobald ich die Melone vertilgt hatte, beschloss ich, eine Ladung Wäsche zusammenzusuchen. Es gab immer einen stetigen Strom schmutziger Weißwäsche, die in die Maschine musste. Ich habe nie den Grund verstanden, aber Derrick kaufte seine Schuhe immer eine Nummer zu groß und trug dann zwei oder drei Paar Socken, um sie auszufüllen. Ganz zu schweigen davon, dass er jeden Tag nach dem Basketballspielen eine frische Ladung Socken anzog. Das bedeutete, dass ich immer haufenweise verschwitzte Socken zu entknäulen und zu waschen hatte.

Als ich die Tür zu Derricks Zimmer öffnete, dachte ich daran, wie unfair unser gegenwärtiges Arrangement war. «Wir sind nur eine Wohngemeinschaft», erzählte Derrick überall. Einmal, als Terrance und Gina uns besuchen kamen, verplapperte ich mich und sprach von *unserem* Schlafzimmer, was der Sache mit der Wohngemeinschaft widersprach. Daraufhin kamen Terrance und Gina Zweifel am Charakter unserer Beziehung.

«Ist doch egal, was die denken», argumentierte ich, als Derrick wegen des Versprechers sauer auf mich wurde.

Aber *ihm* war es offenbar nicht egal. Um seinen Standpunkt zu bekräftigen, entschied er, dass wir nicht mehr in einem Zimmer schlafen würden. «Na schön … dann schlafe ich eben auf der Couch», erwiderte ich, um seinen Bluff auffliegen zu lassen. Nur, dass er nicht bluffte. Monate später schlief ich immer noch auf der Couch, während er das Schlafzimmer für sich hatte und sich auf dem Doppelbett breitmachte.

Nur eine Wohngemeinschaft! Ich hätte auch gern einen Mitbewohner, der meine Wäsche macht und meine Miete und meine Raten fürs Auto bezahlt, dachte ich, als ich zu dem Schrank hinüberging, in dem er seine schmutzige Wäsche hatte. Das war die Natur unserer Beziehung. Stück für Stück nahm Derrick das bisschen, was wir an Beziehung hatten, auch noch weg. Er gab immer weniger. Und ich, die nach der Gemeinschaft lechzte, gab immer mehr. Trotzdem ergötzte ich mich an den ärmlichen Krümeln, die er mir hinwarf. In derselben Wohnung wie er auf der Couch zu schlafen, war immer noch besser, als überhaupt nicht mit ihm zusammenzuleben.

Schlimmer kann es nicht mehr werden, dachte ich. Dann öffnete ich den Schrank und sah das Letzte, womit eine Frau in ihrem Kleiderschrank rechnet: *die Kleider einer anderen Frau.* Da, im rechten Teil unseres Schrankes, fein säuberlich in einer ganz eigenen Abteilung, hingen Kleider, Blusen und Röcke, die nicht mir gehörten.

Hektisch riss ich die Bügel einen nach dem anderen heraus und inspizierte die Klamotten. Es musste eine vernünftige Erklärung dafür geben, dachte ich; es *musste.* In diesem Augenblick hörte ich die Wohnungstür aufgehen und marschierte ins Wohnzimmer, um Antworten zu bekommen. Derrick saß auf der Couch, die Hände über dem Schirm seiner schlichten schwarzen Basketballmütze verschränkt.

«Wir müssen reden.»

Er «musste» sonst nie reden. Seine Stimme klang so bedrückt, dass mein Zorn augenblicklich verrauchte. Eine tiefe Angst stieg in mir auf. Ich hatte das Gefühl, dass sich etwas Furchtbares anbahnte. Ich begann am ganzen Leib zu zittern und ließ mich auf der anderen Seite des Couchtisches auf den Boden sinken.

«Was ist los?» Ich brachte nur ein zittriges Flüstern heraus.

«Gina ist schwanger», sagte er und zog sich den Schirm seiner Mütze übers Gesicht.

«Na und?» Es war doch wohl Terrances Kind, oder? Bitte, bitte lass es von Terrance sein, flehte ich innerlich.

«Sie sagt, es ist von mir.» Er wollte mir immer noch nicht in die Augen schauen.

«Aber ... aber du hast doch gesagt, du hättest nie mit ihr geschlafen. Du hast mir gesagt, da ist nie etwas gelaufen ... du hast mich angelogen», stieß ich unter einem heftigen Schluchzen hervor, das mich plötzlich überkam. Es war naiv von mir, dass ich das je geglaubt hatte. Hatte ich es *wirklich* je geglaubt?

«Wir haben nur einmal miteinander geschlafen», versuchte er mich zu beschwichtigen.

Ich spürte, wie sich tief in meiner Brust ein harter, schwarzer Klumpen bildete. Ich hielt meine Tränen fest im Zaum und sah zu ihm auf. Er rechnete wohl wirklich damit, dass ich ihm glaubte. Er hielt mich tatsächlich für so dumm.

«Ihre Mutter hat sie rausgeschmissen.» Für einen langen Moment herrschte Schweigen. Ich konnte mein eigenes Herz pochen hören. «Sie wird für eine Weile hier bleiben.»

«Die Klamotten! Deshalb hingen die Frauenklamotten im Schrank? Sie ist schon hier eingezogen? Ist dir nicht einmal der Gedanke gekommen, mich erst zu fragen?»

«Was sollte ich denn machen? Sie kann doch nirgendwo hin. Ich wollte sie nicht auf der Straße sitzen lassen», erklärte er.

Na toll, dachte ich. Jetzt soll ich auch noch Mitleid haben mit dem Mädchen, das er geschwängert hat.

«Es ist nur für eine kleine Weile», versuchte er mich zu trösten.

«Und dann? So war das nicht gedacht!» Ich hatte immer gehofft, er würde seine Angst vor Bindungen überwinden, und wir würden gemeinsam eine Familie gründen. Für diese schlichte Hoffnung hatte ich all die Opfer gebracht. Für diese Hoffnung hatte ich mich *verkauft*.

«Ich weiß es nicht.» In seiner Stimme schwang eine ungewohnte, aber echte Offenheit. Er wusste es tatsächlich nicht. Er hatte keine Ahnung. «Vielleicht beantrage ich das Sorgerecht. Vielleicht können du und ich das Kind aufziehen.»

«Soll mich das jetzt etwa trösten? Erwartest du, dass ich glaube, dass sie ihr Kind von einer anderen Frau großziehen lässt?» Irgendwo in meinem Innern wünschte ich mir fast, dass es so wäre. Sie würde einfach verschwinden und es ihm und mir überlassen, uns um das Kind zu kümmern. Dann könnten wir beide wieder unter uns sein. Er stand auf und ging auf die Tür zu.

«Sie wartet unten im Auto. Ich habe ihr gesagt, ich will erst einmal raufgehen und mit dir reden. Ich gehe jetzt runter und hole sie.» Er sprach langsam, als würde er mit einer Verrückten reden, die kurz vor dem Zusammenbruch steht. Wahrscheinlich war ich auch verrückt, dass ich mir das alles gefallen ließ.

Weil ich es nicht ertragen konnte, sie durch meine Wohnungstür hereinkommen zu sehen, verbarrikadierte ich mich im Bad. Ich lauschte, als die Wohnungstür aufging und wieder geschlossen wurde. Dann ging die Schlafzimmertür auf … und wieder zu. Ich drehte den Wasserhahn auf, damit sie mich nicht weinen hörten. Mein Leben gehörte nicht mir. Das musste das Leben eines anderen Menschen sein. Oh Gott – wenn es einen Gott gibt – bitte hilf mir! Bitte hilf mir, flehte ich.

Der Mann, für den ich tanzte, war nur einer von vielen namenlosen, gesichtslosen, alterslosen Männern mit Geld in der Tasche. Im Blindflug spulte ich mein übliches Repertoire an Bewegungen ab, das ich «Tanz» nannte. *Hüften kreisen, Hüften kreisen, BH aus; Hüften kreisen, Hüften kreisen, Höschen runter*; und so weiter.

Der Mann, der auf Augenhöhe mit meinem Becken saß, beugte sich begierig vor, um besser sehen zu können. Als ich mich auf ihn zubewegte, reckte er seinen Hals und schob sein

Kinn vor, als wollte er mich erreichen. Ich fuhr augenblicklich zurück und gab ihm meine übliche Warnung: «Nicht anfassen!», sagte ich mit Nachdruck und hielt ihm meinen Zeigefinger vors Gesicht. Der Mann linste durch seine dicken, verschmierten Brillengläser hinüber in die Nische nebenan, wo eine vollbusige Kollegin von mir das Gesicht ihres Gastes an ihre Brust drückte.

«Mir ist egal, was die da macht. Berühren ist nicht erlaubt», wiederholte ich.

Ich war eines der wenigen Mädchen im Club, die sich tatsächlich an die «Nicht-anfassen»-Regel hielten, wenn auch nicht aus Gesetzestreue, sondern weil es mich anwiderte, angefasst zu werden. Selbst Derrick und ich berührten uns nie, wenn wir nicht gerade miteinander schliefen. Obwohl ich mich immer beklagte, ich bekäme nicht genug Zuneigung, fühlte ich mich tief im Innern in einer Beziehung ohne Intimität sicherer. Alle Muskeln in meinem Körper spannten sich an, wenn jemand mich berührte. Wenn ich «Nicht anfassen» sagte, dann meinte ich es auch so.

Dieser schüchterne, halb kahle Kerl mit seinen kleinen Knopfaugen wird ja wohl meine Warnung beherzigen.

Ich tanzte routinemäßig weiter, ohne groß auf den Mann oder meinen Tanz für ihn zu achten. Stattdessen beobachtete ich, während ich mein Becken vor ihm kreisen ließ, Porsche, die auf der Bühne gerade ihren Ponysprung vollführte. Bei jedem Schritt schleuderte sie ihre Unterschenkel vom Knie zur Seite. Die schenkelhohen Lacklederstiefel, die sie trug, unterstrichen ihr albernes Gehüpfe.

Während ich Porsches bizarre Bewegungen analysierte, spürte ich plötzlich etwas Warmes, Schleimiges auf meiner Haut. Der Mann leckte an mir! Ich sprang in der Nische zurück, so weit weg von ihm, wie ich konnte. Einen Moment lang war ich wie gelähmt. Dann erinnerte ich mich daran, was ein Polizist mir gesagt hatte, der öfter in den Club kam, wenn er keinen

Dienst hatte. «Wenn dich jemand angreift, hast du zehn Sekunden Zeit, um zu reagieren. In diesen zehn Sekunden kannst du machen, was du willst, ohne dass du dafür belangt wirst.» Dies hatte er mir gesagt, nachdem ich ihm von einem Mann erzählt hatte, der mich trotz meiner «Nicht-anfassen»-Warnungen angegrapscht hatte.

Zehn Sekunden; ich habe zehn Sekunden, überschlugen sich meine Gedanken. Namenlose Wut stieg in mir auf: Wut auf ihn und Derrick und Gina und den Gast in der Nische neben uns und meinen Professor und Maurice. Alle Wut, die ich je empfunden und immer tief in mich hineingestopft hatte, brach sich plötzlich Bahn.

Zehn. Mit aller Kraft, die ich aufbieten konnte, knallte ich ihm eine quer übers Gesicht. Seine Brille flog im hohen Bogen bis in die nächste Nische, während er völlig verdattert dasaß. *Neun.* Ich knallte ihm meine Faust an die Schläfe. *Acht.* Ich zog mir den Schuh vom Fuß und begann mit der dicken Sohle auf ihn einzuschlagen. *Sieben. Sechs. Fünf. Vier.* Mit meinem bloßen Fuß trat ich ihn gegen die Brust, so dass er von seinem Hocker segelte. Er landete auf dem Rücken, die Knie hochgereckt, wie ein Baby, das auf eine frische Windel wartet. *Drei.* Ich machte einen Satz aus der Nische, gab ihm einen Tritt in die Rippen und trampelte auf seiner Brust herum.

«Monique! Hey-hey-hey! Monique!» Der Security-Mann hatte gerade bemerkt, dass ich den Mann verprügelte.

Zwei. Eins. Schwer atmend zählte ich im Stillen die Sekunden ab; keuchend, zitternd. Ich wollte ihm den Rest geben.

Der Security-Mann half dem Mann auf die Beine. «Der hat mich geleckt!», schrie ich. «Dieser Kerl hat mich geleckt, obwohl ich ihm gesagt habe, dass Anfassen verboten ist!»

Der Security-Mann packte den Kerl an der Jacke und begann ihn von den Nischen wegzuzerren.

«Erst mal muss er bezahlen!», forderte ich. Meine Kollegin und ihr Gast hatten innegehalten, um die Szene zu beobachten.

Ihr Gast reichte dem Mann seine Brille. Eines der Gläser hatte sich aus dem Rahmen gelöst.

«Okay, bezahlen Sie.» Der Security-Mann stellte sich hinter mich. Zitternd zog der Mann einen Zwanzigdollarschein aus seinem Portemonnaie, gab ihn mir und hielt inne. Wartete der etwa auch noch auf sein Wechselgeld?

«Auf Nimmerwiedersehen!», sagte ich mit einem sarkastischen Lächeln und verscheuchte ihn mit meinen Händen.

Eine halbe Stunde später tauchte die Polizei im Club auf und ließ mich in einen Nebenraum kommen, um mich zu befragen. Ich war überrascht, dass der Kerl die Frechheit hatte, die Polizei zu rufen, wo *er* doch derjenige gewesen war, der mich angegriffen hatte. Ich war schließlich das Opfer … oder etwa nicht?

Es waren zwei Beamte. Sie standen in ihren Uniformen steif da, ausgestopft mit kugelsicheren Westen. Einer von ihnen, ein großer, schlaksiger Mann mit glänzend schwarzen Haaren, stellte mir Fragen und machte sich Notizen auf einem kleinen Block. Der andere, klein und untersetzt, stand daneben und beobachtete alles.

«Also, was haben wir hier für ein Problem? Der Mann da draußen sagt, Sie haben ihn angegriffen», wandte sich der größere der Polizisten an mich.

Ich stand auf meinen fünfzehn Zentimeter hohen Absätzen in BH und Höschen da und verteidigte mich. «Der Mann hat an mir geleckt! Er ist derjenige, der *mich* angegriffen hat! Und wenn ich mich nicht irre, steht mir eine Reaktionszeit von zehn Sekunden zu. … Ich habe ihm gesagt, Anfassen ist nicht erlaubt, und er hat mich *geleckt!* Wenn hier einer die Bullen rufen sollte, dann ich!»

Ob es nun an den Stilettos lag oder daran, dass ich halb nackt war und in einem Stripclub arbeitete, jedenfalls traf meine Aussage bei den beiden Beamten auf keinerlei Empathie oder Mitgefühl. Sie musterten mich mit gelangweilten Blicken und stoischen Mienen.

«Hören Sie zu. Ich glaube, Sie sollten sich bei dem Mann entschuldigen», riet mir der Beamte.

«Was? Haben Sie mir überhaupt zugehört? Der Kerl hat an mir *geleckt!* Und Sie wollen, dass ich mich bei ihm entschuldige?!»

«Er erwägt, Sie wegen tätlichen Angriffs anzuzeigen», fuhr der Mann mit gleichgültiger, monotoner Stimme fort.

«Das kann er nicht machen! Ich habe ihn bloß angegriffen, weil er mich angegriffen hat. Und ich habe zehn Sekunden Reaktionszeit ... oder nicht?» Mir kamen allmählich Zweifel an dem Rat, den mir der Polizist außer Dienst gegeben hatte.

«Im besten Fall kommt eine gegenseitige Tätlichkeit dabei heraus. Er zeigt Sie an, und Sie würden ihn anzeigen. Ich glaube, wenn Sie sich einfach entschuldigen, lässt er es auf sich beruhen», erklärte mir der Beamte.

Tätlicher Angriff. Wie macht sich das im Lebenslauf, dachte ich. So sehr es mir zuwider war, es lohnte sich nicht, für meinen Stolz in den Knast zu gehen. Für die Würde lohnte es sich zu kämpfen, aber davon war mir ohnehin nicht viel geblieben. Der kleinere Polizist holte das bedauernswerte Opfer her, wo immer es sich während meines Verhörs verkrochen hatte. Der Mann kam mit kleinen Trippelschritten herein, immer sicher in Deckung hinter der Schulter des Polizisten, um seine Entschuldigung entgegenzunehmen.

Du widerlicher, ekelhafter, jämmerlicher Kerl! Du solltest dich bei mir entschuldigen!, schrie ich innerlich. Am liebsten hätte ich es laut gesagt und mich erneut auf ihn gestürzt. Diesmal wollte ich nicht nur seine Brille kaputt machen. Stattdessen verschränkte ich die Arme, reckte meine Hüfte zur Seite und schaute zur Decke empor, so trotzig und so wenig reumütig ich konnte.

«Es tut mir leid.» Meine Stimme quoll über vor Wut und Unglaubwürdigkeit. Nichts tat mir leid. Aber diese blöden, bedeutungslosen Worte ersparten mir zweiundfünfzig Wochen Aggressionsmanagement-Kurse und eine Nacht im Gefängnis. Der Mann nickte eifrig mit dem Kopf, die Hände tief in den Taschen vergraben und unbehaglich von einem Fuß auf den anderen trippelnd, und akzeptierte mein vergiftetes Friedensangebot.

Die Wut pulsierte immer noch heiß durch meine Adern, als ich in Richtung Garderobe davonstampfte. Dort erwarteten mich schon meine Kolleginnen voller Mitgefühl und Neugier.

Natürlich lag es in der Natur des Jobs, dass wir draußen im Club gegeneinander arbeiteten. Jedes Mädchen wollte das meiste Geld verdienen und die anderen überstrahlen. Aber in der Garderobe waren wir alle gleich. Wir waren Mädchen. Und die meisten von uns hatten eines gemeinsam: Für Männer hatten wir nicht viel übrig. Sicher, Grace liebte sie alle und sagte uns immer, sie sähe Schönheit in jedem Mann, der den Club betrat. Ich hatte Mühe, es ihr zu glauben. Chelsea behauptete, ihr mache das Strippen tatsächlich Spaß, weil es das erste Mal in ihrem Leben sei, dass sie von Männern Aufmerksamkeit bekomme. Doch für uns andere war die Garderobe der Ort, wo wir unserem Ärger Luft machen konnten – über den Trottel, der uns kein Trinkgeld gab, oder über den Typen, der uns von oben herab behandelte, als wäre es eine Zumutung, wenn wir ihm einen Tanz anboten. «Als ob er was Besseres haben könnte! Wenn du was Besseres haben kannst als mich, was hast du dann in einem Stripclub zu suchen?», echauffierten wir uns.

Und so schüttelte ich in diesem engen Raum voller Frauen mein Herz aus und erzählte meine Geschichte. Wer sonst hätte sie auch verstehen können? Wer sonst wusste, wie es sich anfühlt, für ein bisschen Geld den ekelhaften, unerwünschten Blick eines fremden Mannes auf unserem nackten Körper zu erdulden? Sich verpflichtet zu fühlen, zu lächeln und so zu tun, als täte man nichts lieber, als sich von seinen gierigen Augen durchlöchern zu lassen. Und dann erleben zu müssen, wie die fadenscheinigen persönlichen Grenzen, die man zieht, um sich noch einen Hauch von Würde zu bewahren, durchbrochen und komplett ignoriert werden! Wer sonst konnte wissen, wie sich das anfühlt?

Lexi setzte sich neben mich und legte ihren Arm um meine Schultern. Sie war ein zierliches Persönchen von gerade mal vierzig Kilo, aber darin verbarg sich eine lebhafte, muntere Persönlichkeit. Ihr Lächeln war stark und strahlend, und ihre Singstimme noch stärker und strahlender. Wenn sie sang, erinnerte es an die kraftvollen Stimmen von Etta James und Aretha Franklin und an die samtige Eleganz von Billie Holiday.

«Du solltest mal ausgehen, Monique. Was hast du Halloween vor? Wir sollten zusammen losziehen und uns einen schönen Abend machen!», schlug sie vor.

Ich nahm ihr Angebot an und gab damit meine Bemühungen auf, in diesem Club nicht dazuzugehören; mich von den anderen Mädchen abzuheben. Ich zog aus der winzigen Umkleide am äußersten Rand des Clubs aus und fand meinen Platz im großen, betriebsamen Zentrum des Geschehens.

Ein paar Tage später, an Halloween, zogen Lexi, Jade und ich zusammen durch die Nachtclubs von Hollywood. Lexi und ich hatten uns als Großkatzen verkleidet. Sie war eine Tigerin, ich eine Leopardin. Ich stolzierte in einem Tangatrikot mit Leopardenmuster und Stilettos den Sunset Boulevard entlang. Jade war eine Maus. Genauer gesagt, *meine* Maus. Sie trug ein Halsband, und ich hielt sie an der Leine.

Bis zu diesem Tag hatte es «Monique» nur in dem Stripclub gegeben. Ich hatte nicht gedacht, dass sie etwas in der realen Welt zu suchen hätte. «Harmony» war bei Tageslicht unterwegs und verbarg jede Spur von Attraktivität unter ausgebeulten Sweatshirts, Brille und Pferdeschwanz. Doch an diesem Abend war es «Monique», die zum ersten Mal in ihrem Leben in einem angesagten Restaurant in Hollywood Sushi probierte und sich dann vor endlosen Schlangen der Wartenden in eine Reihe von Nachtclubs am Sunset Boulevard hineinmogelte. Und es waren die spärlich bekleidete «Monique» und ihre Kameradinnen, nach denen sich Männer umdrehten, die uns nicht kaufen oder dafür bezahlen konnten, uns nackt zu sehen, auch wenn sie es wollten, weil wir nicht zu verkaufen waren. Nicht in dieser Nacht.

Sex und Sexualität durchdrangen alles, was «Monique» tat. Alle ihre Interaktionen waren davon gefärbt, bis sie gar nicht mehr wusste, wie man anderen Leuten auf andere Art begegnen konnte. Und so war es auch «Monique», die, weil sie keinen anderen Weg kannte, um eine enge Freundschaft mit einem anderen Menschen aufzubauen, mit Lexi schlief, nachdem sie binnen einer Stunde so viel Alkohol getrunken hatte, dass man sie aus dem Club eskortierte, weil sie versehentlich eine arglose Kellnerin geschlagen hatte.

Den Kater am nächsten Tag musste allerdings «Harmony» ausbaden. Mein Kopf tat so grauenhaft weh, dass selbst die Sonnebrille, die ich in der Wohnung trug, kaum etwas gegen den pochenden Schmerz ausrichten konnte. Für die nächsten drei Tage kotzte ich, bis schwarze Galle sich aus meinem Mund und in die Toilette und auf meine Brust und überall in mein Auto und ins Bett und auf alles andere ergoss, was mir zu nahe kam.

Doch auch der schlimmste Kater in der Geschichte der Kater reichte nicht aus, um «Monique» davon abzuhalten, sich eine Identität außerhalb des Stripclubs aufzubauen. Zwei Wochen später trafen wir uns in Jades Wohnung, wo ich mir hautenge schwarze Hosen, hochhackige Schuhe und ein schwarzes Bustier anzog. Lexi trug eine durchsichtige schwarze Bluse, unter der ihre für zehntausend Dollar aufgemotzten Brüste bestens zu sehen waren. Ihr Freund Marcel, ein braunhäutiger, glatt rasierter Mann mit perfekt hochgegelten Haaren, war mit ihr gekommen. Bevor er sie hierher nach Tinsel Town geschleppt hatte, hatte sie ihn auf Hawaii kennengelernt, wo er angeblich seinen Zuhälterberuf aufgegeben hatte, um seine und Lexis Gesangskarriere zu managen. Seine eigene Singstimme war so glatt und hoch wie seine Haare – beides war seinem Idol Jackie Wilson nachempfunden. Er und Lexi hatten genug Talent, um Stars zu werden. Bis dahin unterstützte Lexi ihn mit dem Geld, das sie im Stripclub verdiente.

Mit ihren professionellen Make-up-Pinseln und ihrem Make-up-Koffer, der gerade noch als Handgepäck im Flugzeug durchgegangen wäre, machte Lexi mir die Haare zurecht und schminkte mich. Dabei schwärmte sie die ganze Zeit, ich müsse unbedingt öfter Make-up tragen. «Du bist wunderschön, Harmony», sagte sie mit weicher, verführerischer Stimme, während Marcel uns aus der Ferne zusah. Der schwache Zigarettengeruch ihres Atems war von Zahnpasta und Kaugummi überlagert. Ich schauderte ein wenig, als ich sie meinen richtigen Namen sagen hörte. «Harmony» hatte keine Ahnung, wie sie auf die verführerischen Annäherungsversuche einer Frau reagieren sollte. «Monique» war noch nicht betrunken genug, um sich darauf einzulassen. Als Lexi damit fertig war, mein Gesicht anzumalen, betrachtete ich mich in Jades schwarz lackierter Spiegelkommode. Ich erkannte mich selbst kaum wieder. Was mir da entgegenstarrte, war ein Vamp mit perfektem Smokey-Eye-Look.

Abgesehen von der spärlichen Bekleidung war der Abend so wie viele andere, die ich mit meinen Freundinnen in der Highschool verbracht hatte, wenn wir uns aufmotzten, um in die Disco zu gehen. Jedenfalls bis zu dem Moment, als Sierra mit ihrem Freund auftauchte. Sierra hatte glänzende blonde Haare, einen erfahrenen Blick und eine Figur, die perfekt zu ihrem Namen passte. Alles an ihr war golden und kurvig. Im Club hatte sie etwas Elitäres an sich. Sie kam nur selten zur Arbeit, und wenn, dann schien sie vorab gebuchte Termine mit wohlhabenden Kunden zu haben. Die Männer trugen dicke goldene Ketten und funkelnde Diamantringe.

«Was machst du hier, Monique?», sagte sie, als sie mich ein paar Minuten nach ihrer Ankunft auf die Seite nahm.

Ich legte abwehrend den Kopf zurück und sah sie verwirrt an. «Warum soll ich denn nicht hier sein?»

«Tut mir leid, Süße. Du gehörst hier nicht her. Du solltest dich nicht mit diesen Mädchen abgeben …», flüsterte sie mir zu.

Ich wollte sauer auf sie sein. Ich wollte beleidigt sein. Aber hinter ihren Worten hörte ich echte, fast mütterliche Anteilnahme in ihrer Stimme. Doch mein Stolz verlangte, dass ich ihr zeigte, dass ich im reifen Alter von zwanzig Jahren schon alles gesehen und alles mitgemacht hatte und mit allem klarkommen konnte.

Deshalb zuckte ich auch demonstrativ mit keiner Wimper, als Sierras Freund ein paar Fläschchen mit Kokain aus der Innentasche seines Designersakkos zog und alle anfingen, sich die Nase zu pudern. Am liebsten hätte ich Lexi an den Haaren gepackt, sie in die Arme genommen und ihr gesagt, dass Koks Beziehungen kaputt macht: dass es Familien zerstört und Menschenleben ruiniert. Stattdessen hielt ich den Mund, fläzte mich lässig auf Jades Tagesdecke mit Leopardendruck und täuschte Apathie vor. Als Lexi und ihr Freund Marcel kamen und sich neben mich legten, verhielt ich mich so still und natürlich wie möglich.

«Sie ist sexy …», sagte Sierras Freund zu Marcel, als wäre Lexi kein lebendiger Mensch mit Ohren, der ihn hören konnte; als wäre sie ein Bild in einer Zeitschrift oder eine Puppe in einem Schaufenster. Doch Lexi lächelte wie auf Kommando. Es war die Reaktion einer Puppe.

«Willst du sie haben?», fragte Marcel und deutete auf Lexi.

Mein Blick zuckte zu Lexi hinüber, deren Lächeln jetzt erstarrte; gerade so viel, dass dieser Mann, der sie anschaute, den Unterschied nicht bemerkte. Marcel hatte sie einem Fremden angeboten, als wäre sie eine Ware, die ihm gehörte. Die Atmosphäre um mich her wurde gespannt. Ich hoffte, jemand würde den Bann mit einem wilden, ausgelassenen Lachen brechen und zeigen, dass das alles nur ein schlechter Witz war. Doch niemand lachte. Und dort vor meinen Augen, in einem hell erleuchteten Zimmer, in dem sich ein halbes Dutzend Bekannte und Fremde drängten, gab Marcel seine Freundin einem anderen Mann.

Bis auf das Licht, das aus dem Schlafzimmer drang, war es in der Wohnung dunkel, als ich von der Arbeit nach Hause kam. Ich hatte gehofft, dass Derrick und Gina inzwischen schliefen. Ich konnte besser einschlafen, wenn mir mein beharrlicher Drang zum Detektivspielen nicht zu schaffen machte. Für den Rest der Nacht würde ich die Ohren spitzen, um ihre gedämpften Stimmen hinter der geschlossenen Schlafzimmertür zu belauschen.

Ich schlich auf Zehenspitzen hinüber zu dem großen begehbaren Schrank direkt gegenüber des Schlafzimmers und zog die in braunes Leder eingebundene Bibel hervor, die meine Großmutter mir geschickt hatte. Sie hatte sie von meiner Tante Krissy geschenkt bekommen, aber aus irgendeinem Grund hatte meine Großmutter sie an mich weitergegeben. Darin ließ sich hervorragend Geld verstecken, denn dies war der letzte Ort im ganzen Haus, wo Derrick je nachschauen würde.

Als ich mit dem Strippen angefangen hatte, hatte ich vorgehabt, etwas von dem Geld zu sparen und meine Schulden abzuzahlen. Aber mit Derrick im Haus war es fast unmöglich, Geld zurückzubehalten. Ich wusste, wenn ich je etwas sparen wollte, musste ich es verstecken. Dabei kam mir die Bibel gerade recht. Jeden Abend legte ich einen nagelneuen Hundertdollarschein zwischen ihre Seiten. Der Vorrat nahm zu, und die Bibel wurde immer dicker. Als der Umfang auffällig wurde, wusste ich, dass das Geld woanders hinmusste. Ein Sparkonto hätte Papierkram nach sich gezogen. Also mietete ich ein Schließfach, um meine Ersparnisse zu bunkern.

Natürlich war es nicht damit getan, das Geld zu verstecken. Ich musste auch Derrick anlügen, wenn er mich fragte, wie viel Geld ich jeden Abend verdiente. Meinem Gewissen machte dies nicht so sehr zu schaffen, aber es nagte an meinem Stolz. In einem Geschäft, in dem ich selbst die Ware war, spiegelte das Geld, das ich nach Hause brachte, gewissermaßen wider, wie viel ich wert war. Wenn ich also Derrick sagte, ich hätte nur fünfhundert Dollar verdient statt sechshundert, oder nur achthundert statt tausend, dann machte ich mich selbst billiger, als ich tatsächlich war. Wenn einmal in einer Nacht nicht viel los war, legte ich überhaupt kein Geld zur Seite, einfach nur, weil ich es nicht über mich brachte, ihm zu sagen, ich hätte nur zweihundert Dollar verdient.

Im Schrank schlug ich die Bibel auf, und mein Blick fiel auf Worte, die meine Großmutter in ihrer winzigen Handschrift hineingeschrieben hatte. Ich war überrascht, dass sie es überhaupt gewagt hatte, in ein ihrer Meinung nach so heiliges Buch etwas selbst hineinzuschreiben. Ich schaute genauer hin, und ihre Schrift und ihre Herzenshaltung wurden klar. Da stand, am Rand einer dünn unterstrichenen Textstelle mit Bleistift geschrieben, nur ein Wort: «Harmony.»

Neben meinem Namen stand der Bibelvers: «Selig sind, die da geistlich arm sind, denn ihrer ist das Himmelreich …»

Ich steckte meinen Daumen zwischen die Seiten und blätterte rasch durch den Rest der Bibel, um zu sehen, ob es noch andere Stellen gab, wo meine Großmutter es gewagt hatte, etwas in diesen Text hineinzuschreiben, der ihr so kostbar war. Nichts. Ich stellte mir meine Großmutter vor, wie sie in ihrem Bett sitzend beim Licht ihrer antiken Lampe treu in der Bibel las und dabei auf diesen Satz stieß. «Selig sind, die da geistlich arm sind, denn ihrer ist das Himmelreich.» Irgendwie musste der Gedanke sie getröstet haben, dass ihr «armes» Enkelkind eines Tages selig sein könnte oder würde. Wenn ich mir vorstellte, wie sie in ihrem Nachttisch nach einem Bleistift suchte und sorgfältig meinen Namen in ihr heiliges Buch schrieb, sah ich plötzlich sie und ihr, wie ich es empfand, frommes Gefasel davon, ich solle in die Kirche gehen und in der Bibel lesen, in einem ganz anderen, freundlicheren Licht.

«Harmny.» In ihrem osttexanischen Akzent verschmolzen die Silben meines Namens miteinander. «Du solltest wirklich in die Kirche gehen. Und du solltest auch jeden Tag in der Bibel lesen!»

Warum? Warum sollte ich in die Kirche gehen und in der Bibel lesen? Nur, damit sie nachts besser schlafen konnte, wenn sie wusste, dass ihr großer, zorniger Gott mich nicht in die Hölle schickte, weil ich nach den Spielregeln der Männer spielte? Ich wollte mit ihr darüber diskutieren, aber es hatte keinen Sinn. Doch als ich jetzt in der Schrankkammer stand und ihre kostbare Bibel in den Händen hielt, wurde mir klar, dass ihr «Gefasel» etwas Fürsorgliches, Persönliches an sich hatte, das ich vorher nie wahrgenommen hatte.

Sie wollte, dass ihre kleine Enkelin selig wurde.

Ich saß auf der Bettcouch und betrachtete den kleinen Tropfen Blut, der an meinem Fuß hinablief. Jede Nacht scheuerten und schnitten sich die Riemen meiner Stilettos tiefer in die dünne Haut an meinen Knöcheln ein. Auf jeder Seite hatte ich einen Striemen an derselben Stelle. Ich spülte die wunden Stellen mit Peroxid ab und rieb sie mit einer Salbe aus Beinwell und Goldsiegelwurzel ein. Abheilen konnten sie natürlich nicht, denn immer, wenn sich gerade Schorf bildete, ging ich wieder tanzen. Das gibt bestimmt Narben, dachte ich. Falls es mir je gelingt, dieses Leben hinter mir zu lassen, werde ich immer noch diese Spuren an mir tragen.

Ich machte die Lichter aus und kroch unter meine kratzigen, nicht zueinanderpassenden Decken. Im Nebenzimmer hörte ich gedämpftes Lachen, und ich spürte in meiner Brust, wie mein Herz einen Sprung bekam und sein Inhalt heraussickerte. Dann legte sich Stille über das Zimmer wie eine steife, schwarze Decke. Das Schweigen tat noch mehr weh als das Gelächter, und ich spürte einen Schmerz in meinem Herzen, als ich mir vorstellte, wie sie in seinen Armen lag.

Die Schlafzimmertür ging auf. Ich stellte mich schlafend, als Gina ins Wohnzimmer kam. Sie trug sein grünes Button-down-Hemd, keine Hosen, dafür aber ein Paar von seinen weißen, viel zu großen Socken. Es waren die, die ich immer in Fünferpacks auf dem Flohmarkt kaufte. Sie tänzelte quer durchs Zimmer und stolzierte in seinen Klamotten herum wie ein Pfau. Sie *wollte*, dass ich sie sah.

Ich hörte sie in meiner Küche rumoren und sich an meinen Getränken bedienen. *Verschwinde aus meiner Wohnung!*, schrie ich innerlich. Als sie zurück ins Schlafzimmer ging, bemerkte ich, dass sie nicht ein, sondern zwei Gläser trug. Sie brachte ihm etwas zu trinken. Das war meine Aufgabe. Es war meine Sache, ihm spätabends ein Glas zu bringen. Am liebsten hätte ich ihr die Haare ausgerissen und ihr den Sprudel ins Gesicht geschüttet.

Nachdem sie wieder im Schlafzimmer verschwunden war, machte ich das Licht an, zog ein Lehrbuch hervor und versuchte, mich in meinen Stoff zu vertiefen: *Psychologie: Die Lehre vom Geist des Menschen*. Hätte ich mir nur wenigstens auf meinen eigenen Geist einen Reim machen können! Mein ganzes Dasein hier grenzte an Wahnsinn. Ich las immer wieder denselben Satz über den Unterschied zwischen klassischer und operanter Konditionierung, bis ich schließlich aufgab und ins Bad ging. Dort betäubte ich den Schmerz mit dem einzigen Mittel, das bei mir je wirkte: mehr Schmerz.

Ich nahm eine Pinzette aus dem Medikamentenschrank und setzte mich auf den Toilettendeckel. Dann riss ich mir mit schnellen, systematischen, winzigen Zupfbewegungen die

Schamhaare aus, um sie zu einem perfekten Dreieck zu formen. Die Umgebung war bereits glatt und rein, weil ich sie ständig wie besessen bearbeitete, aber ich riss an jedem einzelnen Haar, das sich aus meiner Hautoberfläche hervorwagte. Als kein Haar mehr übrig war, das ich hätte ausreißen können, presste ich die Pinzette sogar noch auf jede noch so schwach sichtbare Haarwurzel und versuchte, sie auszureißen. Das ging so lange, bis mir die Nackenmuskeln wehtaten, weil ich mein Kinn ständig angestrengt auf die Brust presste, um besser sehen zu können. Meine empfindliche Haut war rot und geschwollen.

Ein dumpfer, pochender Schmerz durchflutete meine Leistengegend, als ich wieder ins Bett ging. Ich fand keine Ruhe mehr, schlafen konnte ich auch nicht. Ich versuchte, die Position zu wechseln und an etwas anderes zu denken und jeden anderen Trick, der mir einfiel. Ich dachte sogar daran, zum rund um die Uhr geöffneten Baumarkt zu fahren. Oft fand ich Trost darin, durch die Gänge voller Eisenwaren, Farben und Werkzeuge zu wandern, wo alles zu finden war, was man brauchte, um ein Haus zu bauen, zu reparieren und zu erhalten. Stiernackige Männer mit sonnengebräunter Haut und Farbspritzern auf ihren Overalls starrten mich unverhohlen an, als hätten sie noch nie eine Frau im Baumarkt gesehen. Wahrscheinlich kam es wohl auch tatsächlich nicht oft vor, dass eine Frau um 4.00 Uhr dort auftauchte, ziellos herumlief und dann wieder verschwand, ohne etwas zu kaufen. Aber die Größe und Weitläufigkeit des Ganzen gab mir einen seltsamen Trost. Kaum etwas von den Dingen, die ich im Baumarkt sah, ergab einen Sinn für mich, aber alles hatte seinen Platz und seinen Zweck, und *irgendjemand* wusste, was all das zu bedeuten hatte. In den meisten Nächten reichte das aus, um Schlaf zu finden. Aber nicht heute Nacht.

Die Qual, hier auf der Bettcouch liegen zu bleiben, war nicht so schlimm wie die Qual, hinauszugehen und meine Wohnung einer anderen Frau zu überlassen. Also blieb ich. Und ich lauschte und wartete und hoffte, dass eines Tages durch die schiere Kraft meiner Entschlossenheit, *nicht* wegzugehen, wieder ich es sein würde, die ihm nachts etwas zu trinken brachte.

MaSyh und ich hatten uns immer nahegestanden. Wir waren befreundet, seit wir zwei Jahre alt gewesen waren, und fast wie Schwestern miteinander aufgewachsen. Ich wusste, ich hätte mich nie darauf einlassen sollen, dass sie kam und bei mir übernachtete. Aber ich hatte ihr noch nie «nein» sagen können, außerdem hätte sie mir sowieso nicht zugehört.

«Willst du wirklich hier übernachten? Ich habe kein Gästebett oder so etwas. Warum übernachtest du nicht bei Tante Nishtay, und ich besuche dich dort?», versuchte ich sie zu überreden.

«Harmony, warum kann ich nicht einfach für ein paar Tage zu dir kommen? Außerdem werde ich sowieso den größten Teil des Sommers bei meiner Tante sein.»

«Na ja, die Bettcouch ist nicht sehr groß. Und besonders bequem ist sie auch nicht», bemerkte ich.

«Soll das etwa heißen, dass du nicht einmal in deinem eigenen Bett schläfst? Was ist denn bei euch los?»

«Das ist eine lange Geschichte, MaSyh. Derrick hat jetzt das Schlafzimmer, weil ich in unserer letzten Wohnung das Schlafzimmer hatte. Außerdem schlafe ich auch manchmal dort.» Ich versuchte unser wahnwitziges Arrangement zu beschönigen.

«Das ist doch bescheuert! Du pennst in deiner eigenen Bude auf der blöden Couch! *Egal*, ich komme trotzdem.» Und das tat sie auch.

Meine Hoffnung war, dass MaSyh auftauchen würde und wir alle aus lauter Nostalgie wieder lachen und herumalbern würden, wie wir es getan hatten, als sie, Derrick und ich immer den ganzen Sommer im Schwimmbad verbracht hatten. Aber seitdem hatte sich zu viel verändert. Ich durfte nicht mehr herumalbern. Ich war ja jetzt eine Frau, und Derrick zufolge sollten Frauen still und sexy sein. Man sollte sie sehen, aber nicht hören. Er hatte mir schon immer gesagt, alles wäre in bester Ordnung, wenn ich lernen könnte, meine Klappe zu halten. Aber sexy zu sein fiel mir leichter, als still zu sein. Ich konnte mich anstrengen, wie ich wollte – immer wieder ging mein Mundwerk los, und dann rastete er aus. Und natürlich war es immer meine Schuld. Derrick hatte das Lachen schon lange aufgegeben. In den seltenen Fällen, wo er es dennoch tat, hörte es sich immer gesetzt und berechnend an, beherrscht und gezielt, so wie ein Schachspieler einen Bauern übers Spielfeld rückt.

Ich konnte nur hoffen – nein, *beten* –, dass Gina durch ein Wunder wieder zu ihrer Mutter ziehen würde, bevor MaSyh herkam. Aber so viel Glück hatte ich nicht. Als MaSyh eintraf, war Derrick nicht zu Hause. Er war im Park zum Basketballspielen, wie er es jeden Tag mindestens vier Stunden lang tat. Gina musste mit ihm gegangen sein, denn sie war auch nicht da. Ausnahmsweise war ich einmal dankbar für sein Hobby, weil dadurch die gefürchtete dramatische Begegnung mit MaSyh hinausgezögert wurde.

«Lass uns irgendwo was essen.» Ich machte den Vorschlag beiläufig, aber innerlich flehte ich.

«Wo ist Derrick?», bohrte MaSyh. Sie wusste immer noch nichts von Gina.

«Ach, der kommt erst später nach Hause.»

«Wusste er denn nicht, dass ich komme?» Offenbar war sie beleidigt, dass er seinen Tagesablauf nicht auf ihre Ankunft eingestellt hatte. Der Derrick, den sie gekannt hatte, als wir noch Teenies waren – der mit den braunen, welligen Haaren und den langen, schlaksigen Gliedmaßen, dessen Haare unter den Armen gerade mal für einen Mini-Schnurrbart gereicht hätten –, dieser Derrick hätte das sicher getan. Aber der neue Derrick war es nicht gewohnt, auf irgendjemanden Rücksicht zu nehmen.

«Doch, aber er spielt tagsüber immer Basketball.» *Bitte frag nicht weiter*, flehte ich im Stillen.

«Er kann nicht mal einen Tag auf Basketball verzichten, selbst wenn er weiß, dass ich so gut wie nie mehr nach L.A. komme?», beklagte sie sich. Das würde ein langes Wochenende werden. Sie hatte Derrick noch nicht einmal gesehen und war schon beleidigt.

Als wir von Campos Tacos zurückkamen, war Derrick im Schlafzimmer und hatte die Tür zugemacht. Ich hörte die grunzenden Schläge und Tritte des Street-Fighter-Videospiels, das er spielte. Ich hoffte mit aller Hoffnung, die ich zusammenraffen konnte, Gina wäre nicht dort bei ihm im Zimmer. Doch dann hörte ich ihr gackerndes Gelächter, als sie Derrick anfeuerte.

«Derrick ist da?», fragte MaSyh, und wie aufs Stichwort ging die Tür auf, und er kam heraus, schlaksig und groß, immer noch in seinen verschwitzten Basketballsachen. Ohne auf seinem Weg in die Küche innezuhalten, warf er erst MaSyh und dann mir einen Blick zu.

«Was geht?», sagte er, ohne sich zu uns umzudrehen oder auf eine Antwort zu warten. Nachdem er sich etwas zu trinken in einen großen, blauen Plastikbecher eingeschenkt hatte, ging er geradewegs zurück ins Schlafzimmer.

«Macht's gut», sagte er und schloss die Tür hinter sich.

MaSyhs Augen loderten vor Wut. Ihr ganzer Körper war angespannt und reglos, wie der einer Kobra, kurz bevor sie zustößt. Ich kannte diese Haltung gut und zog mich instinktiv zurück.

«Der ist ja völlig durchgeknallt», sagte sie langsam. Sie war immer noch dabei, den Schock zu verarbeiten. «Er redet nicht mal mit mir.»

«MaSyh, bitte nicht. Bitte …», flehte ich.

Ihr Blick zuckte zu mir herüber, und mein Flehen hielt sie im Zaum, sei es aus Freundlichkeit oder aus Mitleid.

Für den Rest des Abends versuchte ich, einen auf Mädchengeplauder und Du-musst-mir-alles-erzählen-was-du-inzwischen-erlebt-hast zu machen, aber es war sinnlos. Meine Sinne waren überaktiv, und mir jagte das Adrenalin durch den Leib, als würde jeden Moment jemand eine Handgranate durchs Fenster hereinwerfen. Außerdem konnte ich ihr nicht viel Wahres aus meinem Leben erzählen, außer dass ich immer noch auf dem College war und Psychologie studierte. Es gab zu viel, wofür ich mich schämte.

So verbrachte ich den Abend damit, so gut ich konnte, MaSyh nicht die Wahrheit zu sagen und dabei so wenig wie möglich zu lügen. Ich brachte es einfach nicht über mich, ihr zu sagen: «Ach ja, seit du weg bist, habe ich übrigens angefangen zu strippen. Ich verrenke mich für Geld nackt vor Männern. Und die Frau da im Schlafzimmer ist Derricks neueste Flamme. Das Gute daran ist, dass er sich, glaube ich, nicht mehr mit diesem siebzehnjährigen Highschoolmädchen trifft, das in Chattsworth wohnt. Das Schlechte ist, dass Gina von ihm schwanger ist, und wie es aussieht, wird es wohl an mir hängen bleiben, die Windeln zu bezahlen. Und du? Was hast du so erlebt?»

Den ganzen Abend über beobachtete MaSyh die Schlafzimmertür, und ich stellte mir vor, dass sie genau dasselbe dachte wie ich auch. *Wann verschwindet dieses Mädchen endlich?*

Aber sie verschwand nicht. Irgendwann schalteten Derrick und Gina den Fernseher im Schlafzimmer aus, und die Wohnung füllte sich mit der lautesten Stille, die ich je gehört hatte. MaSyh und ich saßen in betretenem Schweigen auf der Couch.

«Tja, ich glaube, am besten hauen wir uns aufs Ohr», drang meine Stimme durch die Leere zwischen uns.

MaSyh starrte ausdruckslos auf die trüben weißen Wände meiner Wohnung und nickte wie unter Schock. Ich stand auf, zerrte die Decken und Kissen aus dem Schrank in der Diele und machte das Bett für uns auf der klapperigen alten Couch, die Derricks Mutter gehört hatte, ehe sie ihren Schlaganfall hatte.

Keiner von uns schlief in dieser Nacht. MaSyh wälzte sich unruhig hin und her. Jedes Mal, wenn sie sich bewegte, fing die Bettcouch zur Strafe an zu schaukeln und stach mit ihren kaputten Matratzenfedern und ihrem kantigen Stahlrahmen auf mich ein. Und immer wieder während der langen Nacht fand MaSyh Worte für ihre Qual.

«Dieser Junge schläft mit der im Bett und weiß genau, dass wir hier auf der Couch liegen. Und du lässt ihn.»

Schweigen.

«Harmony!» Sie sprang auf und sah mich an. «Was ist los mit dir? Im Ernst! Ich glaube wirklich, du bist bescheuert!»

Schweigen.

«Das ist doch alles hirnrissig! Also ehrlich.»

Schweigen.

«Das ist Wahnsinn! Bin ich der einzige normale Mensch in diesem blöden Haus?»

Schweigen. Und dann eine Lösung …

«Ich weiß genau, was ich machen werde …»

Ihr Tonfall reichte aus, damit ich aufhörte, so zu tun, als hätte ich während all ihrer Tiraden geschlafen. Ich schlug die Augen auf und drehte mich zu ihr um.

«Was, MaSyh? Was wirst du machen?»

«Ich rufe meinen Bruder an.» Mehr sagte sie nicht. Das reichte auch völlig, um blanke Panik in mir auszulösen. Ihr Cousin saß bereits im Gefängnis: wegen Mordes.

«Nein!», flüsterte ich so laut und gebieterisch, wie ich konnte. «Das kannst du nicht machen!»

«Warum nicht? *Du* machst ja nichts dagegen. Und ich kann nicht einfach hier sitzen und das zulassen. Ich rufe ihn an.»

«Bitte! Nein! Bitte tu das nicht», bettelte ich.

«Und jetzt willst du ihn auch noch beschützen? Dieser Spinner hat eine andere Frau, und das *in deiner Wohnung*! Und du willst ihn beschützen? Du hast wirklich den Verstand verloren!», wütete sie.

Die Tränen ergossen sich auf mein Kissen. «Bitte nicht; bitte.» Das war alles, was ich noch wimmern konnte. Beteiligung an einer Verschwörung zum Mord – das war das Letzte, was ich auch noch gebrauchen konnte. Würde ihr Bruder ein paar Jugendliche schicken, die begierig waren, sich auf der Straße einen Namen zu machen, damit sie Derrick aus einem fahrenden Auto abknallten, während er im Park Ball spielte? Oder würde er es selbst erledigen – wie bei einer Hinrichtung, durch Kopfschuss mit Schalldämpfer? Ich sah Derricks schutzlosen, überraschten Gesichtsausdruck vor mir, wenn er plötzlich in die Mündung einer Waffe starrte. Mein Herz rutschte mir bis in die Kniekehlen. Wenn Derrick starb, dann würde ich ihm folgen müssen. Ich konnte ohne ihn nicht existieren.

Die ganze Nacht über hoffte ich, es möge einen Gott geben, und betete inständig zu ihm. Und zum ersten Mal in meinem Leben, so kam es mir zumindest vor, wurden meine Gebete erhört. Am nächsten Morgen kam MaSyh mit dem schnurlosen Telefon in der Hand aus dem Bad. Sie hatte angerufen.

«Du hast Glück gehabt. Er sitzt gerade im Bau. Mehr sage ich nicht. Weil, wenn nicht …»

Sie musste ihren Satz nicht beenden. Ich hatte die ganze Nacht wach gelegen und es mir ausgemalt.

Es war nicht viel los an diesem Sonntagabend. Es war ein warmer, schöner Tag gewesen, mit einem leuchtend indigoblauen Himmel. An solch einem Tag machten Männer Ausflüge mit ihren Familien und verzichteten auf den Besuch im Stripclub. Ich stand ganz hinten im Raum und ließ meinen Blick über das halbe Dutzend Männer schweifen, die im Club verstreut standen. Brandy, eine aufmüpfige Frau mit den Beinen einer Ballerina, war die Einzige, die Tabledances machte. Sie tanzte für einen ihrer Stammgäste. Die meisten anderen

Mädchen waren in der Garderobe, plauderten und schminkten sich und warteten darauf, dass mehr Leben in die Bude kam. Ich hatte einen Vertrag mit mir selbst geschlossen: Wenn ich bis 22.00 Uhr dreihundert Dollar beisammenhatte, konnte ich mir fünfzehn Minuten Pause genehmigen und eine Tüte Brezeln essen. Wenn nicht, musste ich im Saal bleiben, meine Runden drehen und mich den potenziellen Gästen zeigen.

Ein Mann mit glattgegelten schwarzen Haaren und tief liegenden Augen kam herein. Er trug einen schwarzen Blazer und passende Hosen und setzte sich vor die Bühne. Dort lehnte er sich zurück, legte einen Unterschenkel quer auf das andere Knie und seinen Arm auf die Lehne des Sessels neben ihm, so dass er mehr Raum einnahm, als er brauchte.

Als Mandy mit ihren knochigen Gliedmaßen und ihrer sehnigen Gestalt auf die Bühne kam, ließ er seinen Blick durch den Raum schweifen und schaute überall hin, nur nicht auf sie. Sie wanderte auf ihren Stilettos hin und her, blieb vor jedem Gast am Bühnenrand stehen, beugte sich roboterartig herab oder hob ihr Bein über ihren Kopf, wie es ein Rüde an einem Hydranten tun würde. Ein gelegentliches Schwenken der Hüfte signalisierte, dass ihre Bewegungen tatsächlich als Tanz aufzufassen waren. Der Mann im Blazer schien sie kaum zu bemerken. Doch trotz seines augenscheinlichen Desinteresses zog er irgendwann in der Mitte ihres Songs ein Bündel Geldscheine aus seiner Innentasche und schnippste einen Stapel Zwanziger in die Luft, als sie an ihm vorbeikam. Das Geld wirkte wie ein Zauber. Ein trüber Glanz leuchtete in ihren eingesunkenen Augen auf. Sie hörte mit dem Wandern auf und tanzte für den Rest des Songs nur für ihn.

Da es auf 22.00 Uhr zuging, ging ich in die Garderobe, um mein Geld zu zählen und meine Fortschritte zu überprüfen. Jade lag nackt auf einem Strandtuch auf dem Boden und hatte eine Flasche Jack Daniels in der Hand. Als ich stehen blieb und sie betrachtete, meldete sich Grace zu Wort, eine über vierzigjährige platinblonde Frau mit rubinroten Silikonlippen.

«Sie ist betrunken. Sie trinkt jetzt jede Nacht.»

«Moooonick! Moooonick!», rief Jade und versuchte sich aufzusetzen.

«Was ist los, Jade? Hast du gesoffen?», fragte ich, obwohl es offensichtlich war.

«Ja. Deswegen hab ich jetzt so einen Bierbauch», erwiderte sie und packte eine Handvoll Fleisch an ihrem Bauch. «Die Gäste mögen keine dicken Mädchen, Monick», sagte sie mit ihrem vietnamesischen Akzent. «Deshalb verdiene ich hier in letzter Zeit nichts mehr.»

«Du verdienst nichts, weil du dich jeden Abend betrinkst, Jade», korrigierte Grace sie.

Grace und ich gehörten zu den ganz wenigen nüchternen Mädchen im Club. Seit sie ihre Kokainsucht überwunden hatte, die sie durch Prostitution mit den Gästen des Clubs finanziert hatte, predigte Grace die Abstinenz von bewusstseinsverändernden Substanzen. Dieses Leben hatte sie hinter sich gelassen – und sich respektableren Dingen zugewandt: etwa der Produktion ihrer eigenen Pornofilme. In jedem davon war sie der Star.

Doch Nüchternheit war nicht das Einzige, was sie predigte. Dank ihrer baptistischen Herkunft predigte sie auch, wir sollten in der Garderobe nicht klatschen und tratschen, wir sollten die Gäste lieben, denn man müsse jeden Menschen auf dieser grünen Erde lieben und den Menschen vergeben, was immer sie einem antaten. Es war ziemlich versponnenes Larifari. Aber so war Grace nun einmal.

«Ich verstehe einfach nicht, warum meine beste Freundin mir nicht verzeihen will», beklagte sich Grace eines Tages.

«Warum ist sie denn sauer auf dich?», fragte ich.

Grace verzog ihre leuchtend roten Lippen zu einem Schmollmund und ließ wie eine Fünfjährige die Schultern hängen. «Ich habe mit ihrem Mann geschlafen, während sie mit ihrem Kind in den Wehen lag.»

Mir klappte der Unterkiefer herunter. Ich konnte nicht verbergen, wie schockiert ich war.

«Du verstehst das nicht ...», flötete sie, bevor ich etwas sagen konnte. «Wir sind ihren Koffer holen gegangen und wollten uns im Krankenhaus mit ihr treffen. Dann habe ich im Schrank ihr Hochzeitskleid hängen sehen und dachte, es wäre doch lustig, es mal anzuziehen. Und dann haben wir uns einfach hinreißen lassen. Ich in ihrem Hochzeitskleid, während sie dabei war, sein Baby zu bekommen.»

«Du veräppelst mich, Grace. Das soll sie dir verzeihen?»

Sie antwortete mit einem Schmollen und weit aufgerissenen Rehaugen. Vermutlich dachte sie, damit könnte sie mich einwickeln. Aber solche Blicke funktionierten nur bei Männern. Grace verschwand aus dem Raum, weil sie auf der Bühne an der Reihe war, und ich machte mich daran, mein Geld zu zählen: *20, 40, 60, 80 ...*

«Monick ... Monick ... ich sollte mal wieder joggen gehen.» Jade lag immer noch auf ihrem Strandtuch.

«Vor allem solltest du dir abgewöhnen, so viel Jack in dich hineinzukippen ...» *140, 160, 180 ...*, zählte ich.

«Moooonick ...»

«Ja, Jade?», erwiderte ich in dem geduldigsten Ton, den ich zustande bringen konnte.

Sie hob ihren Kopf, um mich anzusehen, und ließ ihn dann wieder hart zu Boden sacken.

«Ich weiß nicht mehr, was ich sagen wollte.»

«Okay, Jade. Sag Bescheid, wenn es dir wieder einfällt.» *250 ... Mist!* Ich hatte immer noch keine dreihundert Dollar zusammen. Also marsch, zurück in den Club.

Als ich aus der Garderobe kam, stand Grace auf der Bühne und ergötzte sich an Hunderten von Eindollarscheinen, die sie umflatterten. Der Mann im Blazer warf sie in ihre Richtung. Ich warf einen raschen Blick auf die Tafel des DJs, um zu sehen, wie lange es noch dauern würde, bis ich auf der Bühne dran war. Es waren nur noch drei Mädchen vor mir dran. Ich hoffte, der Typ würde lange genug bleiben, um mich noch zu sehen. Vielleicht wird es doch keine so eine schlechte Nacht, dachte ich.

Als Grace mit ihrem Set fertig war, krabbelte sie auf Händen und Knien umher, um ihre Schätze einzusammeln. Sie arbeitete fieberhaft, um alles Geld aufzuheben, bevor der Song für das nächste Mädchen einsetzte, raffte alles zusammen zu einem Knäuel vor ihrer Brust. Offenbar war Grace die Einzige, auf die er stand, denn als die nächsten Mädchen auf die Bühne kamen, warf er jeder von ihnen nur eine Handvoll Geld zu. Endlich war ich an der Reihe. Ich hoffte, *meine* Darbietung würde ihm so gut gefallen, dass er *seine* wiederholte.

Da ich nicht den Anschein der Verzweiflung erwecken wollte, schenkte ich jedem der Männer vor der Bühne gleich viel Zeit und Aufmerksamkeit. Meine Taktik schien zu funktionieren, denn der Mann im Blazer warf bündelweise Einer auf die Bühne. Sie flatterten und flogen um mich herum wie eine Dusche der Anerkennung. Ich wirbelte über die Bühne, während der prasselnde Regen der Bewunderung auf mich niederging. Ja, es würde eine gute Nacht werden.

Ich spielte mein Spiel weiter und wandte ihm nicht mehr Aufmerksamkeit zu als den anderen Männern, die vor der Bühne saßen. Dies war schließlich *mein* Auftritt. Jedes Mal, wenn er mir ein Bündel Scheine zuwarf, lächelte ich ihn verführerisch an und setzte meine Show fort. Die ganze Bühne war inzwischen von Geldscheinen übersät. Ich musste aufpassen, dass ich mit meinen fünfzehn Zentimeter hohen Stilettos nicht ausrutschte.

Als mein Set vorüber war, ließ ich mich wie Grace auf die Knie nieder und begann haufenweise Geld zusammenzukratzen. Als ich gerade damit fertig war, einen kleinen Berg von

Geldscheinen zusammenzukehren, warf der Mann im Blazer mir nochmals eine Handvoll zu. Ich lachte neckisch und hoffte, er würde so weitermachen. Der DJ zögerte den Auftritt des nächsten Mädchens hinaus, indem er alle möglichen Ansagen über den freien Eintritt während des Tages und den Preis für einen Tabledance machte. Der Mann im Blazer warf mir ein weiteres Bündel Eindollarscheine zu.

Da begriff ich es plötzlich. Diese ganze Szene hatte nichts mit mir zu tun oder damit, dass ich ihm gefiel. Sie hatte nichts damit zu tun, wie attraktiv ich war, und auch nichts mit meinen akrobatischen Tricks an der Stange. Alles drehte sich nur um ihn. Für diesen Mann war es unterhaltsamer, mich auf der Bühne herumkrabbeln und seinem Geld nachjagen zu sehen, als wenn ich tanzte. Es ging nicht darum, mich mit Bewunderung zu überhäufen, sondern darum, seinen eigenen Stolz zu füttern.

Ich wollte sein Geld haben, aber ich fand es entwürdigend, auf diese Art sein Ego zu streicheln. Es musste doch einen einfacheren Weg geben, das Geld aufzusammeln, ohne dass ich dafür im Staub kriechen musste. Dann kam mir eine Idee. Ich stand auf und rief nach einem der Hilfskellner.

«Eduardo, könntest du mir bitte einen Besen und einen Müllbeutel bringen?», bat ich.

Binnen Sekunden brachte mir Eduardo die gewünschten Dinge von hinter der Bühne. Sogleich fegte ich die Geldscheine zu einem großen Haufen in der Mitte der Bühne zusammen, und Eduardo half mir, sie in den Müllbeutel zu stopfen. Zwischendurch blickte ich auf. Der Mann im Blazer beobachtete uns dabei, wie wir sein Geld in den großen schwarzen Müllbeutel steckten. Da war nicht mehr ganz so viel Funkeln in seinen Augen; nicht mehr ganz so viel Stolz. Der Müllbeutel war praktisch, aber er diente auch einem höheren Zweck. Ich kehrte das Ego dieses Mannes mit in den Beutel, und das war ein gutes Gefühl.

Ich warf mir den Sack voller Geld über die Schulter und ging damit in die Garderobe, um meine Beute zu zählen. Grace saß in der Ecke des Raumes auf dem Boden und labte sich an einem Menü aus Schokolade und Chips, die sie sich auf dem Weg zur Arbeit am Kiosk besorgt hatte.

«Wow! Dem hast du aber gefallen», sagte Grace mit einer weichen Kinderstimme. Dieselbe Stimme benutzte sie bei den Gästen, wenn sie sie dazu verlocken wollte, noch für einen weiteren Tabledance zu bleiben.

«Na, du hast ihm offenbar auch gefallen, Grace», sagte ich aufmunternd.

Konkurrenz gehörte zum Geschäft. Grace und ich waren im Club mit am besten. Das bedeutete, dass wir uns im Stillen ständig miteinander verglichen. Dabei waren wir völlig unterschiedlich. Zwanzig Jahre älter als ich, mit geglätteten, gebleichten Haaren, trug sie immer volles Make-up und schmückte sich mit falschen Diamanten. Sie schwebte durch den Club mit ihrer Stimme und ihren Bewegungen, mit denen sie Marilyn Monroe nachahmte. Ich dagegen trug nur Mascara, wenn ich mich wirklich aufmotzen wollte, und föhnte mir nicht einmal meine aschblonden Haare. Aber jede Nacht rechneten wir unsere Erträge aus den Tabledances zusammen und versuchten, miteinander Schritt zu halten.

«Wenn ich ihm so gefallen habe, warum hat er sich dann keinen Tabledance von mir gewünscht? Ich bin nach meinem Set zu ihm gegangen, und er hat mich kaum angesehen», sagte sie, während sie sich eine Handvoll Doritos in den Mund steckte.

«Nimm's nicht so persönlich, Grace. Vielleicht sitzt er einfach lieber an der Bühne, anstatt sich Tabledances anzuschauen.»

Grace konnte mit Ablehnung nicht gut umgehen. Normalerweise gelang es ihr, selbst die widerspenstigsten Gäste dazu zu bringen, ihr zu den Tabledance-Nischen zu folgen. Wenn selbst nicht funktionierte, dass sie ihnen ins Ohr flüsterte und sie anhimmelte, dann scheute sie sich nicht, sie spielerisch an den Armen zu fassen und sie praktisch hinüberzuziehen. Kein Mann konnte es bei Grace bei nur einem Tanz belassen. Sobald die Gäste nach ihren Portemonnaies griffen, um zu bezahlen, legte sie ihnen die Hände ans Gesicht und flüsterte ihnen etwas ins Ohr. Unweigerlich setzten sich die Männer dann für einen weiteren Song wieder hin, und Grace redete mit ihnen – ja, sie *redete* mit ihnen –, bis der Song zu Ende war.

«Was in aller Welt erzählst du denen eigentlich, damit sie bleiben?», fragte ich sie eines Abends.

«Ich sage: ‹Wenn du noch bleibst, erzähle ich dir eine Geschichte.›» Und genauso machte sie es. Ich kann nur spekulieren was für Geschichten sie erzählte, dass ein Mann vierzehn Dollar bezahlte, nur um sie drei Minuten lang reden zu hören.

Ich schüttete das Geld auf den Fußboden der Garderobe und fing an, es zu zählen. Ich konnte nicht zurück an die Arbeit gehen, ehe ich die ganzen Eindollarscheine nicht gegen Hunderter gewechselt hatte.

«Ich helfe dir beim Zählen», sagte Grace und nahm ein Bündel Geld von dem Haufen. Wir setzten uns gemeinsam hin und zählten alles durch. Als wir bei vierhundert Dollar angekommen waren, ließ Grace ihre Schultern ein wenig hängen.

«Mist. Mir hat er nur ungefähr dreihundert Dollar gegeben. Was habe ich falsch gemacht?», jammerte sie.

«Grace, du hast überhaupt nichts falsch gemacht. Man weiß nie … vielleicht hat ihm einfach gefallen, dass ich ihn während des Sets ein bisschen ignoriert habe.»

Am Ende zählten wir über achthundert Dollar. Ich war dankbar, dass ich mehr bekommen hatte als sie. Wenn es umgekehrt gewesen wäre, hätte ich mir mit denselben Fragen den Kopf zermartert. Ich versuchte sie zu trösten, denn ich wusste genau, wie sie sich fühlte. Wir alle versuchten, uns eine raue Schale zuzulegen und nichts an uns heranzulassen. Manchmal mussten wir fünfzehn Kerlen hintereinander einen Tabledance anbieten, bis einer endlich «Ja» sagte. Die Mädchen, die gut verdienten, waren diejenigen, die immer wieder fragten: die, die immer wieder riskierten, abgelehnt zu werden. Trotzdem immer voller Hoffnung, dass irgendjemand im Club sie reizvoll genug finden würde, um ein bisschen Geld für sie auszugeben. Frauen wie Grace und ich hörten uns viele «Neins» an. Auf diese Weise kamen wir zu unserem «Ja». Diejenigen dagegen, die nach dem dritten oder vierten «Nein» verletzte Gefühle hatten, kamen nicht zu Geld.

Doch selbst die unter uns, die sich eine harte Schale zugelegt hatten, erlebten Nächte wie jetzt Grace. Egal, wie sehr ich versuchte, mir bewusst zu machen, dass das alles nichts Persönliches war, manchmal tat es dennoch weh. Egal, wie ich mich anstrengte, mich davon zu überzeugen, dass es nichts darüber aussagte, wer ich als Frau war, wenn Männer, die mich halb nackt sahen und jeden Zoll meines Körpers begutachten konnten, zu dem Schluss kamen, ich sei nicht gut genug, um für mich zwanzig Dollar springen zu lassen – manchmal funktionierte es einfach nicht.

Ich versuchte, auf die Männer herabzuschauen. Immer wieder versuchte ich mir in Erinnerung zu rufen, dass ich die meisten dieser Typen außerhalb des Clubs keines Blickes würdigen würde, wenn sie mich auf der Straße anzusprechen versuchten. Aber manchmal wurde das Gefühl dadurch nur noch schlimmer. Wenn ich mein Selbstwertgefühl zu sehr Oberhand gewinnen ließ, konnte die Nacht nur bescheiden laufen. Dann endete ich unweigerlich wie Grace in der Garderobe und stopfte mich mit Junkfood voll.

Eigentlich gab es nur zwei Möglichkeiten: entweder die Ablehnung auf meine Identität als Frau zu beziehen oder eine Maske zu tragen. Die Maske ermöglichte es mir, so zu tun, als wäre ich jemand anderes. Die Ablehnung bezog sich dann auf diese andere Person. So schottete ich mich jeden Abend ein kleines Stück von der Person ab, die ich wirklich war. Es war einfach ein bisschen ungefährlicher, jemand anderes zu sein.

An dem Abend, als ich Charles traf, streifte ich durch den Club wie eine Gepardin auf der Jagd nach Tänzen. Er saß in der Ecke des Clubs und trug ein blau kariertes Button-down-Hemd und Khakis. Seine faltigen Hände ruhten verschränkt neben seiner Cola auf dem Tisch. Seine dünnen weißen Haare waren kurz geschnitten und ordentlich gekämmt. Ich ging zu ihm und bot ihm einen Tabledance an.

«Nein danke, Schätzchen.» Normalerweise hätte ich die Nase darüber gerümpft, mit einem Kosenamen wie «Schätzchen» angesprochen zu werden, aber Charles war alt, und seine Stimme klang freundlich und charmant.

Es war mitten in der Woche, entsprechend suchte ich mir die Songs für meinen Bühnenauftritt aus. Billie Holiday schien immer gut zu den einsamen Geschäftsleuten zu passen, die sich rund um ihre Flughafenhotels herumdrückten und irgendetwas suchten, womit sie sich die Zeit vertreiben konnten. Als ich in meinem langen, durchsichtigen schwarzen Kleid auf die Bühne trat, bemerkte ich, wie der weißhaarige Mann mich beobachtete, während er durch einen Strohhalm an seiner Cola nippte. In all den Jahren, die ich ihn kannte, setzte Charles sich nie direkt vor die Bühne zu den anderen Männern, um einen besseren Blick auf meinen Körper zu bekommen. Das war es nicht, worauf er aus war. Als mein Set vorüber war, wartete Charles in der Nähe der Garderobentür auf mich.

«Entschuldigung. Dürfte ich um einen Tanz bitten?», fragte er mit einer würdevollen Neigung seines Kopfes.

In seinem Tonfall lag eine ausgesuchte Höflichkeit, als ob er eine elegante junge Frau formvollendet um eine Runde auf der Tanzfläche eines gehobenen Nachtclubs gebeten hätte.

«Sicher. Wenn du mir bitte folgen würdest?», gab ich in derselben liebenswürdigen Art zurück.

Ich führte Charles die Stufen zu der gut erleuchteten mittleren Nische hinauf. Inzwischen war ich in meiner Karriere als Stripperin so weit, dass ich, statt wie anfangs meine Nacktheit in den dunklen kleinen Nischen zu verstecken, die hell erleuchteten Nischen bevorzugte, so dass die anderen Kunden mich sehen konnten. Jeder Tanz diente zugleich als Werbung unter den anderen Gästen.

«Und wie heißt du?», fragte ich mit einem schüchternen Lächeln, während ich auf den Beginn des Songs wartete.

«Charles. Und du must Monique sein ...»

«Die bin ich.» Ich verriet den Leuten nie meinen richtigen Namen.

«Ich habe eine Freundin namens Monique. Sie hat auch hier getanzt, aber das ist lange her. Jetzt ist sie beim Film. Ich war nicht mehr hier, seit sie aufgehört hat.»

«Ach wirklich?», erwiderte ich mit vorgetäuschtem Interesse. Ich ahnte nicht, dass ich diese Geschichte während der nächsten zwei Jahre immer wieder zu hören bekommen würde.

Während des Tabledance lächelte Charles nervös. Sein Blick zuckte hin und her, als wollte er es vermeiden, meinen Körper anzustarren. Gesellschaft war Charles wichtiger als eine erotische Show. Also schenkte ich ihm ein Ohr und die Unterhaltung, die er sich wünschte, und hielt mich dabei an harmlose und unverfängliche Themen.

«Bist du auch eine angehende Schauspielerin?», erkundigte er sich.

«Nein. Ich bin eigentlich Studentin. Ich studiere Psychologie.»

«An welcher Uni bist du denn?»

«USC», log ich. Ich gab niemals irgendwelche Informationen preis, mit deren Hilfe man mich außerhalb des Clubs hätte ausfindig machen können.

«Ahhh. Eine Trojanerin.»

«Und du? Was machst du?», setzte ich das Geplauder fort.

«Na ja, Schätzchen, ich bin schon seit einiger Zeit im Ruhestand. Früher habe ich bei Boeing gearbeitet.»

«Aha.» Ich hatte keine Ahnung, was Boeing war.

«Ich bin vor ein paar Jahren zum ersten Mal hierhergekommen, nachdem meine Frau gestorben war.»

«Oh, das tut mir sehr leid, das mit deiner Frau ...»

«Sie war sehr krank. Alzheimer. Wir waren neunundvierzig Jahre lang verheiratet. Sie starb kurz vor unserer Goldenen Hochzeit.»

Sein Blick wanderte in die Ferne, und ich konnte die Sehnsucht in seinen Augen erkennen. Ich stellte mir das Fest vor, das sie bestimmt für ihre Goldene Hochzeit geplant hatten. Freunde und Angehörige hätten ihre Champagnergläser auf sie erhoben und sie in den höchsten Tönen gelobt.

«Wie traurig. Du vermisst sie bestimmt sehr.»

«Ja, Schätzchen, das tue ich. Ich löse heutzutage jede Menge Kreuzworträtsel ... um mir die Zeit zu vertreiben. Seit die andere Monique hier aufgehört hat, gab es für mich eigentlich keinen Grund mehr, hierherzukommen.»

Der Song verging wie im Flug. Er blieb noch für ein paar weitere Tänze und sagte mir, er würde wiederkommen. Und das tat er auch. Er wurde rasch zu einem «Stammgast». Er war mehr als nur ein Stammgast, er gehörte bald schon fast zum Inventar. Jeden Mittwoch, 19.30 Uhr, konnte ich darauf zählen, Charles immer auf demselben Sessel in der dritten Reihe sitzen und an seiner Cola nippen zu sehen. Er hatte jedes Mal mindestens dreihundert Dollar in der Tasche.

Meine Zeit wusste er immer zu schätzen. Er erwartete nie von mir, dass ich herumsaß und mich außerhalb der Tabledance-Nische mit ihm unterhielt, wie es manche der anderen Mädchen mit ihren Gästen taten. Er bezahlte für meine Zeit und verlangte nichts darüber hinaus.

«Du bist eine zielstrebige junge Frau», sagte er oft über meine Arbeitshaltung. Er wusste, dass ich in diesem Club war, um Geld zu verdienen. Es machte ihm nichts aus, mir alle dreieinhalb Minuten zwanzig Dollar zu zahlen, nur um sich mit mir zu unterhalten. Manchmal fiel mir nichts mehr ein, worüber ich mit ihm hätte reden können. Oder ich fühlte mich schuldig, dass er nur für meine Gesellschaft so viel Geld bezahlte, und dann tanzte ich für ihn. Aber ich merkte an der Art, wie sein Blick dabei unstet in alle Richtungen wanderte, dass er sich dabei nicht wohlfühlte. Wenn ich mich über den Tisch beugte und ihm zuhörte, wie er immer die gleichen Geschichten von seiner Frau oder seiner Zeit bei Boeing erzählte, konnte er so tun, als wäre ich eine ganz normale Freundin. Trotzdem hatte ich manchmal das Gefühl, ihm mehr zu schulden als nur meine Gegenwart und ein paar Worte. Es fiel mir schwer, zu glauben, dass meine bloße Gesellschaft ihm bereits ausreichte.

Eines Abends zeigte er mir ein Bild von sich, als er neunzehn Jahre alt war und sich gerade zu den Marines gemeldet hatte. Es war ein verblichenes, sepiafarbenes Foto und zeigte ihn in Uniform, den Kopf leicht zur Seite gedreht, was seinen markanten Kiefer betonte. In seinen Augen funkelten seine Jugend und seine unbegrenzten Möglichkeiten. Mir wurde zum ersten Mal klar, dass er nicht nur ein alter Mann war, sondern ein Mann an sich. Ein Mann, der einmal gut ausgesehen hatte; umwerfend sogar. Ein Mann, bei dem die Mädchen Augen und Mund aufrissen und sich an ihre Freundinnen klammerten, um nicht in Ohnmacht zu fallen, wenn er einen Raum betrat. Fasziniert von dem Bild und meinem neuen Blickwinkel auf ihn, betrachtete ich es fast einen ganzen Song lang, während wir uns unterhielten. Hin und wieder brachte er das Bild wieder mit in den Club, weil er vergessen hatte, dass ich es schon kannte. Jedes Mal war ich davon gebannt wie beim ersten Mal.

Bei einer Paintball-Partie an einem Wochenende verstauchte ich mir den Knöchel dabei, als ich von einer kleinen Felskante herunterspranq, und ich musste zwei Monate lang an Krücken gehen. Ich sage «verstaucht», aber es wäre vermutlich korrekter zu sagen, dass ich mir jede Sehne und jeden Muskel im unteren Teil meines Beines abgerissen hatte. Vom Fuß bis zum Knie schillerte alles schwarz und blau und in allen Lila- und Purpurtönen.

Das war es dann mit dem Strippen. Stattdessen lag ich Tag und Nacht auf der Couch und schaute mir sämtliche Folgen von *Der Pate* und andere Mafiafilme an. Ich erinnere mich, dass mir richtig schlecht war, nachdem ich mir *Casino* angeschaut hatte. Die weibliche Hauptfigur, gespielt von Sharon Stone, ist eine elegante, schöne Frau, der aller Luxus der Welt zu Füßen liegt. Trotzdem ist sie immer noch ihrem blutsaugenden Taugenichts von Freund aus der Highschoolzeit verfallen.

Für mich ergab es keinen Sinn, dass eine so schöne Frau sich nach so einem Mistkerl verzehrte, der sie offensichtlich nur davon abhielt, sich in ihrem Leben richtig zu entfalten. Mir war übel, und ich fühlte mich niedergeschlagen, während der Abspann lief. Meine heftige Reaktion auf den Film war mir unerklärlich, aber ich konnte sie auch nicht abschütteln. Schließlich kam ich zu dem Schluss, es ginge mir deshalb so, weil Sharon Stones Figur mich an meine Mutter erinnerte, die früher einmal durch den Straßen von Las Vegas gestreift war und im Lauf ihres Lebens bei mehr als einem Mann versuchte, sein Potenzial aus ihm herauszuquetschen. Es dauerte einige Jahre, bis mir endlich klar wurde, dass *ich* diejenige war, an die Sharon Stone mich erinnerte. *Ich* war diejenige, die sich von ihrem «blutsaugenden Taugenichts von Freund aus der Highschoolzeit» ihr ganzes Leben versauen ließ.

Wie üblich, war Derrick, als ich ihn brauchte, nirgends zu finden. Da es ungemein wehtat, lange genug zu stehen, um irgendetwas zu kochen, hatte ich immer eine Tüte mit Sauerteigbrötchen neben der Couch liegen. Derrick schien meinen Zustand regelrecht zu genießen. Jetzt konnte er ungestört mit den anderen Frauen in seinem Leben durch die Stadt scharwenzeln.

Obwohl ich einen Haufen Geld verdiente, hatte ich es immer noch nicht geschafft, etwas davon zu sparen. Das Geld aus meinem Schließfach hatte ich schon lange ausgeräumt, nachdem Derrick mir erzählt hatte, er sei in irgendeiner lebensbedrohlichen Notlage und brauche ganz dringend Geld. Ob das stimmte oder nicht, ich gab ihm die zehntausend Dollar, die ich zusammengespart hatte.

Als es Zeit wurde, die Miete zu zahlen, brauchte ich selbst dringend Geld. Da beschloss ich, Charles anzurufen und ihm mehr oder weniger durch die Blume zu verstehen zu geben, in welcher Lage ich war. Er bot mir freundlich an, mir auszuhelfen, bis ich wieder arbeiten konnte. Das einzige Problem: Wie sollte er mir das Geld zukommen lassen? Da ich genügend Geschichten von Mädchen kannte, die von durchgeknallten Gästen gestalkt wurden, wagte ich es nicht, meine Adresse herauszugeben. Obwohl ich mich grundsätzlich nicht außerhalb der Arbeit mit Gästen traf, beschlossen wir, uns an einem neutralen Ort zu treffen: in der Cheesecake Factory in Marina Del Rey. Vorsichtshalber brachte ich beim ersten Mal noch CoCo mit, eine Freundin aus dem Club. Sie war eine vollbusige Brünette, die ich einmal vor ihrem anabolikagemästeten, gewalttätigen Freund gerettet hatte. An dem Abend, als ich ihr half, ihre Sachen aus ihrem Luxusapartment zu holen, hatte mir ihr wütender Freund in die Augen geblickt und mir seine vergifteten Wünsche mit auf den Weg gegeben.

«Hoffentlich verreckst du an AIDS!»

Ich stand ihm gegenüber und brachte kein Wort heraus. Eine eisige Kälte pulsierte durch meine Adern.

«Komm, CoCo. Verschwinden wir hier», sagte ich schließlich und tat so, als machten seine Worte mir nichts aus. Unter der rigorosen Herrschaft ihres Freundes war CoCo daran gewöhnt gewesen, dass ihr selbst die Atemluft in Rationen zugeteilt wurde. Da sie sich noch nie auf die Socken gemacht hatte, um ihr eigenes Leben zu leben, war es ihr nur recht, meines mitzuverfolgen. Sie begleitete mich gern zu dem Treffen mit Charles. Ich glaubte zwar nicht, dass ein freundlicher, über achtzigjähriger Mann imstande sein könnte, am helllichten Tag in einem öffentlichen Restaurant besonders gefährlich zu werden, aber ich brachte sie trotzdem mit, für alle Fälle.

CoCo und ich bestellten uns Salate. Charles bestellte sich Schweinekoteletts. Was die Leute wohl dachten, wenn sie uns beide mit diesem alten Mann zusammensitzen sahen? Hielten sie uns vielleicht für Callgirls? Ich ließ meinen Blick durch den Raum schweifen, ob uns jemand höhnisch anstarrte, aber ich bemerkte nichts dergleichen. Die Leute müssen mich wohl für seine Enkelin oder so etwas gehalten haben. Und um ehrlich zu sein: manchmal wünschte ich mir, ich wäre es. In den Stunden, die wir in der Tabledance-Nische miteinander verbrachten, stellte ich mir alle möglichen Szenarien vor. Ich fragte mich, was für eine Beziehung wir wohl hätten, wenn wir uns an irgendeinem harmlosen Ort begegnet wären, auf einer Parkbank oder in einem Café. Vielleicht hätte ich ihn meiner verwitweten Großmutter vorstellen können. Beide waren so traurig und allein, nachdem sie ihre Ehepartner verloren hatten. Vielleicht hätten sie sich gegenseitig Gesellschaft und Freude schenken können. Vielleicht könnten sie der Welt zeigen, dass es nie zu spät ist, sich zu verlieben.

Aber daraus könnte nichts werden. Denn ganz egal, was ich mir alles zusammenträumte und wie normal unsere Beziehung hier in der Cheesecake Factory aussah, ich würde immer eine Stripperin sein und er mein Gast.

Als ich das nächste Mal von meinen Regeln abwich und mich außerhalb des Clubs mit einem Gast traf, war ich schon ein wenig kühner. Er war ein gebildeter Mann in den mittleren Jahren mit einem hoch bezahlten Job und einer Verlobten an der Ostküste. In den Club kam er, wenn er auf Geschäftsreise in Los Angeles war. Ich unterhielt ihn mit einer frechen Haltung und philosophischen Debatten. *Ist Wahrheit universell? Was ist mit der Todesstrafe und mit der Euthanasie? Was ist Moral? Wer legt sie fest?*

Nachdem er mir fünfhundert Dollar versprochen hatte, nur damit ich ihm bei einem Kinobesuch in der Nähe seines Hotels in Marina Del Rey Gesellschaft leistete, erschien ich in einem kurzen schwarzen Kleid und schicken schwarzen Designerschuhen. Ich war eine bezahlte Frau und spielte meine Rolle, indem ich an den richtigen Stellen lachte und mich bei ihm einhängte, während wir durch das Kinofoyer schlenderten.

Während des Vorprogramms zu einem Film, an den ich mich bis heute nicht erinnern kann, saß ich, meine langen, frisch rasierten Beine verführerisch gekreuzt, in dem schwach erleuchteten Kinosaal und schaute mich um. Da waren Pärchen, die miteinander ausgingen; ein Haufen Jugendlicher, die sich einen schönen Abend machten; eine Familie. Eine Familie mit Kindern. Als Kind hatte ich mit meiner Großmutter und meinem Vater in genau diesem Kino den Film *E.T.* gesehen. In meiner Erinnerung war das mein erster Kinobesuch gewesen, und der liebenswerte Außerirdische hatte mich völlig fasziniert. Da ich ihn für ebenso real hielt wie die Haare auf meinem Kopf, stellte ich jeden Abend eine kleine Schale M&Ms auf unsere Eingangstreppe, in der Hoffnung, er würde mich eines Tages besuchen. Es ging mir richtig nahe, als ich mich jetzt an diese unschuldige Zeit erinnerte.

Ich wandte mich meinem Begleiter zu. «Ich muss mal eben auf die Toilette. Bin gleich wieder da.»

Auf dem Weg zur Toilette spielte ich immer noch meine Rolle, so schwer es mir auch viel. Ich schwenkte meine Hüften und ging mit langen, ebenmäßigen Schritten. Wie sonst hätte ich auf diesen hohen Absätzen gehen sollen? Die Toilette war grell weiß und menschenleer, sie roch nach altem Urin und einem blumig duftenden Lufterfrischer. Bereit, so zu tun, als wü-sche ich mir die Hände, wenn jemand hereinkam, musterte ich mein Spiegelbild und konfrontierte die Frau vor mir mit einer Frage. Es war dieselbe Frage, die ich mir an dem Abend gestellt hatte, als ich im Club vortanzte.

«Wer bist du?»

Ich hatte keine Antwort darauf. Ich war mehr als nur eine Person. Ich war Monique. Ich war Harmony. Ich war eine Kombination aus beiden, und ich wusste von *keiner* von beiden so richtig, wer sie tatsächlich waren.

Ein Nachmittag fiel mir ein, als ich etwa zehn Jahre alt war. Meine Mutter fuhr mit mir den Lincoln Boulevard in Venice entlang, und wir hielten für eine Frau mit strähnigen blonden Haaren, die ein ausgeleiertes Tanktop und einen winzigen Minirock trug. Sie hatte ihren Daumen hochgehalten und schien per Anhalter mitfahren zu wollen.

«Steigen Sie ein», forderte meine Mutter sie freundlich auf. Ihr Lächeln und der wissende Blick in ihren Augen verrieten mir, dass sie etwas im Schilde führte. Ich kletterte auf die Rückbank unseres roten Kombis, um für unsere neue Mitfahrerin Platz zu machen. Auf den Gesichtsausdruck, den sie hatte, als sie mich bemerkte, konnte ich mir keinen Reim machen. War das Verwirrung? Angst? Aber sie stieg scheu ein und richtete den Blick irgendwo nach draußen ins Nichts.

«Wohin wollen Sie denn?», fragte meine Mutter sie, immer noch mit diesem Lächeln in den Augen.

«Äh, also …Sie können mich einfach ein Stück weiter absetzen.» Sie verschränkte ihre drahtigen Hände auf ihrem Schoß, und mir wurde klar, dass sie überhaupt kein Ziel hatte. Meine Mutter hatte eine Prostituierte aufgegabelt.

Es herrschte zähes Schweigen, und darin lief ein Austausch zwischen meiner Mutter und dieser Frau ab. Meine Mutter schien sie zu kennen: nicht persönlich oder mit Namen, aber sie war mit ihren Umständen nur zu vertraut. Ich beobachtete sie, wie sie einander schweigend belauerten, und wartete, was nun passieren würde.

«Sie können mich gleich hier herauslassen», sagte die Frau, als wir den Venice Boulevard erreichten.

Im nächsten Moment war sie einfach verschwunden. Ich setzte mich wieder nach vorn auf den Beifahrersitz, wo eben noch die Frau gesessen hatte, und starrte hinaus auf den Bürgersteig, der an uns vorbeiglitt.

«Mom, warum hast du diese Frau mitgenommen?», fragte ich schließlich.

«Weißt du, was sie macht?», fragte meine Mutter in dem weisen Tonfall zurück, mit dem sie Lektionen erteilte.

«Das war eine Prostituierte, oder?»

«Stimmt. Das älteste Gewerbe der Welt.»

Das älteste Gewerbe der Welt. Das waren immer die Worte meiner Mutter, wenn sie über Prostituierte sprach. Ihr Tonfall schien dabei anzudeuten, dass dieses Gewerbe aufgrund seines Alters durchaus ehrenwert und über jede Kritik erhaben sei.

«Ja, aber warum hast du sie mitgenommen?», fragte ich noch einmal.

Meine Mutter starrte schweigend durch die Windschutzscheibe. Sie schien dort draußen dasselbe Nichts zu erblicken, das die Prostituierte gesehen hatte. Meine Frage beantwortete sie nicht. Als ich mich nun auf dieser Kinotoilette im Spiegel betrachtete, nur ein paar Häuserblocks weg von der Stelle, wo wir vor Jahren diese Frau abgesetzt hatten, fragte ich mich, was mich eigentlich von ihr unterschied. Inwiefern war ich anders? War ich anders, weil ich am Ende dieses Abends die Einladung dieses Mannes, ihn in sein Hotelzimmer zu begleiten, ablehnen würde? War ich anders, weil ich, wenn Gäste mir Tausende von Dollar für ein Stück von mir anboten, die Nase in die Höhe reckte und stolz verkündete, ich sei keine Prostituierte? Wenn ich so anders war, so viel besser, warum fühlte ich mich dann nicht genauso?

TEIL 3
Nackt

Gerade, als die Raupe dachte, die Welt ginge zu Ende,
wurde sie zu einem Schmetterling.
Anonym

«Mooooonick ...», sagte Jade, als sie ihren Spind zumachte und sich zu mir umdrehte.

«Jaaaaade ...», frotzelte ich zurück.

«Hast du Jasmines Implantate gesehen?» Jades Augenbrauen, die ihr als perfekte schwarze Bögen eintätowiert waren, hoben sich schelmisch, als sie die Klatschvorlage lieferte. Wer nicht in der Garderobe war, über den konnte man sich nach Herzenslust die Mäuler zerreißen.

«Ähm ... ja. Wie hätte ich die übersehen könne, Jade?», erwiderte ich, während ich mich vom Hals abwärts mit Vanille-Körperspray einsprühte.

«Die sehen bescheuert aus! Die haben ja total Schlagseite!», stimmte Summer ein, während sie vor dem Spiegel mit der Bürste durch ihre langen braunen Locken fuhr. «Meint ihr, die weiß, wie schrecklich die aussehen?»

«Wie könnte sie das nicht wissen?», kicherte Jade.

«Aber sie sagt, sie verdient jetzt mehr. Offenbar sind die Gäste zu blöd, um es zu merken. Lucy verdient übrigens jetzt auch mehr, seit sie sich ihre hat machen lassen», warf ich ein.

«Ja, aber Lucy hat schon immer gut verdient, Monick.»

«Wenn ich Jasmine wäre, würde ich die Dinger zurückgeben! Ich würde mein Geld zurückverlangen!», sagte Summer, klatschte sich auf ihre muskulösen kleinen Schenkel und schwenkte ihre winzigen Hüften. Wir brachen alle in schallendes Gelächter aus.

«Deshalb lasse ich mir meine von Dr. Preston machen. Er ist der Beste, habe ich gehört. Und alle Mädchen, die er operiert hat, sahen richtig gut aus.»

«Was? Monique? Du lässt dir doch nicht etwa Implantate machen?» Grace hatte bis jetzt geschwiegen und sittsam, die Beine zur Seite angewinkelt, auf dem Teppich gesessen. Vor sich hatte sie ein Büfett aus allen möglichen Snacks aufgebaut.

«Warum nicht? Ich habe einen Termin für nächste Woche. Ich bin so weit, dass ich meinen Einsatz erhöhen und hier ein bisschen mehr Geld verdienen will», erwiderte ich und ignorierte alles, was gegen diese Sichtweise sprach. Grace und ich gehörten zu den besten Verdienern im Club, und wir hatten beide keine Implantate. Aber jedes Mal, wenn ich eine schlechte Nacht hatte und bei geizigen Gästen auf Ablehnung stieß, hörte ich die Stimmen, die wir alle hörten. *Es liegt an deinem Outfit ... an deinen Haaren. Wenn du größere Brüste hättest, wenn deine Taille schmaler wäre, wenn du stärker gebräunt wärst, wenn deine Zähne weißer wären, wenn deine Absätze höher wären ... vielleicht würdest du ihnen dann gefallen.*

«Oh, Monique, bitte nicht. Du bist wunderschön, so wie du bist», sagte Grace und wischte sich ein paar Strähnen ihrer platinblonden Haare von den signalroten, hochglänzenden Lippen. Ein paar kaum wahrnehmbare rote Streifen blieben dabei an ihren porzellanweißen Wangen zurück.

«Keine Sorge, Grace. Ich lasse sie mir nicht riesengroß machen. Nur ein schönes, volles C. Ganz natürlich.»

«Natürlich» war ein beliebtes Wort, wenn die Mädchen beschrieben, was für Implantate sie sich einsetzen lassen wollten. Jedoch hatte ich bisher selten ein Implantat gesehen, das auch nur im Entferntesten natürlich ausgesehen hätte.

«Monique, ich möchte dir eine Geschichte erzählen», sagte

Grace mit ihrer lieblichen Marilyn-Monroe-Stimme. Genau dieselbe Stimme und genau derselbe Satz, mit denen sie ihre Gäste bewegte, noch für einen Tanz zu bleiben.

«Okay. Aber ich habe nur ein paar Minuten, dann muss ich wieder an die Arbeit.»

Jade stand hinter Grace auf, verdrehte die Augen, als wollte sie sagen: «Jetzt geht das wieder los», und verließ die Garderobe.

Grace machte neben sich Platz für mich auf dem Teppich und reichte mir eine Tüte Gummibärchen. Dann erzählte sie mir, wie sie sich einmal unters Messer begeben hatte, um sich ein neues Paar «ordentlich große» Brüste in Größe D verpassen zu lassen. Die paar Tausend Dollar gab sie gern dafür aus. Aber dann ging sie zum ersten Mal wieder am Samstagvormittag zu dem Ballettkurs, den sie machte, um graziös und fit zu bleiben.

«Ich sah mich im Spiegel, zusammen mit all den anderen Tänzerinnen – alle lang und geschmeidig –, und ich bereute meine Entscheidung sofort. Ich vermisste meine zierliche kleine Größe B», sagte sie und reckte dabei ihren Nacken und Oberkörper. «Also ging ich zurück und ließ sie mir wieder herausnehmen.» Grace hob ihr Bikinioberteil an und zeigte mir die hauchdünnen rosa Narben, die von den wiederholten Operationen zurückgeblieben waren.

Als mein Termin in der nächsten Woche anstand, erinnerte ich mich an Graces Narben. Ich stellte mich vor den Spiegel und begutachtete mein Dekolleté, ohne mir Gedanken über die Meinungen der Männer oder mein Verlangen nach Geld zu machen. Ich korrigierte meine Haltung, hielt meinen Kopf hoch erhoben und vollführte eine Arabesque. Grace hatte recht, in einem Ballettkurs würden Implantate wahrscheinlich ziemlich albern aussehen. Also sagte ich meinen Termin bei Dr. Preston ab und schrieb mich stattdessen für einen Ballettkurs ein.

Bald darauf stand ich in meinem pinkfarbenen Strumpfhosen und meinem schwarzen Trikot an der Ballettstange und richtete Becken und Wirbelsäule kerzengerade auf, als ich die erste Position einnahm. Es war ein gutes Gefühl, wieder einmal einen Tanzkurs mitzumachen. Ballettkleidung zu tragen wie damals, als ich als kleines Mädchen auf die *Westside Academy of Dance* gegangen war, wo eine griesgrämige Frau in knielangem Rock Klavier spielte und uns dazu tanzen ließ. Meine Ballettlehrerin hatte Mühe gehabt, meine Aufmerksamkeit zu gewinnen, wenn ich durch den Raum wirbelte. Ich tanzte immer munter weiter, ohne auf Choreografie oder Anweisungen zu achten.

«Harmony, die übrige Klasse macht gerade Jetés», rief sie mir dann zu.

Plié – Sprung – Drehung – Hüpfen – Hops – Hops – Herumwirbeln. Ich war versunken in einer Welt, in der ich die Prinzessin über alle Lande war und ein hingerissenes Publikum mir zuschaute, wenn ich in dem bauschigsten Tutu tanzte, das die Welt je gesehen hatte. Kleine Mädchen wachen nicht eines Tages auf und träumen davon, Stripperin zu werden. Sie schließen nicht ihre Augen und wünschen sich, einen Mann zu finden, der sie beschimpft und mit anderen Frauen schläft. Meine Hoffnung war, in einem Schloss zu leben, umgeben von weißen Lilien und gelben Osterglocken. Mein Prinz würde mir das Haar aus meinem Nacken streichen und mich zärtlich küssen.

Als ich mein erwachsenes Spiegelbild vor der Klasse sah, fragte ich mich, wer ich hätte werden können, wenn ich all die Jahre weiter Ballett getanzt hätte. Wäre mein Leben anders verlaufen, wenn ich dabeigeblieben wäre, anstatt es aufzugeben, nachdem ein älterer Junge aus dem Kurs mich bei der Schlafanzugparty zu seinem Geburtstag belästigt hatte? Damals hatte ich meiner Mutter gesagt, ich wolle nicht mehr tanzen. Dabei war ich geblieben, obwohl sie versuchte, mich mit Pfefferminzeis mit Schokoladenstückchen zu bestechen.

«Tondue», rief die Lehrerin den Tänzerinnen zu, und ich

schob meinen pinkfarbenen Ballettschuh weisungsgemäß nach vorn. Die erwachsene Harmony hörte auf die Anweisungen.

«Vor – Seit – Rück – Seit», intonierte die Lehrerin rhythmisch. Bei der Bewegung betätigte ich jeden Muskel in meinem Bein, von den Beugemuskeln an der Hüfte bis zu den Zehenspitzen.

Das Mädchen vor mir war lang und schlank und hatte eine Taille, so zierlich wie eine Teetasse. Ihre dicken schwarzen Haare glänzten wie die von Wonder Woman. Sie war so graziös wie die kleinen Ballerinas, mit denen meine Mutter immer meinen Geburtstagskuchen dekorierte, als ich klein war.

«Andere Seite», sagte die Lehrerin, immer noch im Takt der Musik. Die ganze Gruppe drehte auf Relevé herum und wandte sich in die andere Richtung.

«Schön gebogener Rücken», kommentierte eine freundliche Stimme von hinten. Ich warf einen Blick über die Schulter zurück zu der Torten-Ballerina, um mich zu vergewissern, dass sie mich meinte. Sie meinte tatsächlich mich.

«Danke. Tolle Auswärtsdrehung», gab ich zurück. Ihre Füße standen perfekt auf 180 Grad gedreht.

«Danke.» Sie lächelte herzlich und zeigte mir ihre strahlend weißen Zähne zwischen den perfekt geschwungenen Lippen.

Mit der Zeit begannen mir die Arme wehzutun, weil ich sie so lange in den verschiedenen Ballettpositionen hochhielt. «Meine Güte, mir fallen gleich die Arme ab», stöhnte ich tonlos, und das Mädchen fing an zu kichern. Als die Lehrerin sich umschaute, um zu sehen, was da los war, richteten wir uns beide wieder auf und machten ernsthafte Gesichter. Davon mussten wir natürlich gleich wieder kichern. Das Unterdrücken machte alles nur noch schlimmer. Ich merkte sofort, dass sie ebenso ein Klassenkasper war wie ich. Das kann ja lustig werden, dachte ich.

«Hi, ich heiße Tanya», sagte sie, als der Kurs vorbei war. Ihre Augen leuchteten.

«Harmony. Schön, dich kennenzulernen.» Ich stockte unmerklich, als ich mich vorstellte. Inzwischen war ich so daran gewöhnt, mich als Monique vorzustellen, dass ich aufpassen musste, nicht aus Versehen den falschen Namen zu nennen.

Von da an standen wir immer nebeneinander an der Ballettstange und machten unsere Späße, sehr zum Verdruss der Lehrerin. Ich ertappte mich sogar dabei, dass ich ein paar Minuten früher zum Kurs kam, in der Hoffnung, noch ein bisschen mit Tanya plaudern zu können. Sie hatte etwas Besonderes an sich. Es reichte schon ein Blick zwischen uns, und wir beide mussten lachen. In ihrer Gegenwart fühlte ich mich wieder wie eine Jugendliche.

Eines Tages stellte Tanya mir nach dem Kurs die Frage, die ich am meisten fürchtete.

«Was machst du eigentlich?»

«Was ich arbeite, meinst du?»

«Ja, klar.» Sie schaute mich so herzlich und freundlich an, dass ich sie nicht anlügen wollte.

«Ähm ... ichbintänzerinunddu?», versuchte ich rasch das Thema zu wechseln. Was für eine Tänzerin ich war, erwähnte ich tunlichst nicht.

Auf dem Heimweg ließ ich mir das ganze Gespräch noch einmal durch den Kopf gehen. Hätte ich ihr die ganze Wahrheit sagen sollen? Eigentlich ging es sie ja nichts an, wovon ich lebte. Aber ich wollte unsere Freundschaft nicht mit einer Lüge beginnen. Schließlich kam ich zu dem Schluss, dass ich ihr die Wahrheit sagen musste. Seit ich angefangen hatte zu strippen, war sie der erste Mensch, zu dem ich vollkommen ehrlich sein wollte. Vielleicht lag es daran, dass sie etwas davon erzählt hatte, sie ginge zur Kirche. Ich glaube, ich hatte ein schlechtes Gewissen dabei, eine Kirchgängerin anzulügen. Vielleicht dachte ich auch, wenn sie einen heißen Draht zu Gott hatte, würde sie es sowieso herausfinden.

Ich hatte Angst davor, es ihr zu sagen. Ich dachte, wenn ich ihr reinen Wein einschenkte, würde sie nichts mehr mit mir zu tun haben wollen – schließlich war sie ja Christin. Ich wusste nicht viel über Christen, aber ich war ziemlich sicher, dass sie Stripperinnen nicht mochten.

Entweder hatte ich mich geirrt, oder Tanya war anders als andere Christen. Sie hatte mich trotzdem gern. Und mehr noch, sie schien mich sogar zu *mögen*. Nach all den Jahren, in denen ich mir von Derrick angehört hatte, was mit mir alles nicht stimmte – ich sei dumm und nervig und kein anderer würde je mit mir zusammen sein wollen –, hatte ich vergessen, dass man überhaupt irgendetwas an mir mögen konnte. Die Tatsache, dass jemand, der so schön und nett war wie Tanya, über meine Witze lachte und gerne Zeit mit mir verbrachte, war ein ganz besonderes Gefühl für mich. Durch ihre Augen fing ich an, mich selbst anders zu sehen.

Das Licht in der Tabledance-Nische ging aus, und ich stand auf, um noch eine Marke in die Maschine zu werfen. Sogleich durchflutete wieder warmes, rotes Licht die Nische. Ich setzte mich wieder auf das Strandtuch, dass ich auf dem Boden ausgebreitet hatte, auf Augenhöhe vor Charles.

«Neunundvierzig Jahre waren wir verheiratet. Beinahe hätten wir es bis zu unserer Goldenen Hochzeit geschafft», sagte Charles, als ob er es mir zum ersten Mal erzählte. Dabei schaute er sehnsüchtig in sein Glas Cola. Ich hatte es zwar schon gehört, aber er hatte das Bedürfnis, es wieder zu erzählen. Sein Kurzzeitgedächtnis wurde immer schlechter, und er musste die Erinnerung an sie wachhalten. Ich nahm ihm sanft die verschmierte Brille von der Nase und putzte sie mit meinem Rocksaum.

«Sie spielte Klavier …»

«Was spielte sie denn?», fragte ich, setzte ihm die Brille wieder auf und legte mein Kinn auf meine verschränkten Hände.

Er lehnte sich zurück und versuchte sich stirnrunzelnd zu erinnern.

«Ach, Schätzchen, es fällt mir im Moment nicht mehr ein, aber als sie noch lebte, war unser ganzes Haus voller wunderschöner Musik.»

Ihr Fehlen war eine allgegenwärtige Kraft in seinem Leben. Er klammerte sich an seine Erinnerung an sie. Er klammerte sich an alles, was sich vertraut anfühlte. Deshalb hatte er sich überhaupt mich ausgesucht: weil ich denselben Bühnennamen hatte wie die erste Tänzerin, die er besuchte, nachdem seine Frau gestorben war. Monique. Das war ihm vertraut. Das konnte er sich merken.

Charles hatte einen Hohlraum in sich. Das war der Raum, der einst von der Liebe seines Lebens ausgefüllt gewesen war. So sehr er sich auch bemühte, er konnte ihn nicht wieder füllen. Sicher, er genoss meine Gesellschaft; aber vor allem, glaube ich, genoss er es, die Erinnerungen an seine Frau neu zu durchleben – wieder zu erleben, wie es sich anfühlte, die Gesellschaft einer Frau zu haben.

Ich hatte den Eindruck, dass die Männer im Club alle solche Hohlräume hatten. Sie waren auf der Suche nach Erfüllung für ganz legitime Bedürfnisse. Der überarbeitete Geschäftsmann, dem die Zeit für ein Privatleben fehlte; der sozial ungeschickte Nerd, der gegenüber Frauen nie locker sein konnte; der Blender, der mit Geld um sich warf, um sich mächtig zu fühlen; der Mann von nebenan, ein durchschnittlicher, leicht unzufriedener Mann auf der Suche nach etwas, womit er Zeit und Raum füllen konnte. Sie alle hatten ihre Hohlräume. Charles' Hohlraum machte ihn für mich liebenswert.

Auch ich hatte einen Hohlraum und einen unstillbaren Durst, ihn auszufüllen. Ich sehnte mich danach, dass jemand über die Narben und die Stilettos hinwegsah; über die glamouröse Fassade; dass jemand die Frau aufspürte, die tief in mir eingesperrt war. Dass sie da war, spürte ich, wenn ich am Meeresstrand saß und über die gewaltige Größe des Ozeans nachdachte; oder wenn ich durch die Fenster anheimelnder Häuser spähte und dort glückliche Familien sah und davon träumte, zu einer davon zu gehören. Ich konnte sie in mir spüren, wie sie mich drängte, so lange zu überleben, bis eine Kraft kam, die stark genug war, ihre Fesseln zu lösen und sie zu befreien.

Einundzwanzig

Meine Großmutter und ich gingen gerade zur Tür meiner Wohnung in West Los Angeles hinaus, als das Telefon klingelte. Ich wusste, ich musste drangehen. Wenn es Derrick war, würde er toben, wenn ich mich nicht meldete. Wenn er dann fertig damit war, mich zu verhören, wo ich gewesen sei, würde er mich mit Schweigen bestrafen und meine Anrufe tagelang nicht annehmen.

«Ich muss drangehen», sagte ich, rannte zurück in die Wohnung und nahm den Hörer.

«Hallo?», meldete ich mich hastig.

«Hey, Harmony!» Es war Tanya. Meine Schultermuskeln entspannten sich.

«Ich weiß, das kommt jetzt ziemlich knapp, aber bei uns in der Gemeinde ist heute Abend eine besondere Veranstaltung mit Sängern und Komikern. Ich dachte, vielleicht hast du ja Lust zu kommen», lud sie mich ein.

Tanya lud mich schon seit Monaten in ihre Gemeinde ein, aber sonntags früh aufzustehen, nachdem ich bis 4.00 Uhr gearbeitet hatte, kam für mich nie in Frage. Außerdem wusste ich nicht so recht, ob ich überhaupt Lust hatte, in die Kirche zu gehen.

Als ich ihre Einladungen in die Gemeinde nicht annahm, lud sie mich stattdessen zum Kaffee oder zu einem Frozen Yogurt ein. Ich hatte nie das Gefühl, ich wäre so etwas wie ein

Wohltätigkeitsprojekt, an dem sie arbeitete – dass sie nur versuchte, sich Pluspunkte bei Gott zu verschaffen, indem sie ein Mädchen wie mich dazu brachte, sich im Gottesdienst blicken zu lassen. Sie war wirklich daran interessiert, mich kennenzulernen, ob ich mit ihr in die Kirche ging oder nicht. Ich schaute hinüber zu meiner Großmutter, die in königlicher Haltung dastand in ihren hellen, lavendelfarbenen Hosen und dazu passender Bluse mit einem handgemalten Zebra darauf.

«Ist das nicht wunderhübsch, Harmony?», hatte sie gerufen, als sie das Ensemble ein paar Stunden zuvor aus dem Koffer genommen hatte.

Seit sie in die Stadt gekommen war, um mich zu besuchen, war ich auf der Suche nach Dingen, die ich mit ihr unternehmen konnte. Ihre Lieblingsbeschäftigungen waren Essengehen, Shoppen und Spazierengehen. Alle drei Dinge hatten wir bereits reichlich ausgekostet. Ganz nach Oma Marys Art unterhielten wir uns schon beim Frühstück darüber, was wir zu Mittag essen würden. Dazu gehörte immer «frischhhhes Gemüse», mit Betonung auf «frisch», selbst wenn es Dosengemüse war. Beim Mittagessen erörterten wir das Abendessen und vielleicht auch gleich das Frühstück für den nächsten Tag. Natürlich ging es auch darum, wo wir ein paar nette Läden zum Shoppen finden würden. Dazwischen eingestreut gab es lange Spaziergänge durch die Nachbarschaft, um die ganzen Kalorien zu verbrennen, mit denen wir uns mästeten. Während der Spaziergänge nutzte meine Großmutter die Gelegenheit, zu unterstreichen, wie gut und wichtig es sei, sich zu bewegen. Außerdem blieb sie immer wieder stehen, um die verschiedenen Blumen, Bäume und Büsche zu würdigen. Ich war schon unzählige Male durch dieses Viertel gegangen, aber irgendwie waren mir der Baum mit den prächtigen weißen, trompetenförmigen Blüten oder der herrliche Zitronenduft der fliederfarbenen Rosen bisher immer entgangen. Meine Großmutter sah das alles und half mir, es ebenfalls zu sehen.

Obwohl wir immer noch satt vom Mittagessen waren, waren wir jetzt unterwegs, um in einem vielversprechend aussehenden Café, das wir vor ein paar Tagen entdeckt hatten, zu Abend zu essen. Das Abendessen konnte warten, dachte ich mir. Eine Kirchenveranstaltung war genau das Richtige, um meine Großmutter zu unterhalten.

«Oma, das ist Tanya. Sie lädt uns zu einer besonderen Veranstaltung in ihrer Gemeinde heute Abend ein. Hast du Lust?», fragte ich.

«Warum nicht?», erwiderte sie mit überschwänglichem Lächeln. Sie konnte ihre Begeisterung darüber, dass sich ihre kleine Enkelin endlich einmal in eine Kirche wagte, kaum verbergen.

Wir stiegen in meinen grünen Honda Civic und düsten den Robertson Boulevard entlang. Meine Großmutter hielt nichts davon, irgendwo zu spät zu kommen, schon gar nicht in eine Kirche. Deshalb tat sie diesmal ihr Bestes, nicht jedes Mal, wenn ich auf die Bremse trat, aus lauter Angst, ich würde uns beide umbringen, aufzustöhnen und ihre Augen zuzukneifen. Sie verbiss sich die Angst, die es mit sich bringt, wenn man einen Menschen, dessen Windeln man einst gewechselt hat, am Steuer eines motorisierten, tonnenschweren Klumpens Metall sitzen sieht, und protestierte nicht einmal, wenn ich bei Gelb über Kreuzungen fuhr.

«Sag, Harmony, um welche Uhrzeit sollten wir dort sein?», drängte sie mich in ihrem osttexanischen Akzent, auf die Tube zu drücken.

Wir hatten es so eilig, dort anzukommen, dass ich beinahe vergaß, nervös zu sein. Plötzlich fiel mir wieder ein, was ich zwei Jahre zuvor bei einem Gottesdienst anlässlich eines Familientreffens erlebt hatte. Natürlich ging an jenem Sonntag die ganze Stadt Winnsboro, Texas, in die Kirche. Zufällig war auch gerade Vatertag. Wie das Schicksal es wollte, waren in jenem Jahr sowohl mein Vater als auch ich zu dem Treffen gekommen. Es war das erste Mal in meiner Erinnerung, dass er sich am Vatertag im selben Staat wie ich aufhielt. Während der Rest der Welt mit albernen, sentimentalen Hallmark-Karten den «besten Papa der Welt» feierte, der mit Geduld und Beständigkeit seinen Kindern alles beibrachte, was er über das Leben und die große, weite Welt wusste, irrte ich stundenlang durch die Gänge der Schreibwarenläden auf der Suche nach irgendetwas, womit ich halbwegs ehrlich ausdrücken konnte, was ich für meinen Vater empfand. Was bei diesen Grußkartenverlagen immer noch fehlt, ist eine Karte mit der Aufschrift: «Es war schön, dich letztes Jahr zu sehen; ich hoffe, du rufst Weihnachten wieder an. Einen schönen Vatertag!»

Im Lauf der Jahre hatte ich festgestellt, dass ich mit einer Karte mit einem *The-Far-Side*-Comic vorne und einem schlichten «Alles Gute zum Vatertag!» auf der Innenseite am besten fuhr.

Normalerweise blieb ich bei den Familientreffen sehr zum Verdruss meiner Großmutter zurück, während der Rest der Familie in das kleine weiße Kirchengebäude ging, um sich ihren sonntäglichen Kick zu holen. «Was soll ich machen, wenn alle in der Kirche sind?», fragte ich meine Mutter, als ich klein war. «Du musst nicht in die Kirche gehen, wenn du nicht willst. Und den anderen kannst du einfach sagen, dass ich dir das gesagt habe!» Und genauso habe ich es meistens gemacht.

Diesmal jedoch wollte ich mit, weil eben Vatertag war und ich einfach mal sehen wollte, wie es wäre, einen Vater zu haben. Mein Vater und ich saßen im Gottesdienst nebeneinander und hörten dem Prediger zu, der natürlich ausgerechnet über *Vaterschaft* sprach! Er wandte sich direkt an alle Väter im Saal und redete darüber, was es bedeute, Vater zu sein, und wie wichtig Väter im Leben eines Kindes seien.

Ich glaube, ich konnte mir nichts Peinlicheres vorstellen, als bei so einem Vortrag neben meinem Vater zu sitzen. Meine Großmutter schaute immer wieder zu meinem Vater herüber, ob er auch gut zuhörte. Zudem war ich mir sicher, dass alle anderen im Saal auch herschauten, denn sie wussten ja, dass wir uns seit Jahren nicht gesehen hatten und diese ganze Vater-Tochter-Sache gründlich vergeigt hatten. Je mehr der Prediger davon redete, wie es in einer Familie zugehen sollte, desto überzeugter wurde ich, dass ich in der Kirche nichts zu suchen hatte.

Fünfzehn Minuten später fuhren wir langsam den Wilshire Boulevard entlang und spähten nach den Hausnummern, um die Adresse zu finden, die Tanya mir gegeben hatte. Schließlich fand ich sie, aber diese Kirche sah der malerischen kleinen Kapelle in Winnsboro nicht im Entferntesten ähnlich. Sie war ein umgebautes Kino in der Architektur der 1920er. Über dem Eingang stand in fetten, modernen Buchstaben das Wort «Oasis». Wir bogen auf den Parkplatz auf der anderen Straßenseite ein, und ich betrachtete das Kirchengebäude im Rückspiegel.

«Okay, Harmony, gehen wir ...» Meine Großmutter war schon ausgestiegen und hängte sich ihre Handtasche über die Schulter.

Ich stieg aus dem Auto und zupfte am Saum meines maßgeschneiderten schiefergrauen Rocks. Vielleicht hätte ich mich lieber umziehen sollen, bevor wir das Haus verließen. Ich hätte bestimmt etwas «Kirchlicheres» in meinem Kleiderschrank finden können, zum Beispiel eines meiner knöchellangen geblümten Kleider. Durfte man in einer Kirche überhaupt seine Knie zeigen? Meine Mutter hatte mir einmal davon erzählt, wie Leute von Nonnen mit dem Lineal eins übergezogen bekamen, wenn ihre Kniescheiben zu sehen waren.

Meine Großmutter, die nie viel vom Herumtrödeln hielt, steuerte zielstrebig auf die Kirche zu. «Erzähl mir nicht, du könntest nicht mit einer alten Frau Schritt halten!», forderte sie mich heraus. Ich fiel darauf herein, wie jedes Mal. Ich beschleunigte meine Schritte, und wir marschierten um die Wette auf den Eingang des Gebäudes zu. Drinnen fanden wir einen großen Saal voller türkisfarbener Kinosessel. Ein Ordner in einem braunen Anzug organisierte Plätze für uns.

Diese Gemeinde war völlig anders, als ich erwartet hatte. Nach allem, was ich wusste, gab es weiße und schwarze Gemeinden, und dazwischen nichts. In den weißen Gemeinden, die ich aus dem Fernsehen kannte, gab es monotone Choräle, Spitzendeckchen und gemessene, zurückhaltende Prediger. In den schwarzen Gemeinden trugen die Leute Hüte, wedelten mit Fächern, und es wurde vor lauter Leidenschaft auf den Gängen getanzt. Ihre Prediger forderten brüllend *Amen-* und *Halleluja*-Rufe der Gemeinde. Die Predigten waren fast musikalisch, und jeder Punkt wurde durch einen Akzent vom Chor oder einen Akkord des Organisten bekräftigt.

Und natürlich gab es in den schwarzen Gemeinden Gospel. Wenn etwas in mir den Wunsch weckte, an Gott zu glauben, dann war es Gospelmusik. Nur weil ich sie so liebte, schaute ich mir immer und immer wieder meine Lieblingsszene aus dem Film *Die Farbe Lila* an. Das ist die Szene, in der Shug Avery, eine heiße Bluessängerin, einen Feldweg entlanggeht und singt: «I couldn't sleep at all last night … And I was wondering why …» Dann stößt sie die Tür der Kirche auf, in der ihr Vater predigt, und singt weiter gemeinsam mit dem Chor, dass *vielleicht Gott ihnen etwas sagen will*. Der Prediger hatte seine abtrünnige Tochter längst aufgegeben, aber sie kommt zurück, um ihm zu sagen, dass Gott Sünder liebt – sogar Bluessängerinnen. Ich liebte sie auch.

Die Juwelen in meiner Musiksammlung waren alte, unbeschriftete Kassetten mit Musik von verschiedenen großen Chören. Wenn ich ganz allein war, zog ich in meinem trostlosen kleinen Wohnzimmer die Jalousien zu und vollführte zu diesen Stimmen die anmutigsten, lyrischsten Tänze, zu denen ich imstande war. Wenn kein anderer Mensch mich sehen konnte, stellte ich eine Verbindung zu Generationen von Sängern her, die alle eines gemeinsam hatten: Sie liebten einen Mann namens Jesus. Obwohl ich ihre Liebe zu ihm nicht teilte, liebte ich es, wie *sie* ihn liebten. An manchen Tagen war allein das schon genug, um mich über die Runden zu bringen.

Manchmal verspürte ich Lust, in eine Kirche zu gehen, aber dann stand ich vor einem Dilemma: Ich bin weiß.

Meine Mutter würde mir da widersprechen. Als Anhängerin des Red Path, einer indianischen Heilertradition, klammert sie sich an die winzigen Spuren indianischen Blutes in unseren Adern. Aber realistisch gesehen bin ich weiß. Und ich mag keine Spitzendeckchen und lahmen Choräle, wie es sie in den weißen Gemeinden im Fernsehen gibt.

In Tanyas Gemeinde schien diese ganze Sache mit den «weißen» oder «schwarzen» Gemeinden keine Bedeutung zu haben. Es war einfach ein Saal voller Leute, die mir vorkamen wie eine Familie. Und das ganz unangestrengt. Ich dachte, wenn es so etwas wie einen Himmel gab, dann sah er höchstwahrscheinlich dieser Gemeinde wesentlich ähnlicher als die homogene Gemeinde, mit der ich vertraut war.

Eine Frau trat auf die Bühne. «Lasst uns gemeinsam anbeten», sagte sie jubelnd, rief es fast. Die Gespräche verstummten, und die Leute im Saale standen auf und fingen an zu klatschen. Ich folgte dem Stichwort der Frau und war vom ersten Ton an völlig hingerissen. Ihre vibratoreiche Stimme war voll und kräftig.

Meine Großmutter beugte sich zu mir herüber. «Also, das nenne ich mal eine Gemeinde mit Rhythmus im Hintern!», flüsterte sie mir mit ihrem wie üblich viel zu lauten Flüstern zu. Sie deutete mit dem Kopf zu den Leuten hin, die sich rings um uns im Rhythmus wiegten und kleine Tanzschritte machten. Als Southern Baptist durfte sie im Gottesdienst weder mit dem Hintern noch mit sonst irgendeinem Körperteil wackeln.

Obwohl meine Großmutter für eine Frau, die 1918 im tiefen Süden geboren war, eine erstaunlich rebellische Ader hatte, waren wir hier ein bisschen außerhalb ihrer Komfortzone. Sie war die Erste aus ihrer Familie, die Winnsboro verlassen und in die Großstadt gegangen war. Sie hatte einen Job als Postbotin für den US Postal Service in Dallas gefunden. Als erste weibliche Staatsbedienstete überhaupt kam sie sogar in die Zeitung. Neben dieser gefährlichen Unabhängigkeit tat sie auch alle möglichen Dinge, die andere missbilligten. Zum Beispiel spielte sie Karten und schlürfte Cocktails. Wie auch immer, diese Gemeinde gefiel meiner Großmutter nicht so sehr, wie ich gehofft hatte, und das hatte zur Folge, dass ich umso mehr Gefallen an ihr fand.

Während des nächsten Songs, einer Art Ballade, sangen die Leute nicht *über* Jesus; sie schienen *zu* ihm zu singen. Sie hatten die Augen geschlossen, und viele streckten hoffnungsvoll ihre Arme aus und hoben die Hände, als schwebte da oben unter der Saaldecke etwas, das sie zu erreichen versuchten. Andere hielten ihre Handflächen offen vor sich, als warteten sie darauf, irgendetwas Ungreifbares in Empfang zu nehmen.

Ich verschränkte meine Hände vor meinem Herzen und wiegte mich in der Musik. Dann fiel mir eine attraktive Frau mit einer üppigen roten Mähne in der Reihe vor mir auf. Sie trug ein schlichtes beigefarbenes Kostüm und sah aus wie eine Frau, die einen festen Freund und einen guten Job hatte. Ihr Kinn ruhte leicht auf ihren verschränkten Händen, die sie vor sich erhoben hatte. Sie sah nicht traurig aus, aber sie weinte, als ob irgendetwas ganz Wunderbares sie gepackt hätte. Voller Sehnsucht, so etwas auch zu erleben, schloss ich meine Augen. Ich wollte einfach wissen, ob es möglich war. Dort in diesem Saal ließ ich es zu, dass ich das erlebte, was man Anbetung nennt. Irgendwie begriff ich, dass ich endlich nach Hause gekommen war.

Ich schaute auf die Uhr hinter der Bar: 22.00 Uhr. Es war ein später Start, und ich musste einiges aufholen. In meinem Leben war so viel los, dass es mir vorkam, als hinkte ich immer hinterher. Jeden Tag ging ich aufs College und arbeitete hartnäckig daran, alle Kurse zu belegen, die ich brauchte, um auf die University of California, Los Angeles zu wechseln und meinen Bachelor in Psychologie zu machen. Meine freien Abende verbrachte ich mit Lernen. Mittwochs um neunzehn Uhr ging ich jetzt immer in den Gottesdienst bei Oasis und fing dann etwas später mit meiner Arbeit im Club an. Das Management sah darüber hinweg.

Die Kirche war mir lieb geworden. Immer, wenn ich dort war, hatte ich das Gefühl, der Pastor spräche direkt zu mir. Als wären wir die beiden einzigen Menschen im Saal, und er wüsste ganz genau, was ich durchgemacht hatte und was ich hören musste.

Am liebsten wäre ich nur noch in der Kirche gewesen, wann immer ihre Türen offen waren. Aber es war ein zunehmend seltsames Gefühl, in die Kirche zu gehen und hinterher meine Schicht im Club anzutreten. Ich hörte diese aufbauende Botschaft, umarmte all diese netten Leute, die mich fragten, wie mein Tag gelaufen sei und wie es mit meinem Studium ginge, und dann ging ich in den Club zur Arbeit. Es waren zwei sehr verschiedene Welten, und ich hatte Mühe, mir darüber klar zu werden, wie ich in beiden leben sollte. Ein paar Mal passierte es mir, dass ich nach dem Gottesdienst auf der Fahrt zum Club kehrtmachte. Ich brachte es einfach nicht über mich, hinzugehen. Es fiel mir immer schwerer, dort zu erscheinen. Schließlich kam ich zu dem Schluss, ich müsse meinen Schichtplan ändern lassen.

Eines Abends stand ich an der Bar, ließ meine Blicke durch den Raum schweifen und sah einen drahtigen kleinen Mann aus dem Nahen Osten hereinkommen. Er war mit schwerem Goldschmuck behängt. Sein Begleiter war offensichtlich ein Leibwächter, ein großer, kräftiger Mann im schwarzen Anzug, der eine stoische Miene zur Schau trug und einen schwarzen Lederaktenkoffer fest in den Händen hielt. Sie steuerten auf die Bar zu. Also blieb ich, wo ich war, und hoffte, ein paar Tabledances an den Mann bringen zu können. Bevor ich auch nur dazu kam, sie anzusprechen, kam der Leibwächter geradewegs auf mich zu und bat mich, für den Mann, den er beschützte, zu tanzen. Das war ja einfach, dachte ich.

«Hi. Ich heiße Monique. Wie heißt du?», sagte ich mit zuckersüßem Lächeln, als wir zu den Nischen hinüber gingen. Er nannte mir seinen Namen, aber ich hörte nicht zu.

Ich überlegte, ob ich ihm meinen «Akzentstreich» spielen sollte. Wenn ein Mann einen unverkennbar britischen Akzent hatte, setzte ich immer eine möglichst beschränkte Miene auf und fragte: «Kommst du aus Texas?» Dann machte ich ein ausdrucksloses Gesicht und amüsierte mich über seine Reaktion.

Manche Männer waren überhaupt nicht überrascht; anscheinend hatte ich nur die Klischeevorstellung bestätigt, die sie von mir hatten. Die meisten schmunzelten ein wenig und sagten mir, wo sie herkamen – natürlich nie aus Texas. Ich weihte sie in meinen heimlichen kleinen Streich nicht ein. Es machte mir Spaß, sie denken zu lassen, ich wäre eine dumme Blondine. Bei dem Mann aus dem Nahen Osten entschied ich mich gegen den Akzentstreich und ging einfach zu meiner nächsten Small-Talk-Zeile über.

«Woher kommst du?»

Er sagte mir, wo er herkam. Ich hörte nicht zu.

«Ach, wirklich!», erwiderte ich mit gespieltem Interesse.

«Setz dich doch.» Sein Leibwächter stellte sich ein paar Meter von uns entfernt hin. Gerade weit genug weg, um uns nicht zu stören, aber immer noch nahe genug, um seinen Job zu machen. Ich steckte die Marke in den Münzautomaten, um die Nische zu beleuchten, und spürte, wie sich das rote Licht über mich ergoss. Dann fing ich an, mich vor ihm im Tanz der Musik zu bewegen und langsam mein Kleid abzuschälen. Plötzlich fiel mir auf, dass er mir immerzu ins Gesicht sah. Ich machte eine verführerische halbe Drehung, um ihm für einen Moment den Rücken zuzukehren und seinen Blick zu unterbrechen. Bitte hör auf, mir ins Gesicht zu sehen, flehte ich im Stillen. Und in diesem Moment spürte ich, wie es irgendwo in meinem Innern zu einem kleinen Bruch kam, und auf einmal fühlte ich Tränen in mir aufsteigen.

Ich war es so leid, angegafft zu werden. Ich war es leid, in diesen Club zu kommen und mich mit all diesen Männern abgeben zu müssen. Mir fiel ein, was mein Pastor über Sinn und Ziel im Leben gesagt hatte. Das hier kann nicht Gottes Plan für mich sein, dachte ich. Mir war zum Heulen zumute, und ich schmeckte schon die salzigen Vorboten eines gewaltigen Weinkrampfes in meinem Hals. Okay, Harmony, reiß dich zusammen, ermahnte ich mich. Ich konnte es mir nicht erlauben, hier in der Tabledance-Nische zusammenzubrechen. Also schluckte ich krampfhaft und hielt den Kopf hoch oben, um zu verhindern, dass mir die Tränen aus den Augen schossen.

Der DJ ließ den Celine-Dion-Song ausklingen, den er gerade gespielt hatte. Ehe die Lichter in der Nische automatisch ausgingen, beugte ich mich herab und fragte den Mann, ob er noch einen Tanz mochte. Ohne ein Wort bewegte er seinen Zeigefinger im Kreis, als ob er noch eine Runde Getränke bestellte. Also eine zweite Runde. Und als der zweite Song zu Ende war, bestellte er noch eine Runde. Und noch eine, und noch eine.

Ich hatte ein choreografisches Repertoire, mit dem ich durch ungefähr vier Tabledances kam, ohne irgendwelche Bewegungen zu wiederholen. Als ich damit durch war, fing ich an zu improvisieren. Nach zehn Songs winkte er mich zu sich heran.

«Magst du deinen Job?», fragte er mich mit seinem starken Akzent.

«Ja, er finanziert mir das Studium», gab ich ihm meine einstudierte Antwort.

«Ich finanziere mir damit das Studium» war eine Standardantwort für die meisten Mädchen im Club, aber ich war eine der wenigen, die tatsächlich eingeschrieben waren.

Viele hatten zu Anfang vor, fertig zu studieren, bis sie dann «ein Semester aussetzten», um etwas Geld anzusparen. Aus einem Semester wurden zwei, und so weiter. Dann irgendwann kam die Überlegung: «Wozu brauche ich einen Studienabschluss, wenn ich hier im Club mehr verdiene als die meisten Anwälte?»

Studienabschlüsse bleiben einem erhalten, das Aussehen nicht, war mein Argument. Nehmen wir zum Beispiel Lola. Sie war einmal wunderschön, und das ist sie immer noch, wenn man keine Stripclubmaßstäbe anlegt. Sie hatte dicke schwarze Haare, eine olivfarbene Haut und eine Figur wie das Chiquita-Banana-Girl, und denselben stolzierenden Gang. Doch inzwischen war Lola über fünfzig und musste beinlange Strümpfe mit Strapsen tragen, um ihre Krampfadern zu verbergen. Sie war im Club, seit sie in ihren Zwanzigern gewesen war. Ich fragte mich oft, ob sie wohl genauso angefangen hatte wie ich – in dem Glauben, sie würde das nur für zwei Monate machen, um irgendwelche Schulden abzuzahlen. Doch nun, buchstäblich Jahrzehnte später, musste sie, um mit den jüngeren Mädchen um die Aufmerksamkeit der Gäste buhlen zu können, immer mehr tun, immer mehr geben, ihre Grenzen immer mehr ausweiten. In der Garderobe nannten die anderen Mädchen sie schmutzig. «Hast du gesehen, was Lola mit diesem Typen gemacht hat? Die ist übel!», tratschten sie. Aber sie musste ja irgendetwas tun, um nicht von den Sechzehnjährigen mit gefälschten Ausweisen hinauskatapultiert zu werden.

Was hätte Lola sonst tun können? Sie hatte keine verwertbaren Kenntnisse und Fähigkeiten, keinen Lebenslauf. Strippen war das Einzige, was sie kannte.

«Ja, du finanzierst dir dein Studium, aber magst du deinen Job?», wiederholte der Gast seine Frage. Er hatte den Kopf leicht zur Seite geneigt und die Augenbrauen hochgezogen.

In diesem Moment trat der Leibwächter zu ihm heran und

flüsterte ihm etwas ins Ohr. Der Gast blickte auf und schickte den Leibwächter mit einer Handbewegung weg. Dann lehnte er sich auf seinem Sessel zurück, schlug die Beine übereinander und sprach weiter zu mir. «Auf mich wartet ein Flugzeug. Ich fliege zurück nach Hause. Aber zuerst muss ich mit dir reden. Du solltest mit mir nach Hause in mein Land kommen – noch heute Nacht», sagte er.

Jetzt kam es darauf an, meine Karten richtig auszuspielen. Ein rasches «Nein», und der Mann würde geradewegs zum Flughafen verschwinden. Ich konnte nicht mehr für ihn tanzen und kein Geld mehr aus ihm herausholen. Das konnte man auch geschickter anstellen. Meine Taktik war, ihn glauben zu machen, dass ich über sein Angebot nachdachte, damit er noch eine Weile blieb und mich zu überreden versuchte.

«Ach, sei still. Du willst doch nicht wirklich, dass ich mit dir nach Hause fliege», sagte ich schüchtern, während ich eine weitere Marke in die Maschine warf.

«Ich meine es ernst. Du hättest ein sehr schönes Leben. Du könntest meine Frau werden», bot der Mann an.

Normalerweise hätte ich gedacht, er macht Witze, aber seine harten, schwarzen Augen sagten mir, dass er niemand war, der herumalberte. Mir fiel ein, wie meine Mutter mir einmal von einem arabischen Prinzen erzählt hatte, der sie auf der Strandpromenade angesprochen hatte, als ich noch ein ganz kleines Kind war. Er bot ihr an, mich ihr abzukaufen – um mich als seine Frau großzuziehen! Ob dieser Mann wohl auch zu Hause einen Kindergarten voller Ehefrauen hatte? Ich beschloss, meine Taktik zu ändern.

«Wie soll ich denn heute Nacht noch abfliegen? Ich habe ja überhaupt nichts gepackt.» Je länger dieser Dialog dauerte, desto mehr sprang für mich dabei heraus.

«Alles, was du brauchst, bekommst du von mir. Du brauchst keinen Koffer», entgegnete er.

«Aber was ist mit meinem Studium?»

«Studieren kannst du immer noch. Ich biete dir ein neues Leben an.» Er sah mir direkt in die Augen.

«Du meinst es ernst?» Es war eher eine Feststellung als eine Frage. Dieser Mann bot mir tatsächlich ein neues Leben an. «Alles, was du brauchst.» Das waren seine Worte. Offen gesagt, ein neues Leben hätte ich gut gebrauchen können. Von meinem derzeitigen hatte ich die Nase gestrichen voll. Was wohl Derrick denken würde, wenn ich plötzlich verschwand? Wie lange würde es wohl dauern, bis er die Suche nach mir aufgab? Wie lange würde er warten, bis er sich irgendeine andere Frau suchte, die sich um all seine Bedürfnisse kümmerte?

Allmählich wurde mir klar, dass ich tatsächlich ein neues Leben wollte. Aber nicht so eines, wie dieser Mann es mir anbot. Während der nächsten zehn oder fünfzehn Songs trug ich ihm alle Einwände vor, die dagegen sprachen, in ein Flugzeug zu steigen und in ein anderes Land zu ziehen. Solange er glaubte, dass ich gründlich über sein Angebot nachdachte, würde er bleiben und weitere Tabledances kaufen.

«Mein erstes Flugzeug habe ich bereits verpasst. Du musst dich entscheiden», sagte er schließlich abrupt. Allmählich machte sich Frust in ihm breit.

«Ich weiß es einfach nicht», zierte ich mich.

Als mir keine Verzögerungstaktik mehr einfiel, fing ich wieder an, für ihn zu tanzen. Seit zweiundvierzig Songs hintereinander debattierte ich jetzt schon mit ihm und tanzte für ihn, und in meinen Füßen auf den fünfzehn Zentimeter hohen Absätzen pochte der Schmerz. Der Leibwächter kehrte zurück.

Er versuchte es ein letztes Mal. «Ich muss gehen, bevor ich noch ein Flugzeug verpasse. Ich wünschte, du würdest mit mir kommen.»

«Es tut mir leid, ich kann einfach nicht», sagte ich und lehnte sein Angebot ein für alle Mal ab.

Er warf seine Hände empor, gab sich geschlagen und schob seinen Sessel zurück.

«Wie viel?», erkundigte er sich.

«Also, mal sehen ... du hattest fünfundfünfzig Tänze», schwindelte ich, indem ich ein paar Tänze mehr drauflegte. «Das macht dann 825 Dollar ... Trinkgeld nicht inbegriffen.»

Auf seinen Wink legte der Leibwächter den Aktenkoffer auf den Tisch und öffnete ihn. Als sich der Deckel hob, erhaschte ich einen Blick auf bündelweise amerikanisches Geld.

Der Gast stand auf und setzte sich in Bewegung, während der Leibwächter mir einen Stapel brandneuer Hundertdollarscheine reichte: 1200 Dollar. Ich schaute den beiden nach, als sie hinausgingen, und fragte mich, wie mein Leben wohl aussehen würde, wenn ich ihnen gefolgt wäre. Ich konnte mir schnell ein paar Kleider überwerfen, meine Handtasche schnappen und in einem fremden Land ganz neu anfangen, wo man mich wie eine Königin hofieren würde. Aber vielleicht würde ich auch irgendwo eingesperrt im Keller dieses Mannes enden, als Sexsklavin gefangen. Von solchen Sachen hatte ich schon gehört: Amerikanische Mädchen wurden mit der Aussicht auf viel Geld in ein fremdes Land gelockt. Doch dann hielt man sie gefangen und nahm ihnen die Ausweise weg. Ich musste mir wohl eine ungefährlichere Art suchen, ein neues Leben anzufangen.

Auch du kannst 4,75 Dollar pro Stunde verdienen, dachte ich im Stillen, als ich meine Stechkarte in die kleine Stechuhr hinter der Bar steckte.

«Wie läuft's, Monique?» Gabe klopfte mir auf die Schulter, als er um die Ecke kam.

«Mindestlohn. Ich fasse es nicht, dass wir nur Mindestlohn bekommen. Das kommt mir einfach erniedrigend vor», machte ich meinem Ärger Luft.

Gabe rollte die Augen und schüttelte den Kopf. «Machst du

Witze? Wir sind der einzige Stripclub, den ich kenne, wo die Tänzerinnen *überhaupt* einen Stundenlohn bekommen. Sieh es als Bonus», argumentierte er.

Natürlich verdienten alle mehr als das. Selbst die Mädchen, die die ganze Nacht nur in der Garderobe herumsaßen, konnten mindestens vierzig Dollar pro Stunde absahnen, wenn sie ein paar Mal auf die Bühne gingen.

«Du hast wohl recht. 4,75 Dollar sind immer noch besser als nichts. Hey, ich muss mal mit Tony über meinen Schichtplan reden.»

«Ich sage ihm Bescheid», erwiderte Gabe und machte sich in Richtung Büro davon.

Als ich wegging, bemerkte ich ein Flugblatt mit dem Bild eines kleinen Mädchens, das über den Stechkarten hing. Die Haare der Kleinen standen so steil in die Höhe, dass dafür mindestens eine halbe Dose Haarspray draufgegangen sein musste. Wie eine Flutwelle thronten sie auf ihrem Kopf. *Vermisst. Zuletzt gesehen am 1. April 1991.*

Als das Foto gemacht wurde, war sie zehn. Inzwischen musste sie mindestens sechzehn sein. Wer war wohl auf den Gedanken gekommen, dieses Flugblatt in einem Stripclub aufzuhängen? Gab es Anlass zu der Vermutung, sie könnte hier sein? *War sie vielleicht hier gewesen? Hier, in diesem Club?*

Ich konnte nicht aufhören, sie anzusehen. Ihr kleiner Arm hing über den Rücken des schwarzen Cockerspaniels, der sich unter sie kuschelte. Es war ein Schnappschuss aus dem Leben. Sie lächelte – nicht für die Kamera, sondern für die Person, die das Foto machte. Wovor war sie wohl weggelaufen? Oder *wohin*? Was machen Zehnjährige, wenn sie sich allein durchschlagen müssen? Es war alles zu traurig, um darüber nachzudenken.

«Kommst du, Monique?» Gabe winkte mich zu Tonys Büro hin, das sich gegenüber der Bar befand.

«Setz dich», sagte Tony und deutete auf einen Bürostuhl neben seinem chaotischen Schreibtisch. Sein «Büro» war ein riesiger Raum, der früher einmal Teil der Bowlinganlage gewesen war, bevor ein Stripclub daraus wurde. Überall standen alte Barhocker herum, Sessel mit Rissen im Polster, und es gab sogar noch zwei Bowlingbahnen, die nicht mehr in Betrieb waren.

Tony kramte weiter in den Papieren auf seinem Schreibtisch, während er darauf wartete, dass ich etwas sagte. Seine dicke, glänzende schwarze Mähne war säuberlich nach hinten gekämmt. In den Jahren, seit ich hier arbeitete, hatte ich kaum mit Tony gesprochen. Er verkroch sich am liebsten Abend für Abend hinter seinem Schreibtisch. Wir Mädchen bekamen ihn nur dann zu Gesicht, wenn wir uns freinehmen oder auf andere Schichten wechseln wollten. Ansonsten kommunizierte er nur über die Clubmanager mit uns.

«Hi, Tony, wie geht's?», fing ich an.

«Prima, Monique, danke. Und dir?», erwidert er mit seinem schwachen Akzent des Italieners aus New York. Er wusste, dass ich etwas wollte.

«Also, ich wollte mit dir über meine Schicht reden. Ich brauche mittwochs frei.» Ich schlug meine Beine übereinander und rotierte auf dem Stuhl hin und her.

«Unter der Woche will niemand arbeiten. Alle wollen immer nur die Wochenenden, aber die Abende in der Woche will keiner haben», beklagte er sich. Seine beiden oberen Schneidezähne ragten ein wenig vor und landeten auf seiner dicken Unterlippe.

«Ich würde auch dienstags arbeiten. Ich muss nur mittwochs freihaben.»

«Das Studium?» Er klopfte mit einem Stapel Papiere auf den Schreibtisch und blickte zu mir auf.

«Nein.» Ich sprach nicht weiter, in der Hoffnung, er würde keine weitere Erklärung brauchen.

«Was ist es denn dann?» Er neigte seinen Kopf zur Seite, wie um mir ein Ohr zu leihen.

«Okay, das hört sich jetzt vielleicht verrückt an ...» – ich zupfte nervös den Träger meines hellblauen Minikleides zurecht – «... aber ich brauche den Abend frei, damit ich in die Kirche gehen kann.»

Tony schmunzelte. «Das hört sich überhaupt nicht verrückt an!»

«Nicht?» Ich war erleichtert.

«Nein, gar nicht. Ich gehe auch in die Kirche. Meine Frau und ich besuchen sonntags einen Abendgottesdienst.»

«Wirklich!?» Kein Wunder, dass Tony kein Interesse daran hatte, viel Zeit drinnen im Club zu verbringen und mit all den Mädchen zu flirten. Er war ein Kirchgänger!

«Ja, wirklich.» Einen Moment lang saß er nur da, lächelte und nickte, als ob er mich zum ersten Mal im Leben sähe. «Also schön», sagte er schließlich, drehte sich auf seinem Stuhl herum und wandte sich wieder seiner Arbeit zu.

«Das heißt, du bist einverstanden, dass ich meinen Schichtplan ändere?»

«Ja, das geht in Ordnung.»

Der Wecker klingelte um 9.00 Uhr. Mein ganzer Körper protestierte, als ich aufstand, um ihn auszuschalten. Der pochende Katerschmerz in meinem Kopf war meine einzige Motivation, das Piepsen abzustellen. Im Zimmer roch es nach abgestandenem Alkohol und Morgenfahne. Ich drehte mich um und sah den Typen, den ich am Vorabend im VIP-Raum eines Jon-B-Konzerts kennengelernt hatte, reglos mit offenem Mund im Bett neben mir liegen. Er hatte immer noch die dunkelblauen Jeans und das graue Button-down-Hemd von gestern Abend an. Als wir bei dem Konzert herumknutschten, hatte ich gedacht, es wäre eine gute Idee, ihn mit zu mir nach Hause zu nehmen. Aber kaum waren wir allein in meinem Schlafzimmer, ohne die laute Musik und die Long-Island-Eistees, schüttelte ich meine Partygirl-Masche ab und fuhr meine Abwehr wieder hoch.

«Hier sind die Spielregeln: Du kannst hier schlafen, aber du bleibst auf deiner Seite des Bettes. Und komm bloß nicht auf den Gedanken, mich mitten in der Nacht anzufassen.» Wahrscheinlich hielt er mich für verrückt, dass ich ihn so gelockt hatte und ihm dann eine Nase drehte.

Mir sackte das Herz in die Kniekehlen bei dem Gedanken, dass Derrick davon erfahren könnte. Als er mich überredet hatte, ihm eine eigene Wohnung zu besorgen, indem er argumentierte, jetzt, wo er Vater sei, brauche er etwas mehr Platz, hatte er ja keine Ahnung, dass das zu so etwas führen würde. Erst vor ein paar Wochen hatte er mir eine große Standpauke darüber gehalten, es sei respektlos ihm gegenüber, wenn ich die Leute umarmte, die ich in der Gemeinde kennenlernte.

«So begrüßen wir uns dort nun einmal», erklärte ich ihm. «Es hat nichts zu bedeuten. Alle umarmen sich. Es wäre seltsam, es nicht zu tun.»

«Mir ist egal, was du sagst. Es ist respektlos von dir, so einfach irgendwelche Leute zu umarmen. Du musst damit aufhören.» Sein Ton war unnachgiebig.

Ich wollte ihm Widerworte geben. Als ob du mich je umarmen würdest, dachte ich. Abgesehen von Sex hatten wir kaum jemals körperlichen Kontakt. Seit ich ihn kannte, hatte Derrick mich nur einmal umarmt: herzlich und kurz. Ich wollte mich immer an jede Einzelheit dieser Umarmung erinnern: wie es sich anfühlte, seine Arme um meine schmale Taille zu spüren; wie mein Kopf sich schüchtern gegen sein Schlüsselbein lehnte; wie ich den Atem angehalten hatte, in der Hoffnung, es würde länger dauern, wenn ich mich nicht bewegte. Aber im Nu war es auch schon vorbei gewesen.

Als ob dieser Mangel an Zärtlichkeit nicht genug gewesen wäre, wollte er sich auch nie wirklich an mich binden. Ständig war er mit anderen Frauen unterwegs. Trotzdem erwartete er von mir uneingeschränkte Hingabe. Dennoch, ich kannte die Regeln, und ich hatte es bisher noch nie gewagt, sie zu übertreten. Er warf mir einen Blick zu, und ich wusste, es war Zeit, nichts mehr zu sagen. Wo ich mir eben noch den Kopf zerbrochen hatte, ob ich andere Leute umarmen dürfe, lag ich nun also neben einem wildfremden Mann im Bett.

«Hey!» Ich tippte ihm auf die Schulter. «Hey, du musst aufstehen.»

«Wie spät ist es?», fragte er, ohne die Augen aufzumachen.

«Es ist 9.00 Uhr.» Ich spürte, wie mir die Galle in die Kehle stieg. «Ich muss los. Es ist Zeit zu gehen.»

Ich hatte schon seit Wochen geplant, mit Tanya nach San Diego zu einem Auftritt ihrer Freunde zu fahren. Schon bei dem Gedanken, anderthalb Stunden im Auto zu sitzen wurde mir schlecht, aber ich wollte mein Wort ihr gegenüber halten. Ich respektierte sie. Tanya weckte in mir den Wunsch, ein besserer Mensch zu sein; bessere Entscheidungen zu treffen. Als ich im Bett lag, wurde mir klar, dass der Abend zuvor ein Schritt in die falsche Richtung gewesen war. In Gedanken flüsterte ich: «Gott, es tut mir so leid wegen gestern Abend. Bitte vergib mir, und gib mir die Kraft, mit nach San Diego zu fahren.»

Später am Vormittag traf ich mich mit Tanya im Haus eines ihrer Freunde. Die Luft in West Los Angeles war frisch und kühl. Als ich auf die Rückbank von Renés blauem Nissan Pathfinder kletterte, überlegte ich, ob sie wohl den Alkohol riechen konnten, der mir aus allen Poren drang. Hoffentlich hatte ich genug Parfüm benutzt, um den Geruch zu überdecken. Auf der Fahrt nach San Diego versteckte ich meine müden, schmerzenden Augen hinter einer Sonnenbrille und hoffte, Tanyas Freunde Jason und René würden nicht merken, was für einen gewaltigen Kater ich hatte. Die kalifornischen Berge türmten sich trocken empor; sie lechzten nach Regen. Bei jeder Kurve oder Bodenwelle musste ich gegen die Übelkeit ankämpfen. Was würden die anderen von mir denken, wenn ich ihnen das Auto vollkotzte? Schon bei der Vorstellung, wir müssten am Straßenrand halten und mit alten Handtüchern mein Erbrochenes aufwischen, wurde mir heiß vor Verlegenheit.

René war während der Fahrt ruhig und schweigsam. Er schien genau der Typ zu sein, den man bei einem abendlichen Zug um die Häuser dazu verdonnerte, nüchtern zu bleiben und am Steuer zu sitzen. Ein besonnener Typ, der zufrieden damit war, sich zurückzulehnen und zu beobachten, wie sich die Dinge entwickelten. Als im Radio der Song «Are You That Somebody?» von Aaliyah ertönte, drehte er die Lautstärke auf.

«Der Song ist geil!», rief ich von hinten und hielt mir sofort die Hand vor den Mund. Durfte man im Beisein von Kirchgängern «geil» sagen? Ich warf Tanya einen Blick zu, um zu sehen, ob ich ihnen auf die Füße getreten war. Doch sie schien völlig umbekümmert zu sein. Ich bin sogar ziemlich sicher, dass ich Jason auf dem Vordersitz kichern hörte. Das beruhigte mich.

«Was für Musik spielt ihr denn?», erkundigte ich mich, um Small Talk zu machen.

«Hip-Hop», erwiderte Jason und drehte sich von vorne zu mir um. Seine Haare waren nach vorn gekämmt und in einer schnurgeraden Linie abgeschnitten, so wie die von Jon B. Ulkig, er sieht ihm richtig ähnlich, dachte ich.

«Hip-Hop? Echt?» Rappende Christen. Das konnte ja interessant werden.

Nach dem Mittagessen in einem schmierigen Tacoladen, wo ich in dem Salat in meiner Tostada herumstocherte, kamen wir schließlich zum Soundcheck am Veranstaltungsort an. «The Melting Pot», ein idyllisches Café, in dem Bands aus der Region auftraten, bot einen krassen Gegensatz zum House of Blues am Sunset Boulevard, wo ich am Abend zuvor gewesen war. Während des Soundchecks schnappte ich mir einen freien Klappstuhl im Hintergrund des Raums. Als ich dort saß und wartete, spürte ich, dass jemand mich beobachtete. Ich drehte mich und sah einen Mann, den ich schon in der Kirche gesehen hatte. Ich winkte ihm zu.

«Hey, was machst du denn hier?», fragte er.

«Meine Freundin Tanya hat mich mitgenommen, um die Eternals zu sehen. Und du?»

«Oh ... äh ... ich trete heute Abend hier auf», sagte er und zog seinen Stuhl näher zu mir.

Für einen Rapper hätte ich ihn nicht gerade gehalten. Mit seinen altmodischen Hosen, seinem hellblauen Button-down-Hemd und seinen gewellten braunen Haaren, die er sich zu einem Mini-Pompadour hochgekämmt hat, hatte er etwas von einem Halbstarken aus den Fünfzigern. Er sah so aus, als würde er Doo Wop singen.

«Oh, cool. Wie heißt du nochmals? Ich konnte mir noch nie gut Namen merken.»

«Ich bin John ... und du bist Harmony, stimmt's?» Er schaute mich offen aus seinen braunen Augen an.

«Ah, ich sehe, du hast dich schon mit Pigeon John bekannt gemacht», sagte Tanya und begrüßte John mit einem freundlichen Klaps auf die Schulter.

Zu dritt machten wir einen Ausflug zum Lebensmittelmarkt an der nächsten Straßenecke, um uns etwas zu trinken zu holen. Es fing an zu dämmern; seine Lieblingstageszeit, sagte er. Und es war wirklich schön. Die Luft war weich und immer noch warm vom Tag. Leute in den Zwanzigern schlenderten in Flipflops und Surfshorts ziellos durch die Straßen. Mir ging es allmählich besser.

«Was treibst du so?», erkundigte sich John.

«Was ich treibe? Meinst du, was ich beruflich mache?»

«Ich meine ‹was du so treibst›. Du weißt schon: Gehst du gern in Buchläden, ins Café, ins Kino und so?»

Das war mal etwas Neues, dachte ich. Ich war dankbar, dass er mich nicht fragte, wovon ich lebte. Ich hatte keine Lust, ihn anzulügen, aber ich wusste auch nicht, was ich ihm antworten sollte. Was *treibe* ich eigentlich so? Ich musste erst einmal überlegen.

«Ich tanze gerne.» Das war das Einzige, was mir einfiel. Das Einzige, was mir noch geblieben war. Alles andere, was ich «trieb», drehte sich um Derrick. Ich machte das, was er machte. Ich mochte, was er mochte. Ich aß, was er aß. Etwas zu wollen, was *ich* wollte, war mir viel zu anstrengend. Es war viel einfacher, zu wollen, was *er* wollte; die Person zu werden, die er wollte.

Am Abend spielten die Brainwash Projects und The Eternals für eine Bude voller verschwitzter Hipsters und Surfertypen. In Reimen über kraftvollen, kernigen Beats ergossen sie scharfzüngigen Humor über Datings mit Cheerleadern und heiße Mädchen in knappen Shirts. B-Boys und B-Girls mit Mützen und Pumas sprachen die Texte mit. Sie waren nicht nur gut, sie waren auch witzig. Während des Konzerts lachte ich genauso viel, wie ich tanzte. Dann verließen sie unter dem Jubel des ganzen Saals die Bühne, und ein Mann in mittleren Jahren in einem abgetragenen, karierten Hemd und Jeans stand auf und nahm ein Mikro vom Ständer. Seine sandblonden Haare waren zerzaust, aber sauber.

«Bird hat mich gebeten, hier heraufzukommen und euch meine Geschichte zu erzählen», fing er an, und in dem lebhaften Publikum breitete sich eine respektvolle Stille aus. Man konnte das leise Gurgeln der Kaffeemaschine hören.

«Ich war früher ziemlich kaputt. Ich zog durch die Straßen, nahm Drogen, das ganze Programm …» Beim Sprechen schlenderte er locker auf der Bühne hin und her. «Mit der Zeit wurde es mit meiner Sucht so schlimm, dass ich alles verlor. Ich war obdachlos. Und … na ja … so sah mein Leben vor Gott aus. Bevor ich ihn kennenlernte.»

Eben noch hatten alle Leute ausgelassen getanzt; im nächsten Moment hörten sie zu, wie dieser Mann etwas aus der Bibel vorlas. Eine Frau mit einem handgestrickten Rasta Tam auf dem Kopf griff in ihre Leinentasche, holte eine kleine Bibel hervor und las mit. Tanya hörte aufmerksam zu.

«Ich bin der Weinstock, ihr seid die Reben. Wer in mir bleibt und ich in ihm, der bringt viel Frucht; denn ohne mich könnt ihr nichts tun. Wer nicht in mir bleibt, der wird weggeworfen wie eine Rebe und verdorrt. Johannes 15,5–6», las der Mann vor. «Mir wurde schließlich klar, dass ich, wenn ich nicht in ihm blieb, keine Frucht bringen konnte. Ich war wie diese verdorrte Rebe», fuhr der Mann fort. Überall im Raum sah ich Leute zustimmend zu der Schlussfolgerung des Mannes nicken.

Auf der Heimfahrt war ich tief in Gedanken versunken. Die onyxfarbenen Wellen des Pazifik draußen vor meinem Seitenfenster zogen sich bis in unendliche Ferne. Ich konnte nicht erkennen, wo der Ozean endete und meine Gedanken begannen.

Okay, Gott. Ich habe versucht, mich aus eigener Kraft durchzuschlagen, und ich sehe ja, wo mich das hingebracht hat. Mein Körper ist zu einer Ware verkommen. Ich ziehe mich für fremde Männer aus, und was ich dabei verdiene, das verschleudere ich – ich verschenke es, nur damit er mich dringend genug braucht, um bei mir zu bleiben. Ich jage einem Mann nach, der zu egoistisch ist, als dass er mich je wirklich lieben könnte. Eine kalte, eiserne Faust hält mein Herz umklammert, und ich fühle mich, als würde ich sterben.

Ich bin eine verdorrte Rebe und liege verschrumpelt und trocken am Ufer eines Flusses. Ich kann das Wasser sehen, und ich sehne mich danach, dass es meinen Durst stillt. Aber ich bin fern; abgeschnitten. Getrennt von der Quelle, die mir die starken, dicken Wurzeln geben könnte, die ich brauche; Wurzeln, die Gestein und Erde durchdringen, um an das belebende Wasser zu gelangen.

Dieser Mann sagte, es gebe einen Weinstock – einen Baum – in den ich eingepfropft werden könne. Das brauche ich. Ich muss eingepfropft werden. Was heißt das eigentlich, in dir zu bleiben? Zeig mir, wie ich das machen kann. Ich bin es leid, so eine verdorrte Rebe zu sein, brüchig und verschrumpelt.

Renés Auto surrte durch die stille Nacht, und in mein Herz zog eine ruhige, klare Erkenntnis ein. Es gab ein Band, das durchschnitten werden musste; eine Fessel, die mich von der Quelle fernhielt. Irgendwie wusste ich, dass diese Kette der Sex war. Stark und fest verknotet schien er alle anderen Bande zusammenzuhalten, die mich in dieser Einöde festhielten. Jedes Mal, wenn ich mit Derrick schlief, gab ich ihm ein Stück von mir selbst und verdorrte ein bisschen mehr.

Das Telefon wog schwer in meiner Hand. Ich legte auf und schob es behutsam auf meinen Nachttisch. Jetzt konnte der Weinkrampf kommen, mit dem ich rechnete. Ich stellte mir vor, ich müsste mich jetzt aufs Bett werfen und stundenlang heulen, weil ich alles verloren hatte, worauf ich je gehofft hatte. Aber die Tränen wollten nicht kommen.

Ich hatte mich den ganzen Tag über vorbereitet und jede Bibelstelle gelesen, die irgendetwas mit dem Thema zu tun hatte. Ich war barfuß auf meinem grauen Teppich hin und her getigert und hatte Gott angefleht.

«Gott, wenn du wirklich willst, das ich das tue, dann musst du mir die Kraft dazu geben.»

Als ich Derrick sagte, ich wolle nicht mehr mit ihm schlafen – ich wolle von nun an bis zur Ehe warten –, da rechnete ich damit, ihn zu verlieren. Seit dem Tag nach meinem vierzehnten Geburtstag war ich sexuell aktiv gewesen. Sex war mein Sicherheitsnetz. Damit band ich Männer an mich. Ich wusste genau, was Derrick sagen würde, wenn ich ihn anrief.

«Dann können wir nicht mehr zusammen sein.»

Ich behielt recht. Nach dem Anruf ging ich in die Küche, um das Geschirr zu spülen. Ich ging auf Zehenspitzen durch mein

Wohnzimmer, als könnte ich mit einem falschen Schritt eine Landmine lostreten und meine ganze Welt zum Explodieren bringen. Doch immer noch wollten keine Tränen kommen. Ich füllte das Spülbecken mit heißem Wasser und Spülmittel, das nach Zitronen duftete, und fing an abzuwaschen. Das Telefon klingelte, ein Teller glitt aus meiner Hand ins schaumige Wasser. Ich sah ihn zum Boden des Beckens trudeln und wartete, bis er zerbrechen würde, ehe ich ans Telefon ging. Er zerbrach aber nicht.

Es war noch einmal Derrick. Ich konnte kaum glauben, dass er anrief. Nach unserem letzten Gespräch hatte ich gedacht, ich würde nie wieder etwas von ihm hören. Vielleicht wäre mir das sogar am liebsten so gewesen.

«Du hast gesagt, du willst nicht mehr mit mir schlafen, weil ich nicht fest zu dir stehe.» Er schwieg lange, bevor er weitersprach. «Ich bin bereit, mich zu dir zu stellen. Ich lasse alles hinter mir. Das ganze Rumgemache. Ich hatte sowieso allmählich genug davon.»

Ich hätte schwören können, dass der Wind zu wehen aufhörte. Selbst der Ficusbaum vor meinem Fenster war auf einmal ganz still und reglos. Kein einziges Blatt raschelte.

«Dir ist klar, dass ich keinen Sex mehr will, bis ich verheiratet bin?», sagte ich mit ruhiger, stetiger Stimme.

«Ich werde warten …»

Mein Mund wurde trocken.

«Ich will dich heiraten, Harmony.» Ich bin ziemlich sicher, dass seine Stimme sich aufrichtig anhörte.

Einen Moment lang fühlte ich mich wie in einem dieser Träume, in denen man etwas sagen will, aber kein Wort herausbringt. Die Worte blieben mir in der Kehle stecken. Ich dachte, ich hätte mich auf alle möglichen Szenarien vorbereitet: Streit, Überredungsversuche, Schweigen, Abwesenheit – auf alles hatte ich mich eingestellt. Auf alles, nur nicht auf das, wovon ich immer geglaubt hatte, ich wollte es.

«Okay. Und was heißt das jetzt?» Meine Worte kamen langsam und abgehackt.

«Ich will mit dir zusammen sein. Du bist die Frau, mit der ich mein Leben verbringen möchte. Das war schon immer der Plan.» Es war das erste Mal, dass ich von so etwas wie einem Plan hörte.

«Okay. Das heißt also, wir sind offiziell zusammen. Keine Gina mehr, keine anderen Mädchen? Nur wir beide?» Ich setzte mich auf mein Sofa und betrachtete den blauen Picasso-Druck an meiner Wand. Die Frau, die dort dargestellt war, war nackt und hatte sich zu einem Ball zusammengerollt. Sie wandte dem Betrachter den Rücken zu, und ihr Gesicht war in ihrer Armbeuge versteckt. Ich fühlte mich, als steckte ich in ihrer Haut, in dieser tiefernsten Situation.

«Ich habe keine Lust mehr, mit anderen Mädchen herumzumachen ... Hör zu, ich bin unterwegs zu dir. Dann können wir reden.»

Ich ging in mein Schlafzimmer und ließ mich bäuchlings auf meine Matratze fallen. Stille Tränen liefen mir über die Wangen. Ich blieb liegen, bis die Steppdecke unter meiner Wange nass und klamm war. Dann fing ich an zu heulen: ein tiefer, gutturaler Aufschrei, der meine ganze Brust zum Wogen brachte. Ich rollte mich zur Embryohaltung zusammen und jammerte laut wie eine Frau, die gerade ihren Mann oder ihr Kind verloren hat. Hatte ich nicht genau das immer gewollt? Hatte ich nicht die ganzen Jahre hindurch genau dafür gekämpft? War es nicht genau das, wovon ich glaubte, dass es das klaffende Loch in meinem Innern ausfüllen würde? Wenn dies das Heil war, dem ich nachgejagt war, warum fühlte ich mich dann jetzt nicht heil?

Eine leise, sanfte Stimme antwortete meinem Herzen. Sie hüllte mich wie eine weiche, vertraute Decke ein.

«Liebste Tochter, er war nie dazu bestimmt, dich auszufüllen. Er war nie das, wonach du gesucht hast. Ich bin hier bei dir. Ich werde dich nie verlassen. Um meine Liebe wirst du niemals kämpfen müssen; sie stirbt nie. Ich bin es, nach dem du gesucht hast.»

An diesem Nachmittag hatte ich alles bekommen, was ich zu brauchen glaubte, doch es war immer noch nicht genug. Anfangs weinte ich aus Verzweiflung, dann aus Ergebung. Als ich all meine Bedürfnisse und Sorgen an ihn abgab, durchflutete mich ein sanfter Friede und füllte die schmerzhafte Leere in meinem Innern. Eine Stille kehrte in meinem Herzen ein. Ich blieb liegen, bis ich eindöste.

Als ich das Drehen des Türknaufs hörte, wurde ich aus einem ruhigen Schlaf gerissen. Meine Beine fühlten sich schwer und widerwillig an, als ich nach nebenan ging, um ihn zu begrüßen. Derrick grinste. Dieses Grübchen in seiner Wange bekam ich nur selten zu sehen. Er schien glücklich zu sein. Ich war es nicht. So hatte ich mir das alles nicht vorgestellt. Seine Miene veränderte sich, sobald er mein Gesicht sah.

«Derrick, wir müssen reden.»

Er setzte sich neben mich.

«Ich kann das nicht machen. Ich glaube nicht, dass das funktionieren wird», fuhr ich fort.

«Was wird nicht funktionieren?» Er war baff. Ich brachte es nicht fertig, ihm zu antworten.

«Was?», fragte er nach. Er sah zornig aus, zorniger, als ich gedacht hatte. Sein Gesicht verzog sich zu einer Fratze.

«Ich glaube nicht, dass wir zusammen sein sollten.» Da ich noch nicht bereit war, ihn vollkommen loszulassen, bot ich ihm ein Trostpäckchen an. «Wir können Freunde bleiben und Sachen zusammen machen ... und keine Angst, ich werde dir immer noch aushelfen und so ...»

Er stand auf und ging auf die Tür zu.

«Warte! Derrick, komm zurück und lass uns reden ...», rief ich ihm nach.

«Es gibt nichts zu reden.» Er knallte die Tür so fest zu, dass

Picassos *Blaue Frau* in Schieflage rutschte. Ich riss die Tür auf und rannte ihm nach – nicht, weil ich das Bedürfnis hatte, ihn zurückzuhalten, sondern weil es mir so sehr in Fleisch und Blut übergegangen war, ihm hinterherzujagen. Ich war eine Zuschauerin in meinem eigenen Leben, während die alten Gewohnheiten die Regie übernahmen.

«Derrick, warte. Bitte warte doch, damit wir reden können.» Er ging so schnell, dass ich kaum mit ihm Schritt halten konnte. Keuchend und weinend und hysterisch versuchte ich, ihn aufzuhalten.

Schließlich wollte ich nach seiner Hand greifen. Er fuhr herum, packte mich an den Schultern und stieß mich hart zurück. Ich stolperte und musste mich an einem Maschendrahtzaun festhalten, um nicht auf das Betonpflaster aufzuschlagen. Als ich mein Gleichgewicht wiederhatte, stand ich dort auf dem Bürgersteig und sah ihn davongehen. Mein Herz pochte heftig und panisch. Jeder Atemzug brachte meine Lungen zum Brennen. Dass Einzige, wonach ich mich je gesehnt hatte, war eingetroffen und wieder entschwunden. Äußerlich rannte ich ihm noch hinterher, aber in meinem Herzen kehrte allmählich Gewissheit ein.

Es war Zeit, einer größeren Liebe entgegenzurennen. Auf dem Heimweg flüsterte er mir in der sanften, warmen Nachmittagssonne meinen Namen zu. Jeder Sonnenstrahl erinnerte mich an seine Freundlichkeit, die sich meiner erschöpften Seele entgegenstreckte.

Ich starrte die große Wandmalerei eines orange lodernden Sonnenuntergangs über dem Strand an, die in Sals Büro, wo ich auf Tony wartete, eine ganze Wand einnahm. Sal war der Besitzer des Clubs. Es sah ihm ähnlich, so etwas Spektakuläres an seiner Wand zu haben. Die Wandmalerei sah aus, als stammte sie von einer der kitschigen Postkarten, die man an der Strandpromenade kaufen konnte. Als ich Sal zum ersten Mal begegnete, hatte er versucht, mich zu hypnotisieren, damit ich mit ihm schlief. Dann strich er mich so lange vom Schichtplan, bis ich zustimmte, mit ihm essen zu gehen. Ich schlief zwar nicht mit ihm, aber ich gab schließlich nach und ging mit ihm essen, um meinen Job nicht zu verlieren. Dabei stellte ich mich so kratzbürstig an, dass er mir am Ende des Abends sagte, ich sei ein perfektes Beispiel dafür, warum er asiatische Mädchen bevorzuge. Frauen wie ich hätten einfach ein zu großes Mundwerk. Die asiatischen Mädchen, von denen er sprach, traf er auf seinen Sexreisen nach Thailand, wo er sich im Urlaub gern mit minderjährigen Sexsklavinnen vergnügte.

Tony kam in Sals Büro, und ich setzte mich auf dem kratzigen Polyestersofa zurecht.

«Also, was war los, Monique?», fragte Tony und setzte sich auf den dazu passenden Diwan mir gegenüber.

«Er hat kein Trinkgeld gegeben. Wie kann ein Mann so an der Bühne sitzen und nicht einmal den Anstand haben, einen einzigen Dollar Trinkgeld zu geben?», beklagte ich mich.

«Du kannst die Gäste nicht einfach mit Getränken überschütten.» Sein Tadel kam halbherzig. Ich merkte, dass er mit mir fühlte.

«Ich habe es ja so gemacht, dass es wie ein Versehen aussah», erwiderte ich mit schuldbewusstem Lächeln.

«Du darfst so etwas nicht mehr machen, Monique.»

Ich hörte das ferne Wummern der Musik aus dem Club.

«Ich will das alles nicht mehr machen», sagte ich, verschränkte meine Arme und ließ mich auf dem Sofa zurücksinken. «Ich habe die Nase so voll davon. Ich weiß nicht, wie lange ich das noch aushalte. Ich versuche, da hinauszugehen und Geld zu verdienen, aber am liebsten möchte ich irgendjemanden verprügeln», schimpfte ich.

«Glaub mir, ich weiß Bescheid.» Tony beugte sich vor und stützte seine Arme auf die Knie. «Ich bin seit zwanzig Jahren in diesem Geschäft, und fast genauso lange will ich auch schon wieder raus. Aber für einen wie mich, der so viele Jahre hier gearbeitet hat, ist es schwer, rauszugehen und einen normalen Job zu finden. Versucht habe ich's, das kannst du mir glauben.» Tony lehnte sich zurück und starrte den gemalten Ozean an der Wand an.

Zwanzig Jahre zuvor wollte Tony seiner Verstrickung in eine kriminelle Organisation entkommen. Dazu mietete er sich mit genügend Drogen, um sich umzubringen, und einer Kanone, um sich nötigenfalls den Rest zu geben, in einem Motel ein. Als er high genug war, raffte er seinen Mut zusammen, um Russisches Roulette zu spielen und sich eine Kugel in den Kopf zu jagen. Da hörte er ein Klopfen an der Tür seines Motelzimmers. Es war ein alter Schulfreund, den er seit Jahren nicht mehr gesehen hatte. Da Tony niemandem erzählt hatte, dass er in diesem Motel war, bestürmte er den Mann mit Fragen, wie er ihn gefunden habe.

«Gott hat mir gesagt, dass du hier bist, und ich weiß auch, was du vorhast.»

Das war verrückt genug, um Tony aufhorchen zu lassen. Also ging er auf die Bitte seines alten Kumpels ein, ein Bier trinken zu gehen. Der Abend endete damit, dass der Mann Tony dort auf dem Parkplatz der Bar zu Christus führte. Tony brachte sich nicht um. Stattdessen fing er an, sich nach einem legalen Job umzuschauen. Schon am nächsten Tag sprach ihn ein Mann auf der Straße an und bot ihm einen Job als Rausschmeißer in einem Club an. Wie sich herausstellte, war es ein Stripclub.

Nach einigen Augenblicken schüttelte Tony seine Trance ab und griff nach seinem Aktenkoffer, der neben dem Sofa stand.

«Ich will dir etwas zeigen», sagte er und zog einen Umschlag aus dem Koffer. «Erinnerst du dich an Amanda?»

«Natürlich erinnere ich mich an sie.» Sie war nicht leicht zu vergessen. Eins achtzig groß, und das ohne Absätze.

«Sie hat mir das hier geschickt.» Er las mir einen Auszug

aus dem Brief vor. «‹Lieber Tony, danke für unser Gespräch damals. Du hast mich daran erinnert, dass das Leben in mir kostbar ist, und mir geholfen, die richtige Entscheidung zu treffen. Wärst du nicht gewesen, dann hätte ich mein kleines Mädchen jetzt vielleicht nicht.›» Dann zeigte er mir ein Bild von Amanda. Sie hielt ein kleines Baby mit dünnen braunen Haaren im Arm. «Sie wollte das Kind abtreiben lassen. Sie kam zu mir.» Tony kniff sich an der Nasenwurzel und presste seine Augen zu, um die Tränen zurückzuhalten. «Ich will raus, aber manchmal frage ich mich, ob Gott mich aus einem bestimmten Grund hier sein lässt. Vielleicht will er mich hier an der Front haben, um Mädchen wie Amanda zu helfen.» Er schüttelte den Kopf und sah mir in die Augen. «Monique, willst du hier raus?»

«Ja, das will ich, Tony.»

«Hättest du dann etwas dagegen, wenn ich mit dir beten würde?»

Noch nie hatte jemand mit mir gebetet. Ich wusste nicht recht, was ich machen sollte. Sollte ich aufstehen? Mich hinknien? Tony griff nach seinem Aktenkoffer und machte ihn wieder auf. Drinnen lag die Pistole, die er immer bei sich hatte, und daneben ein kleines braunes Fläschchen. Das nahm er heraus und zeigte es mir. Es sah aus wie ein Behälter, wie er für Kokain verwendet wird. Er stand auf, und ich folgte seinem Beispiel.

«Das ist … ähm … Salböl», stotterte Tony. «Äh … macht es dir etwas aus, wenn ich davon etwas benutze, wenn ich mit dir bete?»

«Nein, mach ruhig.» Ich hatte nichts zu verlieren.

Tony gab einen Tropfen des Öls auf seinen Mittelfinger und berührte damit meine Stirn. So stand ich dort halb nackt in meinen Stilettos im Hinterzimmer eines Stripclubs, und Tony betete für mich. Allmählich hatte ich das Gefühl, dass Gott viel größer war, als ich es ihm zutraute. Dass er ein Gott war, der in

Stripclubs unterwegs ist und Männern wie Tony und Mädchen wie mir nachgeht.

Meine Großmutter umschloss einen Becher mit schwarzem Kaffee mit ihren Händen. Wir beide saßen am Fenster der Frühstücksnische im Haus meines Vaters in einem Vorort von Seattle, Washington. Vor uns lag ein Garten auf einer Klippe, angefüllt mit Blumen und Futterstellen für Vögel, an denen sich die wildesten und schönsten Vögel tummelten. Unter uns lag der Pazifik, dessen schiefergraues Wasser unten an die Felsen brandete. Doch für all das hatte keiner von uns einen Blick. Wir beobachteten beide meinen Vater.

Er saß in einem marineblauen Bademantel über seinem beigefarbenen Velours-Trainingsanzug auf einem Gartenstuhl. Seine Zigarette hielt er zwischen Zeigefinger und Daumen wie einen Joint. Er nahm einen letzten Zug, bevor er sie in dem handgemalten Aschenbecher, den zweifellos seine Frau ausgesucht hatte, ausdrückte. Dann reckte er den Hals vor, hob vorsichtig, um keinen Tropfen zu verschütten, ein randvolles Glas Scotch an die Lippen. Ich überlegte, ob ich hinausgehen und mich zu ihm setzen sollte, aber mir fiel immer noch nichts ein, was ich außer «Guten Morgen» zu ihm hätte sagen können.

«Du hast ja keine Ahnung, wie schwer das für eine Mutter ist. Ich verstehe einfach nicht, wieso er nichts mit mir zu tun haben will», lamentierte sie, während sie auf ihren dampfenden Kaffee blies.

«Stellt dir vor, wie es ist, seine Tochter zu sein», warf ich ein. Dasselbe Gespräch hatten wir schon Dutzende Male geführt, ohne je herauszubekommen, wer von uns mehr zu leiden hatte.

«Was glaubst du, warum er uns nach all den Jahren hierher eingeladen hat? Meinst du, sie hat endlich etwas gesagt?» Die hellblauen Augen meiner Großmutter waren voller Sehnsucht und Fragen. Die «Sie», von der sie gesprochen hatte, war Christy, die aktuelle Frau meines Vaters. Fünf Jahre zuvor bei einem langen Feiertagswochenende, bei dem fünf meiner Angehörigen sich tatsächlich einmal unter einem Dach befanden hatten, hatte mein Vater sie mitgebracht und der Familie vorgestellt. Nur mit knapper Not brachten wir das Abendessen zu Thanksgiving zu Ende, ehe die Persönlichkeiten mit solcher Wucht aufeinanderprallten, dass mein Vater und seine Zukünftige sich ein Hotelzimmer nahmen und nie wieder zurückkehrten. Seine Braut stellte ihm ein Ultimatum: wir oder sie. Er entschied sich für sie, und seither hatten wir ihn nicht gesehen.

Vor Kurzem waren sie in dieses Haus in Washington gezogen, und offenbar war seine Frau in dem elenden Wetter in Seattle so einsam und deprimiert, dass sie vielleicht in sich gegangen war und ihre Haltung geändert hatte. Was meinen Vater betraf, hatte sich nicht viel verändert. Ich griff nach der Flasche mit teurem Parfüm, die auf dem Küchentisch stand, und sprühte mich schon zum zweiten Mal an diesem Morgen damit ein. Am Vortag hatte mein Vater meiner Großmutter und mir während eines Ausflugs am Nachmittag in ein schickes Kaufhaus, in dem ein Live-Pianist Fahrstuhlmusik spielte, je eine Flasche davon spendiert. Als mein Vater der Verkäuferin seine Kreditkarte reichte, stellte ich mir vor, ich wäre die Sorte Tochter, die ihren Vater in teuren Kaufhäusern zu allen möglichen extravaganten Käufen verleiten konnte. Einen Moment lang war ich «Daddys kleines Mädchen».

«Gib mir mal was davon. Ich habe meine oben gelassen», sagte meine Großmutter mit ihrem osttexanischen Akzent und griff nach meiner Parfümflasche. «War das nicht nett von ihm, dass er uns die gekauft hat? Das wäre ja nicht nötig gewesen, weißt du.» Sie legte Wert darauf, diese Freundlichkeit gebührend zu würdigen. Immerhin gewann er damit ein kleines Stück mehr Ähnlichkeit mit dem Sohn, den sie sich immer erträumt hatte. Ich schob die Glasschiebetür auf, die kühle Meeresluft schlug mir entgegen.

«Also, wenn du rausgehst, komme ich wahrscheinlich gleich nach.» Irgendein Gespräch zu verpassen kam für meine Großmutter nicht infrage.

Ich setzte mich auf einen Gartenstuhl neben meinen Vater und schlang meine Arme fest um meine Taille, um mich warmzuhalten. Einen Plan hatte ich immer noch nicht. Ich dachte mir, ich würde mich einfach in sein Sehfeld begeben und abwarten, was daraus wurde.

«Ganz schön frisch heute …» Das war sein Versuch, ein Gespräch anzufangen. Auf diese Weise konnte er reden, ohne tatsächlich etwas zu sagen. Genauso machte er es bei langen Autofahrten, indem er irgendwelche Reklametafeln vorlas, um die Stille auszufüllen.

«Ja, es ist kalt hier draußen», erwiderte ich. Immerhin gab er sich ja Mühe. Ein Kolibri flatterte herum und untersuchte eine mit leuchtend rotem Nektar gefüllte Futterröhre.

«Christy ist wohl ganz versessen darauf, Vögel zu beobachten, was? Sie hat mir ihr Fernglas und dieses Vogelbuch gezeigt.

«Ja, sie liebt Vögel. Sie ist eine richtige Vogelkundlerin.» Er wippte gewohnheitsmäßig mit dem rechten Fuß.

Hinter uns öffnete sich die Glasschiebetür, und meine Großmutter kam aus dem Haus. Sie war inzwischen nach oben gegangen, um sich ihren Mantel zu holen, einen bunten Tweedmantel mit losen, mit Federn besetzten Stoffschlaufen.

«Guten Morgen allerseits», sagte sie zu ihrem großen Auftritt.

Mein Vater setzte sich aufrechter und zog seinen Bademantel fester zu. «Guten Morgen, Mutter. Na, ich sollte dann mal lieber duschen gehen», sagte er, stand auf und ging zurück ins Haus.

Meine Großmutter und ich blieben still sitzen, nachdem er gegangen war. Ich wünschte mir, ich hätte etwas Spannenderes zu sagen gehabt – irgendetwas, womit ich ihn in meiner Nähe hätte halten können. Ich spürte eine Sehnsucht, etwas zu sagen oder zu tun oder zu *sein*, was ihm bewusst machen würde, dass ich es wert war, dass er mich liebte und mich bei sich hatte. Genauso hatte ich es immer bei Derrick empfunden. Nur war mein Vater immer abwesend, während Derrick wenigstens da gewesen war.

Diese Sehnsucht nach der Anerkennung meines Vaters war eine tiefe Wunde in meinem Herzen. Dabei missbilligte er mich nicht einmal. Er hatte nie irgendetwas in dieser Richtung gesagt. Was mir zu schaffen machte, waren all die Dinge, die er niemals aussprach. In Derrick hatte ich jemanden gefunden, der zumindest irgendeine Meinung über mich äußerte, auch wenn es eine negative war. Mir hatte es schon gereicht, dass er sich überhaupt die Zeit nahm, mich so weit zu kennen, dass er sich eine Meinung über mich bilden konnte.

Wer wohl aus mir geworden wäre, wenn mein Vater meine Mutter und mich nicht verlassen hätte? Was für ein Mensch wäre ich, wenn ich hier auf diesem Steilufer über dem Puget Sound leben würde? Mir fiel eine winzige gelbe Blüte auf, die seitlich über den Rand ihres Tontopfes hing, als reckte sie sich, um einen grauen Strahl Sonnenlicht von dem kalten Himmel über Seattle zu erhaschen. Eine freundliche, liebevolle Stimme in meinem Herzen sagte mir, dass ich mich nicht so recken musste.

«Sieh dir das an, Harmony», sagte meine Großmutter und deutete auf den Kolibri, der jetzt den künstlichen Nektar schlürfte. Ich konnte das Schwirren seiner Flügel in der Luft hören. Im selben Moment schoss er von der Futterröhre weg, landete auf einer Hibiskusblüte und entdeckte die nahrhafte Süße in ihrem Innern.

Warum sollte ein Kolibri sich auch mit so einer künstlichen Futterröhre begnügen, wenn er doch einen ganzen Garten voller echter Blüten hatte? Als ich darüber nachdachte, fiel mir auf, dass ich es genauso gemacht hatte.

Zweiundzwanzig

Nacht legte sich blaugrau über Inglewood, Kalifornien. In der Ferne färbten die Lichter der Stadt die dichte graue Smogschicht orange ein. Ich nahm eine andere Route: den Schleichweg. Ich wollte den Touristen und Geschäftsleuten ausweichen, die sich mit null Stundenkilometern den Freeway 405 in Richtung Flughafen entlang quälten.

Die Musik von Kirk Franklin & The Family drang aus den Alpine-Lautsprechern in meinem Honda Civic: «Silver and gold, silver and gold; I'd rather have Jesus than silver and gold.» Die Musik gab mir Trost, und ich stimmte in das Lied ein, ohne auf die Bedeutung meiner Worte zu achten. Ich hatte dasselbe knöchellange grüne Sommerkleid mit den winzigen weißen Blumen an, das ich immer trug. Kein Höschen, kein BH: So zeichneten sich von den Gummibändern und Drähten der Unterwäsche keine Linien auf meiner Haut ab. In Wahrheit spielte es überhaupt keine Rolle, was ich anhatte. Das tat es nie. Ich zog ja sowieso alles aus. Ich will nicht hier sein; hier will ich nicht sein, dachte ich, als ich auf den Parkplatz des Clubs einbog.

Das Schild fiel mir auf. Ich hatte es schon immer gehasst. Ich hatte Sal, dem Besitzer, schon tausend Mal gesagt, er solle es ändern, aber er hörte nie auf mich. Die verblassten orangefarbenen und roten Lettern im Stil der 1970er hingen schlaf herab: «Live Live Nude Nudes» – als ob drinnen möglicherweise auch tote Nackte sein könnten. Möglich wäre es ja schon. In wenigen Augenblicken würde ich da drinnen sein, mich bis auf die Haut ausziehen und mir vorkommen wie eine tote Nackte. Einmal war ein «e» heruntergefallen, dann hieß es nur noch «Live Live Nude Nud s». Es dauerte Monate, bis Sal das wieder in Ordnung brachte.

Ein schwergewichtiger Mann mit verwitterter schwarzer Haut und aschgrauen, schwieligen Händen grüßte mich auf dem Weg in den Club. Ich lächelte. Er versuchte, das Lächeln zu erwidern. Ihm fehlten mehr Zähne, als er noch hatte. Wir unterhielten uns auf dem Weg zur Tür ... taten so, als interessierten wir uns für das Wetter oder dafür, wie leer oder voll der Parkplatz war.

Elvia saß draußen und rauchte eine Zigarette. Ihre pechschwarzen, strähnigen Haare passten zu ihren dunklen Augen und bildeten einen krassen Gegensatz zu ihrer blassen, teigigen Haut. Sie hatte nichts an außer einem BH und Höschen, dazu ein paar Stilettos aus Lackleder mit zwanzig Zentimeter hohen Absätzen, aber sie sah trotzdem wie eine aus der Gothic-Szene aus. Ihre aufgespritzten, tief burgunderroten Lippen öffneten sich zu einem glatten Lächeln, als ich an ihr vorbeiging. Im Club roch es nach Zigaretten, Körperspray von Victoria's Secret und fettigen Pommes frites. Diese Kombination kam mir immer völlig unpassend vor. Stripperinnen und Cheeseburger.

Am DJ-Stand drückte Doug, der König der Einzeiler, seinen grinsenden Mund gegen das Mikrofon.

«Auf der Hauptbühne jetzt die bezaubernde junge ... Jaaaade», schwärmte er. «Na, Monique, was darf's denn heute sein? Ein bisschen Erykah Badu?»

«Nein, Rickie», gab ich zurück und lächelte tolerant, während er mich von oben bis unten musterte.

In der Garderobe herrschte viel Betrieb während des Schichtwechsels. Ich zog ein Handtuch hervor und legte es vor dem bodenlangen Spiegel auf den Boden. Dann stellte ich mich mit an der Wand entlang gespreizten Beinen hin und begann mich zu schminken; mir die Maske aufzumalen. Das war meine Art, mich zu distanzieren – sowohl von den Gästen als auch von mir selbst.

MAC-Puder: C3, ein warmer Goldton. Ein sanfter brauner Schatten, um meine hellblonden Augenbrauen zu betonen. Augenbrauen rahmen das Gesicht ein, sie zu formen ist eine richtige Kunst. Das hatte Grace mir beigebracht. Ich solle die Gesichter von Porzellanpuppen studieren, hatte sie gesagt. Ihre Brauen schwingen sich in einer perfekten Kurve. Jade brachte mir bei, wie man flüssigen Eyeliner mit ruhiger Hand aufträgt. Eine dünne schwarze Linie direkt über den Wimpern, um meine hellgrünen Augen zu betonen. Und das I-Pünktchen: ein tiefroter Lippenstift.

«Meine Güte, mach endlich mal was mit deinen Haaren, Monique!», gackerte Summer.

Ich ignorierte sie. Natürlich wusste ich, wie man einen Fön handhabt. Aber warum in aller Welt sollte ich 45 Minuten damit vergeuden, an meinen Haaren herumzufummeln, wenn ich pro Nacht tausend Dollar verdienen konnte, auch ohne so auszusehen, als käme ich gerade vom Friseur? Aufgewärmt und geschmeidig machte ich mich auf den Weg zu der winzigen Toilette hinter der Hauptbühne. Wie alle Nackttänzerinnen bückte ich mich auf wenig glamouröse Weise vor dem Spiegel, um nach Toilettenpapierresten zu sehen. Alles klar.

In der Kabine bückte sich Kristin auch. Sie hatte den Finger in den Hals gesteckt und übergab sich. Vermutlich wollte sie nicht mit vollem Magen tanzen.

Angel kam durch den Vorhang von der Hauptbühne nach hinten. Ihre langen, seidigen blonden Haare bedeckten ihr Gesicht – versteckten ihre Depression. Sie erinnerte mich immer an eine Trauerweide, wenn sie tanzte. Sie wiegte sich auf der Bühne, und ihre dünnen Haare flatterten schlaff umher. Sie war unterwegs zur Garderobe, um zu weinen. Sie weinte immer. Anfangs hatte ich versucht, sie zu trösten. «Was ist los? Möchtest du reden?», fragte ich sie. Aber sie saß nur mit hängendem Kopf da, während ihr das Mascara übers Gesicht rann, und erwiderte: «Nein danke, alles in Ordnung.» Solange ich sie kannte, war bei ihr nie alles in Ordnung.

Während ich auf mein Stichwort wartete, auf die Bühne zu gehen, warf ich einen Blick über die Schulter zurück auf mein Spiegelbild. Meine Haut war dunkles Gold, perfekt gebräunt.

Meine Beinmuskeln waren besser definiert, fiel mir auf, und mein Körper war lang und schlank von den vielen Tanzkursen, die ich absolviert hatte. Ein kurzes, flüchtiges Gefühl des Selbstbewusstseins durchflutete mich. *Du wirst nie gut genug sein*, flüsterte eine wütende Stimme in meinem Kopf.

«Und jetzt auf der Hauptbühne, die zauberhafte junge … Monique», schwärmte Doug.

Der Song «Chuck E's in Love» von Rickie Lee Jones ertönte. Ihre Musik war der Soundtrack meines Lebens, tröstlich und vertraut. Während des ersten Songs hüpfte und tanzte ich in einem koketten kurzen Kleidchen über die Bühne. Ich wirbelte um die Stangen herum und bewies meine Kraft und mein Können, indem ich an ihnen hochkletterte. All die Anstrengung diente dem Zweck, das, was ich machte, zur Kunst zu erheben – oder es wenigstens ein bisschen bedeutungsvoller erscheinen zu lassen, als es war.

Abgang. Dann nackt wieder auf die Bühne. Diesmal wird zu Rickies «Coolsville» herumgekrochen und herumgeschlichen. Hört denn keiner die Trauer und den Schmerz in ihrer Stimme? Sieht denn keiner die Trauer und den Schmerz in mir? Sie können mich nicht sehen, dachte ich. Sie werden mich niemals sehen. Ich bin nackt vor ihnen, und sie werden mich niemals sehen. Dieser Gedanke machte mich traurig, aber er erleichterte mich auch.

«It's O.K. It's not that bad. Es ist okay. So schlimm ist es gar nicht», sang Rickie immer wieder … Sie versuchte sich selbst davon zu überzeugen, genau wie ich. Es *war* so schlimm. Für uns beide … in diesem Song und in diesem Moment. Es war immer so schlimm gewesen. Mein Schmerz saß tief verborgen hinter der Maske einer Studentin mit Bestnoten und einem kalifornischen Lächeln. Eine allgegenwärtige, erdrückende Schwere krampfte sich um mein Herz wie eine eiserne Klammer, die allen Fluss und alle Freiheit unterband.

Die eiserne Klammer war Derrick. Er hatte mich im Griff,

Mit sechs Jahren beim Spielen mit meinem kleinen Bruder Noah.

Dieses Foto (rechts) entstand bei einem Model-Shoot, als ich vierzehn war, kurz bevor ich aus der Junior-Highschool flog.

Beim Tanzen im Garten unseres Elternhauses.

Das Haus in Venice, in dem ich den größten Teil meiner Kindheit verbrachte.

Mit fünfzehn Jahren in der Gasse hinter unserem Haus. Als Folge von sexuellem Missbrauch und Vergewaltigung war meine Identität sehr stark an meine Sexualität geknüpft.

Bei der Arbeit im Highschool-Kindergarten. Kurz nachdem dieses Foto entstand, kündigte ich dort, um mehr Schichten im Stripclub zu übernehmen.

Die Nacht, in der ich meine neue Identität «Monique» im Nachtleben von Los Angeles ausprobierte (zwanzig Jahre alt).

Jahre später … inzwischen war ich Christin geworden.

Die Begegnung mit Tanya im Ballettkurs änderte die Bahn meines Lebens für immer – sie war diejenige, die mich zu Gott führte. Hier lachen wir uns gerade auf der Hochzeit einer Freundin kaputt – wir sind bekannt dafür, wegen der albernsten Unsinnigkeiten Lachkrämpfe zu bekommen.

Am Tag meiner Taufe mit Pastor Philip Wagner (ganz rechts). Es war nicht nur eine religiöse Zeremonie, sondern es versinnbildlichte die wunderbare Heilung und Verwandlung, die in meinem Leben stattgefunden hatte.

Um mein chaotisches Leben besser verstehen zu können, fing ich an, Psychologie zu studieren. Hier bin ich mit meiner stolzen Mutter und meinem Bruder am Tag meines Abschlusses an der UCLA im Jahr 2000. Drei Jahre später ging ich zurück, um meinen Master in Sozialarbeit zu machen.

Meine Oma Mary und Tante Krissy in vollem Ornat beim Brunch anlässlich meines Studienabschlusses.

Meine wunderschöne Tochter Johnny Ella. Ich möchte sie so erziehen, dass sie sich immer über alle Maßen geliebt weiß und sich ihrer Gotteskindschaft bewusst ist.

Gott vergeudet nie einen Schmerz: 2003 entstand aus meiner kaputten Vergangenheit eine Vision, als ich «Treasures» gründete – eine Initiative, um Frauen in der Sexindustrie die Botschaft zu bringen, dass sie geliebt und wertgeschätzt sind und dass ihr Leben Ziel und Sinn hat. Dieses Bild zeigt das «Treasures»-Team (2008).

«Treasures»-Mitarbeiterin Sarah M. bei einer Aktion in Las Vegas. Als sie das letzte Mal dort war, arbeitete sie selbst noch in der Branche. Bei dieser Reise konnte sie erhobenen Hauptes denen, die immer noch dort waren, die Hand entgegenstrecken.

Einige vom «Treasures»-Team beim Konzert: Harmony Dust, Heather, Emily, Harmony A. und Vanessa.

Beim «Treasures»-Benefizkonzert 2009 taten sich Hunderte von Leuten zusammen, um unsere Vision zu unterstützen.

Hier bin ich mit einigen Mitarbeitern bei einer Erotik-Messe. Wir arbeiteten dort mit der XXX Church [Triple X Church] zusammen.

Im August 2009 wurde der Stripclub, in dem ich arbeitete, geschlossen. Das Gebäude wurde abgerissen, denn es musste einem Flughafenparkplatz weichen.

Mit meinen Freundinnen Jennifer Smith, Pastorin Holly Wagner und Ashley Dodson bei der 25-Jahr-Feier von Oasis – der Gemeinde, in der ich zu Hause bin.

Das «Treasures»-Team mit Aktionsleiterinnen aus den USA und Kanada während der National-Outreach-Training-Veranstaltung 2009. Bisher wurden Leiterinnen aus über dreizehn Städten nach dem «Treasures»-Modell der Stripclub-Aktionen geschult.

Am Set der Fernsehsendung *Sex Rehab* mit Dr. Drew (2009). Ich wurde in die Sendung eingeladen, um gemeinsam mit anderen Frauen, die daran arbeiten, Belastungen aufgrund von sexueller Zerbrochenheit zu überwinden, meine Geschichte zu erzählen. Seit der Gründung von «Treasures» konnte ich in verschiedenen Medien zu Wort kommen, unter anderem in der *Tyra Banks Show* und in der Zeitschrift *Glamour Magazine*.

und ich konnte mich nicht von ihm losreißen. Als er merkte, dass er ohne mich seine Rechnungen nicht bezahlen konnte, kam er auf mein Angebot, Freunde zu bleiben, zurück. An der Art, wie er mich ansah, merkte ich, wie sehr das an seinem Ego kratzte. Am liebsten hätte ich nein gesagt. Aber ich wusste nicht, wie man das macht. Ich wusste nicht, wie ich ihn loslassen sollte. Wie gewöhnt sich ein hungriger Löwe ab, Gazellen zu jagen, wenn er keinen anderen Weg kennt, um zu überleben? Mir war klar, dass ich mit dieser Jagd aufhören musste, auch wenn das meinem Instinkt komplett widersprach. Ich hatte die Nase voll davon, ihm immer nachzugehen, immer zu geben und Opfer zu bringen ... und wofür das alles? Für seine ständige Untreue? Dafür, dass er mich immerzu runtermachte und erniedrigte? Für das Baby einer anderen Frau? Dafür, dass an mir die Verantwortung hängen blieb, ihn, sein Baby und die Mama seines Babys durchzufüttern und sein lächerliches Hobby zu finanzieren? Wer gibt denn Zehntausende von Dollar dafür aus, einen billigen Honda in einen aufgemotzten Rennwagen zu verwandeln? Ich werde in Tat und Wahrheit von einem Zuhälter ausgenutzt, schoss es mir durch den Kopf. Und jawohl, so schlimm ist das!

Ein Mann legte mir einen Dollarschein zu Füßen. Mich überkam eine ungewohnte Nervosität. Es war wie in einem dieser Träume, in denen man sich in die Schule zurückversetzt fühlt und merkt, dass man vergessen hat, sich anzuziehen. Man sucht fieberhaft nach irgendetwas, womit man seine Blöße bedecken kann. Aber es ist zu spät – man ist bereits bloßgestellt. Plötzlich fühlte ich mich nackt! Ausgezogen. Es kostete mich alle Überwindungskraft, nicht schon vor dem Ende des Songs von der Bühne zu rennen. In diesem Moment nahm ich sie bewusst wahr: all die Männer, die mich gebannt anstarrten. Sie gafften und glotzten und verschlangen mich mit ihren Augen. Ein übergewichtiger Mann mit Brille und einem Feixen auf seinem rosafarbenen Gesicht beugte sich vor und legte einen Zehndollarschein auf das Messinggeländer am Bühnenrand. Ein Mann in weißem Anzughemd nippte an seinem Getränk. Seine Augen waren wie schwarze Knöpfe, leer und verschlagen.

Diese Männer sahen mich ganz und gar. Sie wussten nichts über mich, aber sie sahen alles von mir. Mein Kleid lag hinter der Bühne, und ich hatte nichts, um mich zu bedecken. Nichts, wohinter ich mich hätte verstecken können. Als der Song zu Ende war, stürmte ich in die Garderobe. Ich stand vor der offenen Spindtür und musterte die Sammlung von Lotions und Sprays darin wie jemand, der in seinen Kühlschrank schaut und sich überlegt, was er essen möchte. Was will ich eigentlich?, fragte ich mich.

Ich holte tief Luft und versuchte das unheilvolle Gefühl abzuschütteln. Mein Blick fiel auf den Sticker, den ich mir in den Spind geklebt hatte, um mich zu motivieren: «Let's make $$$!!!» Ich kann jetzt nicht aufhören, sagte ich zu Gott und zu mir selbst. Außerdem wollte Derrick nichts davon hören. «Das ist einfach nicht schlau», würde er sagen. Nichts, was ich je tat, war schlau.

Ich stieg in mein kurzes kariertes Kleid und meine schwarzen Stilettos, tupfte mir den Schweiß von der Stirn und ging hinaus in den Club. Während ich durch den Raum in Richtung Bar glitt, musterte ich alle Gäste eingehend wie eine Gepardin ihre Beute. Einatmen.

Gerade, als ich von hinten auf einen kleinen, kräftigen Mann zuging, füllte der Song «Purple Rain» von Prince den Raum, und mein Herz setzte einen Schlag aus. Wie ein Blitz brach die Erinnerung über mich herein, wie ich als ungeschicktes neunzehnjähriges Mädchen, das meinte, keine andere Möglichkeit zu haben, beschlossen hatte, für zwei Monate als Nachtclubtänzerin zu arbeiten. Ich sah mich wieder mein kurzes Baumwollkleid ausziehen und in meinen Straßenschuhen über die Bühne stapfen. Schwindelig vor Nervosität hatte ich mich nur aufrecht gehalten, indem ich mich an die Messingstangen auf der Bühne geklammert hatte.

Die Erinnerung daran ließ mich wie angewurzelt innehalten. Drei Jahre waren vergangen, und ich war immer noch hier und machte genau dasselbe und hoffte, irgendwann würden sich die Dinge ändern. Wie *konnte* ich aufhören? Es war ein Teufelskreis. Je mehr Geld ich verdiente, desto mehr gab ich Derrick. Je mehr Geld ich ihm gab, desto mehr brauchte er mich. Je mehr er mich brauchte, desto unwahrscheinlicher war es, dass er mich verließ … und desto unwahrscheinlicher war es, dass ich allein sein musste. Ich hatte zwar aufgehört, mit ihm zu schlafen, aber ich hatte es immer noch nicht geschafft, ihn vollkommen loszulassen. Diese Einsamkeit würde ich nicht ertragen können, sagte ich mir. Außerdem würde ich doch Derrick sowieso nur durch irgendeinen anderen Typen ersetzen, der mich genauso schlecht behandeln würde, wenn nicht sogar noch schlechter. Lieber meine vertraute Störung als eine, die ich nicht kannte. So wusste ich wenigstens, was mich jeden Tag erwartete.

Der Mann vor mir war völlig gebannt von der Frau auf der Bühne und bemerkte gar nicht, dass ich hinter ihm stand. Er würde nie erfahren, dass ich drauf und dran gewesen war, ihn in die kleine rote Nische zu führen, wo ich für ein paar zerknitterte Geldscheine all meine Kleider für ihn ausziehen würde. Der Song hüllte mich wie ein lavendelfarbenes Band, das sich um meinen ganzen Körper schlang, ein. Ich war wie gefangen: durch den Song; durch den Moment.

Ich bin in diesem Moment. Hier. Jetzt. Und in diesem Moment wurde mir alles bewusst: meine elfenbeinweißen Knochen und die Muskeln und Sehnen, die sie umgaben; das Blut, das durch meine Adern strömte; mein Herz, das in meiner Brust heftig pochte.

Ich stand ein wenig wackelig in meinen Stilettos auf dem dünn gescheuerten Teppichboden. In Hunderten von Nächten war ich über diesen Fußboden geschritten und stolziert. Mir wurde klar, dass ich meinen Teil dazu beigetragen hatte, dass er so abgenutzt war. Ich hatte zu noch viel mehr Abnutzung beigetragen, als mein Verstand ermessen konnte. Langsam setzte ich einen Fuß hinter den anderen, bis ich an der Rückwand des Clubs stand. Der ganze Raum um mich her schien gleichzeitig größer und kleiner zu werden. Prinz sang immer noch von dem purpurnen Regen. Er hatte Mitgefühl mit mir.

«Honey, I know, I know, I know times are changing. It's time we all reach out for something new. That means you too», sang er mit rauer Stimme. In meinem Kopf lief eine Diashow ab: Derrick – ich – Gina – das Baby – das Geld – ich – Gott – ich – das Geld – Derrick – dieses Auto! – die Rechnungen – ich – Derrick – Gott.

Und da ist Gott. Und er ist hier. Plötzlich sah ich es. Ich sah, wie Nicole in der Tabledance-Nische ihr Bein über den Kopf eines Gastes schwang und es auf das Geländer stellte, damit er besser sehen konnte. Ihr Blick tanzte durch den Raum. *Sie ist weit weg. Sie ist nackt.*

Das Mädchen auf der Bühne krabbelte auf allen vieren herum und warf einen neckischen Blick über die Schulter zurück zu einem Mann im Anzug. *Sie ist nackt. Wir sind hier alle nackt.*

«Ich kann jetzt nicht aufhören!», flehte ich lautlos Gott und mich selbst an, und jeden, der zuhören mochte.

Und dann hörte ich es. Eine leise Stimme flüsterte ins Innerste meines Herzens und Wesens hinein.

«Ich bin hier. Ich bin bei dir. Ich werde dich nie verlassen.»

Ausatmen. *Er ist hier. Er ist bei mir. Er wird mich nie verlassen. Ich werde niemals allein sein. Das ist die Wahrheit.* Irgendwie bildeten meine elfenbeinweißen Knochen und meine Sehnen und mein Blut einen harmonischen Einklang, als die Wahrheit durch meinen ganzen Körper schwang. *Ja, ich bin gefangen; von der Wahrheit; von ihm.*

Ich fing an, mich zu erheben. Ich stand ja bereits, aber ich fing an, mich zu erheben. Ich hob meinen Kopf und meinen Blick, als ich geradewegs hinüber zu meinem Manager Gabe mit seinem freundlichen, sommersprossigen Gesicht ging.

«Ich höre auf.» Die Worte kamen irgendwie seltsam heraus. Es hörte sich fast wie eine Frage an.

«Für heute Nacht?», fragte er.

«Für immer», erwiderte ich.

Ich ließ Gabe sprachlos und ratlos stehen und ging mit schnellen Schritten in Richtung Garderobe davon, um meine Sachen zu packen. Auf dem Flur trat mir Elvia in den Weg. «Was ist los? Stimmt etwas nicht?», fragte sie.

«Das wars. Ich höre auf. Ich halte das nicht mehr aus. Ich muss hier raus», stieß ich hervor.

Sie packte mich an den Schultern und sah mir in die Augen. Mit gleichmäßiger, beruhigender Stimme sagte sie: «Nein, Monique. Geh nach Hause, ruh dich aus und komm morgen wieder.»

Ich löste mich aus ihrem Griff. «Nein, ich höre auf», bekräftigte ich mit wachsender Zuversicht.

In der Garderobe verkündete ich, alle meine Klamotten stünden zum Verkauf. Trotz ihrer Verblüffung machten die anderen Mädchen mir Angebote. Chloe, eine schlanke Blondine, die tagsüber immer am Strand war und mit Surfern flirtete, hatte schon immer mein langes, durchsichtiges schwarzes Kleid haben wollen: Für zwanzig Dollar gehörte es ihr. Grace mit ihren leuchtend roten Silikonlippen und perfekt gemalten Augenbrauen schnappte sich meinen aufreizenden Marilyn-Monroe-Fummel: zwanzig Dollar. Und Tschüs.

Stück für Stück wurde ich alle Kleidungsstücke los, und mit ihnen immer auch ein Stück von Monique, der Identität, die ich geschaffen und verkauft hatte: die Frau, als die ich mich verkleidete und ausgab. *Harmony; ich bin Harmony,* dachte ich im Stillen. *Ich bin Harmony, und ich höre jetzt auf.*

Aber zuerst musste ich noch einen Anruf tätigen. Ich zwängte mich in die Telefonzelle hinter den Garderoben, schloss die Tür hinter mir und wählte die Nummer. Dann presste ich den Hörer so fest an mein Ohr, dass ich zwischen den Klingeltönen meinen pochenden Puls hören konnte.

«Hallo?»

«Hey, ich bin's …» Meine Stimme hörte sich zittrig und leise an.

«Was gibt's?», fragte er ungeduldig.

«Hmmm. Ich muss dir was sagen …»

«Jaaa?»

Ich sah ihn förmlich vor mir, wie er da auf seiner Kunstledercouch saß und mit der Hand gestikulierte, wie um mich anzutreiben, damit ich nicht so trödelte und endlich sagte, was ich zu sagen hatte. Es war mir, als könnte ich hören, wie er die Augen verdrehte aus Frust darüber, dass ich so viel kostbare Zeit vergeudete, in der er Videospiele spielen oder im Fernsehen Basketball schauen könnte.

«Halloooo? Müsstest du nicht eigentlich arbeiten?», drängelte er.

«Deswegen rufe ich an. Ich habe gekündigt.»

«Du hast was??»

«Ich kann das einfach nicht mehr machen.»

Schweigen.

«Derrick … bist du noch da?»

«Ja, ich bin hier. Also, das hört sich an, als hättest du deine Entscheidung getroffen …»

Schweigen.

«War's das?» Das hieß, dass für ihn das Gespräch beendet war.

«Ja.»

«Na dann.» Und damit legte er auf.

Ich setzte mich hin und ließ mir das Gespräch noch einmal durch den Kopf gehen. Die Harmony, die er kannte, wäre nicht einmal einkaufen gegangen, ohne ihn zuerst zu konsultieren. Wahrscheinlich war er jetzt am Berechnen, Taktieren und Überlegen, wie es sein konnte, dass er die Kontrolle über mich verlor. Selbst ich konnte das nicht ganz begreifen. Ich wusste nur, dass ich dabei war, mich zu verlieben und mich in die Hände von jemandem zu begeben, der größer war als Derrick und ich und das Leben, das ich geführt hatte. Ich ging zurück in die Garderobe, um meine restlichen Klamotten zu holen und mich von den anderen Mädchen zu verabschieden.

«Du kommst wieder; alle kommen wieder», sagte Summer beiläufig, während sie sich ihre braunen Haare zu perfekten Locken zurechtzupfte. Sie drehte sich nicht einmal zu mir um.

Etwas ganz Ähnliches hatte meine Mutter zu mir gesagt, als ich ihr einen Monat vor meinem achtzehnten Geburtstag verkündet hatte, ich hätte eine Wohnung gefunden. Keiner von ihnen ahnte, dass solche Bemerkungen meine Entschlossenheit nur noch verstärkten. Ich würde nicht wiederkommen.

Das Gefühl, das mich überkam, als ich den Century Boulevard entlangfuhr, erinnerte mich daran, wie ich als Kind barfuß mit vollem Tempo über den Sand geradewegs auf die tosende Brandung des Ozeans zugerannt war. Dieses tiefen, riesigen und wunderbaren Ozean, in dem ich mich dann mit dem ganzen Körper in die Wellenkämme stürzte, kurz bevor sie sich brachen. So ein Gefühl der Ausgelassenheit kann man nur haben, wenn man sicher und frei ist.

Es war ein erhebendes, befreiendes Gefühl. Ich hätte mir Sorgen darüber machen können, dass ich nun Derrick für immer verlieren würde; dass er mich für eine andere Frau, die mehr Geld hatte, verlassen würde. Ich hätte mir Sorgen darüber machen können, dass meine armseligen kleinen Ersparnisse nicht einmal einen Monat lang für die fälligen Raten ausreichen würden, die sich für die Wohnungen, die Autos und alles, was ich besaß, angesammelt hatten. Über all das hätte ich mir Sorgen machen können, aber ich tat es nicht. Stattdessen stürmte ich in vollem Tempo auf den Kamm einer tiefen, riesigen, wunderbaren Welle zu.

Außer Charles gab es nichts in dem Club, was ich nicht mit Freuden hinter mir gelassen hätte. Ich stellte mir vor, wie er allein in seinem großen, staubigen Haus saß, hoch oben am Hang und angefüllt mit den traurigen Überresten dessen, was einmal ein erfülltes Leben gewesen war. Das Klavier, auf dem seine verstorbene Frau nie mehr spielen würde; die Küche, in der sie nie wieder kochen würde; das Büro, in dem keine Arbeit mehr zu tun war. Es tat mir leid, ihn im Stich zu lassen, und ich bat Gott, ihm jemanden zur Gesellschaft zu schicken oder irgendetwas zu tun, um ihm zu helfen. Für mich hieß es jetzt, meine Vergangenheit hinter mir zu lassen, dazu gehörte auch Charles. Voll Kummer griff ich zum Telefon, um ihn wissen zu lassen, dass ich nicht mehr im Stripclub arbeiten würde und dass wir uns auch privat nicht treffen könnten. Als sich am Telefon eine Frauenstimme meldete, hoffte ich schon, mein Gebet sei erhört worden. *Vielleicht ist seine Nichte zu Besuch gekommen.* Er bekam sie nur einmal im Jahr zu Gesicht, aber er war ganz vernarrt in sie. Aber ihr Tonfall ließ keinen Zweifel: Etwas stimmte nicht in seinem großen, staubigen Haus.

«Er ist nicht da.»

«Oh. Na dann, könnten Sie ihm ausrichten, dass Monique angerufen hat?» Er war der einzige Gast, dem ich je meinen richtigen Namen verraten hatte, aber er war zu senil, um ihn sich zu merken.

Ich überlegte, ob ich ihm irgendeine Nachricht hinterlassen sollte oder lieber nicht. Wenn das seine Nicht war, was sollte ich dann sagen? «Ach, übrigens, Ihr Onkel geht dreimal in der Woche in einen Stripclub, und ich bin seine Lieblingsstripperin»?

«Monique?», horchte sie auf. «Hier ist die andere Monique. Er würde Sie bestimmt gerne sehen.» Sie war die Monique, die mir vorausgegangen war; diejenige, deren Stammgast Charles gewesen war, bis sie den Club verließ, um mit Softpornos Karriere zu machen. Was machte sie in seinem Haus? Das Letzte, was ich gehört hatte, war, dass sie in einem anderen Staat lebte.

«Wie meinen Sie das, er würde mich gerne sehen?»

«Er ist im Krankenhaus. Wussten Sie das nicht?»

«O nein! Ist es etwas Ernstes?»

«Er hatte einen Herzanfall. Sein Zustand war kritisch, aber jetzt scheint er über dem Berg zu sein.»

Während ich mir die Besuchszeiten und die Adresse des Krankenhauses notierte, rollten mir Tränen über die Wangen. Ich machte mir Sorgen um sein Herz – sein schwaches, nachlassendes Herz – und wusste, dass es ihn umso mehr schmerzen würde, wenn ich aus seinem Leben verschwand.

In der Nacht, als ich den Club verließ, hatte ich mir selbst das Versprechen gegeben, nie wieder zu diesem Leben zurückzukehren. Und Charles war ein Teil dieses Lebens, so sehr ich mir auch wünschen mochte, wir wären uns auf einer Parkbank oder an irgendeinem anderen harmlosen Ort begegnet. Er war der Einzige, den ich anrufen wollte. Ich hatte das Gefühl, ihm das schuldig zu sein: einen Abschied, einen richtigen Abschluss.

Noch während ich auf der Suche nach dem Krankenhaus kreuz und quer durch schmale Wohnstraßen in San Pedro irrte, plagte mich die Frage, ob es richtig war, dass ich ihn dort besuchte. Mein Blick fiel auf den Beifahrersitz – auf die große, grüne, in Leder gebundene Studienbibel, die meine Tante mir geschenkt hatte –, so als erwartete ich Wegweisung von ihr. Ich hatte fast jeden wachen Moment darin gelesen, die Worte aufgesaugt und mich davon erfüllen lassen. Nicht alles ergab einen Sinn für mich; manches kam mir geradezu verrückt vor, besonders die Geschichten von Kriegen und von Riesen, aber selbst das verstärkte nur das Mysterium des Ganzen. Es gab da eine große Geschichte und Wahrheit und Ewigkeit, die außerhalb von mir bestand, doch nun war ich ein Teil davon geworden. Ich wollte alles darüber wissen.

Bevor ich das Krankenhaus sah, erblickte ich ein großes, weißes, steinernes Marien-Standbild mit ausgebreiteten Armen. Wenn der Glaube noch ganz frisch ist, Zeit und Selbstzufriedenheit noch nicht ihre Spuren daran hinterlassen haben, dann ist alles wie ein Wunder, und kein Detail ist zu unbedeutend, um darüber nachzudenken. Selbst die schlichte Tatsache, dass Charles ausgerechnet in diesem Krankenhaus gelandet war, vor dem ein Marien-Standbild stand, schien mir die Existenz Gottes zu bestätigen. Ich ging die Eingangsstufen empor und trat auf die Anmeldung zu.

«Kann ich Ihnen helfen?», begrüßte mich eine rundliche Filipina.

«Ich möchte Charles Collins besuchen.»

«Wie ist Ihr Name, bitte?»

Ich stotterte ein bisschen herum. Wenn ich mich als Harmony vorstellte und sie zu Charles gingen und ihm sagten, «Harmony» wolle ihn besuchen, ging ich das Risiko ein, dass er sagen würde, er wäre noch nie einer «Harmony» begegnet. Sagte ich dagegen der Schwester an der Rezeption, mein Name sei Monique, dann wollte sie womöglich einen Ausweis sehen und würde so herausfinden, dass ich log.

«Harmony. Harmony Huhn.»

«Wie sind Sie mit ihm verwandt?», erkundigte sie sich, während sie in der Liste nach seinem Namen suchte.

Daran hatte ich überhaupt nicht gedacht. Was sollte ich dieser Frau sagen?

«Ich bin eine Freundin.»

Die Frau blickte neugierig von ihrer Patientenliste auf. «Eine Freundin?», echote sie. Offensichtlich hatte sie eher erwartet, so etwas wie «Enkelin» zu hören.

«Ja. Ich bin eine Freundin.»

«Erwartet er Sie?»

«Seine Nichte sagte, er wolle mich sehen», log ich.

«Ich werde nachsehen, ob er im Moment Besuch empfangen kann.»

Die Schwester tätigte einen kurzen Anruf und wandte sich dann wieder an mich.

«Gut; er ist gerade von der Intensivstation verlegt worden. Er ist jetzt in Zimmer 411.»

Als ich mich seinem Zimmer näherte, hörte ich von drinnen eine andere Stimme und überlegte kurz, ob ich einfach weitergehen sollte. Was war, wenn er Besuch von Verwandten hatte? Es war wohl klüger, mich da drinnen nicht blicken zu lassen.

«Okay, aufessen, Mr. Collins», hörte ich die Stimme sagen. Dann kam eine zierliche junge Krankenschwester mit seidigen braunen Haaren aus dem Zimmer.

Ich ließ meinen angehaltenen Atem ausströmen. «Geht es ihm gut?», erkundigte ich mich. Hoffentlich war sie so freundlich, wie sie aussah.

«Oh», sagte sie. Sie schien verblüfft zu sein, mich zu sehen. «Mr. Collins, es sieht aus, als hätten Sie Besuch», sagte sie in jenem weichen, femininen Tonfall, mit dem man zu Kindern und Alten spricht. Ich folgte ihr zurück ins Zimmer und blieb am Ende des kleinen Eingangsflures stehen.

«Ihnen geht es schon viel besser, nicht wahr, Mr. Collins?»

«Ja, viel.» Seine Stimme klang kratzig und heiser.

«Sie haben Besuch», wiederholte sie.

Ich trat weiter ins Zimmer und sah ihn in seinem Krankenhausbett sitzen. Er sah alt und gebrechlich aus. Sein dünnes blaues Krankenhaushemd war auf einer Seite herabgerutscht und gab seine knochige Schulter frei. Seine weißen Haare standen stellenweise ab wie Drahtborsten; seine hängenden Wangen schienen an seinem Gesicht zu zerren, so dass es einen Zoll länger aussah als sonst. Als er merkte, wer ich war, begann er zu lächeln.

«Ja hallo!», sagte er im muntersten Ton, den er zustande brachte.

«Hi Charles. Ich habe bei dir zu Hause angerufen, und ‹die andere› Monique hat mir gesagt, dass du hier bist. Ich habe mir Sorgen um dich gemacht ...»

«Mir geht es schon viel besser. Sie haben mich gestern von der Intensivstation verlegt.»

Ich stand am Fußende seines Bettes und hielt meine Bibel und meine Handtasche umklammert. Ich war unsicher, ob ich mich setzen oder stehen bleiben sollte. «Du hast mir ganz schön Angst eingejagt, Charles. Schön, zu sehen, dass es dir gut geht. Wie lange werden sie dich hierbehalten?»

«Tja, das weiß ich auch noch nicht ...»

«Ich hoffe, sie kümmern sich hier gut um dich.» Ich sprach in einem leichten, mütterlichen Tonfall.

«Ja. Sie kümmern sich sehr gut um mich», erwiderte er mit einem jungenhaften Grinsen.

Ich schaute mich im Zimmer um und entdeckte einen Klappstuhl an der Wand. «Darf ich?»

«Aber sicher. Setz dich bitte.»

Es wurde still im Raum, als unser anfängliches Geplänkel an Fahrt verlor.

Ich zog den Stuhl an die Seite seines Bettes und ließ mich darauf nieder. Er würde überleben, und das erleichterte mich. Aber trotzdem hatte alles ein Ende, und das lastete jetzt schwer auf uns. Ich schaute auf und begegnete seinem Blick. Er schaute mich unverwandt an, und uns beiden traten Tränen in die Augen.

«Charles ... ich habe gekündigt. Ich arbeite nicht mehr dort.»

Er zog die Brauen zusammen, und eine Träne quoll aus seinem Auge, fiel über den Rand seines Unterlides und zerbarst auf dem weißen Krankenhauslaken. Er zwang sich zu einem Lächeln, aber es war aufrichtig.

«Gut gemacht, Schätzchen. Ich weiß, du hattest von diesem Laden schon lange die Nase voll.»

«Ich kann das einfach nicht mehr machen, Charles.» Vordergründig sprach ich über die Arbeit, aber zwischen den Zeilen bezog ich mich auf alles, was damit verbunden war; auch auf ihn. Wenn ich wirklich mein altes Leben hinter mir lassen wollte, musste ich es *komplett* hinter mir lassen.

«Ich weiß», sagte er leise und zärtlich. «Ich weiß.»

«Danke.» Es gab nichts anderes, was ich hätte sagen können.

«Charles, denkst du manchmal über Gott nach?» Die Worte purzelten aus meinem Mund.

«Ja, Schätzchen, das tue ich.» Er ließ den Kopf sinken. Tränen rollten über seine faltigen Wangen.

Stille füllte das Zimmer, während ich nach Worten suchte. Wie konnte ich ihm schildern, was ich gefunden hatte? Wie konnte ich dem je gerecht werden? Er sah so gebrechlich und allein aus. Bald würde die andere Monique wieder abreisen, und sein leeres Haus würde ihn umgeben wie ein Museum voller Artefakte, die von glücklicheren Tagen erzählten als denen, die er noch vor sich hatte. Was hatte ich ihm überhaupt zu bieten? Das, was uns verband, war so weit entfernt von dem, was echte Freundschaft und Vertrautheit ausmacht. Er bezahlte mich für meine Zeit. Er bezahlte mich dafür, dass ich mir von ihm immer wieder dieselben Geschichten über die Momente in seinem Leben anhörte, die des Berichtens wert waren. Er bezahlte mich dafür, dass ich ihm das Gefühl gab, als hätte sein Leben noch eine Bedeutung; als wäre er noch jemandem wichtig. Doch er war mir wichtig. Aber um meines eigenen seelischen Wohls und Selbstwertgefühls willen konnte ich keine Beziehung mehr fortsetzen, die auf Fantasien und finanzielle Transaktionen gegründet war.

Jetzt, als alles, was ich war und wovon ich mich hatte definieren lassen, von mir abfiel, blieb dies: Liebe, Hoffnung und Glaube. Das waren die Dinge, die es sich lohnte weiterzugeben. Als ich darüber nachdachte, wie ich Charles trösten könnte, waren sie das Einzige, was ich zu bieten hatte.

Meine Sorge war, dass Charles mich für verrückt halten würde. Oder dass ich nicht die richtigen Worte finden würde. Was würden meine Mutter und Daddy Russ und mein Bruder Noah wohl denken, wenn sie mich hier mit dieser großen grünen Bibel sehen könnten? Die würden auf jeden Fall glauben, ich hätte den Verstand verloren; ich wäre einer von diesen spinnerten Christen geworden, die allen mit ihrer Propaganda auf die Nerven gingen.

Ich setzte mich auf Charles' Bettkante und dachte an das Risiko, mit den Dingen, die mir so sehr ans Herz gewachsen waren, bei ihm auf Ablehnung zu stoßen. Ich wollte ihm von der Entdeckung einer Beziehung erzählen, die mich in meinem innersten Herzen berührt hatte. Ich wollte, dass er die Liebe meines Lebens kennenlernte. So sagte ich das Einzige, was mir einfiel.

«Hast du jemals Jesus in dein Herz eingeladen?» Meine Stimme klang leise und zittrig.

«Na ja, ich bin als Junge auf einer katholischen Schule gewesen, aber ich weiß nicht so richtig ...» Er verstummte und zog seine Hand an die Stirn, um sein Gesicht zu verbergen. Seine Brust begann sich rhythmisch zu heben und zu senken, als ein Schluchzen ihn überkam.

«Wenn du möchtest, kann ich mit dir beten», sagte ich und zupfte nervös an dem weichen, seidigen Band herum, das als Lesezeichen in der Bibel auf meinem Schoß diente. Ich habe einmal gehört, die am weitesten verbreitete Furcht sei die vor dem Reden in der Öffentlichkeit. Ich würde dagegenhalten, dass die Furcht vor dem Beten in der Öffentlichkeit eine unterschätzte und viel beängstigendere Sache ist. Besonders, wenn man das noch nie gemacht hat.

Er tat einen tiefen, langen Atemzug und stieß einen Seufzer aus. Dann blickte er zu mir auf. «Ja. Das fände ich sehr schön.»

Ich legte meine Hand leicht auf seine. Unter meinen Fingerspitzen konnte ich seine hervortretenden Adern spüren.

Stammelnd fing ich an. «Gott, danke für meinen Freund Charles. Ich bete, dass … dass du dich um ihm kümmerst … und sein Herz heilst. Und Gott … ich bete, dass du ihm zeigst, wie sehr du ihn liebst, und dass er dir sein Herz öffnet und du ihn tröstest. Heute Nacht, wenn er schläft, lass ihn bitte wissen, dass … dass er nicht allein ist.

Charles, du kannst jetzt dieses Gebet mit mir zusammen sprechen.» Charles sprach mir Satz für Satz nach.

«Gott, ich möchte eine Beziehung zu dir haben. Ich bitte dich, komm in mein Herz und vergib mir für jedes Mal, wo ich versagt habe. Danke für deine Vergebung und für deine Liebe. Danke, dass ich jetzt ein neuer Mensch bin. In Jesu Namen, Amen.»

Dann saß ich schweigend da und hielt seine Hand. So alt er auch war, hatte doch die Art, wie er weinte, etwas sehr Kindliches und Verletzliches. Es kam mir vor, als weinte er um jedes Mal, wenn er mit seinem Fahrrad gestürzt war und sich die Knie aufgeschlagen hatte; um den Tag, als man ihn in den Krieg schickte; um die Zeit, als seine eigene Frau seinen Namen vergessen hatte und ihn ansah wie einen Fremden, der in ihr Haus eingedrungen war; um jede Nacht, in der er sich wünschte, ihr warmer Leib wäre noch bei ihm, auch wenn sie ihn nicht mehr erkannte, und würde ihn trösten.

Als wir uns schließlich verabschiedeten, war es endgültig. Ich sah ihn an; er sah mich an. Wir sagten die Abschiedsworte, aber der Moment erschien uns viel zu groß, als dass unsere Worte ihn hätten fassen können.

Irgendwie kam ich mir dabei auch ein bisschen egoistisch vor. Nach allem, was er für mich getan hatte, ließ ich ihn jetzt hier in diesem Krankenhausbett zurück. Ich verschwand einfach so aus seinem Leben. Aber ich wusste, dass ich mich nicht um ihn kümmern konnte. Es kam mir nicht zu. Ich habe gehört, Fantasien seien Mogelpackungen. Für Geld hatte ich Charles die Fantasie einer vertrauten Freundschaft gegeben. An diese

Fantasie hatten wir beide gerne geglaubt. Ja, wir hatten daran glauben *müssen*. Er hatte eine Gefährtin gebraucht, und ich hatte das Bedürfnis gehabt, jemandem eine Gefährtin zu sein.

Bevor ich an diesem Nachmittag das Krankenhaus verließ, ging ich noch im Stationszimmer vorbei und sprach die nette Schwester an, die ich in Charles' Zimmer angetroffen hatte.

«Bitte kümmern Sie sich gut um ihn», bat ich sie flehentlich. «Er ist ein netter Mensch, und ich möchte mir einfach sicher sein, dass er gut versorgt ist.» Ich hielt den Kopf hoch, damit die Tränen nicht herausquollen. «Und könnten Sie mich bitte anrufen und mir Bescheid sagen, wie es ihm geht?»

Ich wühlte in meiner Handtasche herum und suchte nach einem Stück Papier. Alles verschwamm vor meinen Augen, und die Tränen, gegen die ich angekämpft hatte, tropften auf meine Hand. Während ich meine Telefonnummer aufschrieb, versuchte ich immer noch, das Schluchzen in meiner Kehle zu unterdrücken. Die Schwester versicherte mir, sie würde mich auf dem Laufenden halten. Dann ging ich. Es war mir eine Erleichterung, zu wissen, dass Charles in guten Händen war und dass er ohne mich zurechtkommen würde.

Ein paar Tage später rief ich im Krankenhaus an, um mich nach ihm zu erkundigen, und er erzählte mir, er habe am Abend nach meinem Besuch einen Schlaganfall gehabt. Er rechnete damit, sich wieder völlig zu erholen. Doch als ich ihn das nächste Mal anrief, wirkte er desorientiert, und ich war mir nicht sicher, ob er überhaupt wusste, wer ich war.

«Charles, hier ist Monique.» Schweigen.

«Charles, du erinnerst dich doch an Monique, oder?»

«Oh, aber natürlich, sicher erinnere ich mich.» Doch seine Stimme klang steif und formell wie die eines Telefonvertreters.

Während der nächsten zwei Wochen brachte ich es nicht über mich, noch einmal anzurufen, bis ich eines Morgens in meinem Bett saß und an ihn denken musste. Ich hoffte, dass er sich inzwischen erholt hatte und morgens mit einem Gefühl unbegrenzter Möglichkeiten und Verheißungen für sein Leben aufwachte. Das war meine Hoffnung, als ich bei ihm zu Hause anrief. Nachdem sich dort niemand meldete, versuchte ich es im Krankenhaus.

«Hallo, ich möchte gern Charles Collins sprechen, bitte. Ich glaube, er war in Zimmer 411.»

Ich wurde mehrmals weiterverbunden, und jede Person, die sich meldete, sagte mir, er sei aus ihrer Station verlegt worden, bis schließlich …

«Wen möchten Sie sprechen?»

«Charles Collins … er war in Zimmer 411, aber ich glaube, er wurde verlegt …»

Schweigen am anderen Ende der Leitung.

«Mit wem spreche ich, bitte?», erkundigte sich die Frau.

«Ich bin eine Freundin von ihm. Sie können in seiner Akte nachsehen, mein Name ist dort verzeichnet. Die Schwester sagte, sie würde mich anrufen und mir sagen, wie es ihm geht, aber ich habe nichts von ihr gehört …»

«Es tut mir leid, Mr. Collins ist von uns gegangen», sagte sie ausdruckslos. Ich erstarrte.

«Er ist was?»

«Er ist verstorben, vor zwei Wochen. Am 30. November. Wie es scheint, hatte er einen Schlaganfall … er konnte sich nicht mehr davon erholen.»

«Warum hat mir das niemand gesagt? Es hätte mich jemand anrufen sollen …»

«Es tut mir leid, aber die Familie wurde benachrichtigt …»

Als ich auflegte, breitete sich der Verlust wie eine Decke über mich. Einen Moment lang konnte ich nichts anderes empfinden als ein überwältigendes Gefühl der Abwesenheit. Ich fand es interessant, dass ich das vorher nicht verspürt hatte; dass ich nicht irgendwie gewusst hatte, dass er und ich nicht mehr dieselbe Welt bewohnten. Es kam mir vor wie ein Verrat: Er war tot, und ich hatte es nicht gewusst. Aber was wäre gewesen, wenn die Schwester mich benachrichtigt hätte? Ich hätte ja doch nicht zu seiner Beerdigung gehen können. Das hätte zu viele Fragen aufgeworfen. Wer sind Sie? Woher kannten Sie ihn? Warum hat er Sie nie erwähnt?

Oder schlimmer noch: Was war, wenn sie wussten, wer ich war? Wenn die Familie nach seinem Tod in der Erwartung einer erklecklichen Erbschaft seinen Nachlass durchgegangen war, nur um festzustellen, dass seine Ersparnisse dahin und seine Kreditkarten bis ans Limit ausgeschöpft waren, dass Tausende und Abertausende von Dollar in den Stripclub geflossen waren? Sie hätten nicht lange gebraucht, um dahinterzukommen, dass er sein Geld an eine Stripperin verschleudert hatte. Wie würden sie dann über mich denken? Was würden sie von den Tränen halten, die ich um ihn weinte?

Gewiss wäre ich nur eine Schande für die Familie gewesen. Ich stellte mir vor, ich wäre zu seiner Beerdigung gegangen und hätte unbemerkt ein wenig abseits auf einem grasbewachsenen Friedhof gestanden und durch eine dunkle Brille zugesehen, wie sein Sarg im Boden versenkt wurde. Sie hätten nicht begriffen, dass mir wirklich etwas an ihm lag. Ob sie mir wohl geglaubt hätten, dass ich ein neues Leben angefangen hatte? Dass ich entschlossen war, eine Frau zu werden, die auf Beerdigungen gehen und Leute in Krankenhäusern besuchen kann, ohne zu fürchten, irgendjemandem Schande zu machen? Dass ich zwar die Stripperin war, an die er seine Lebensersparnisse vergeudet hatte, aber auch das Mädchen, das den Reichtum der Hoffnung und des Glaubens an ihn weitergegeben hatte – einen Reichtum, der nie verschleudert werden konnte.

Ich griff nach dem Tagebuch auf meinem Nachttisch und starrte das leere Blatt an. Was schreibt man in so einem Moment? Ich dachte an meine Kinder – die Kinder, die ich eines Tages haben wollte – und stellte mir vor, wie sie auf einem staubigen Dachboden sitzen und das Tagebuch ihrer Mutter lesen würden. Was würden sie wohl von einem Eintrag über den

Tod eines Gastes aus dem Stripclub halten? Aber es musste festgehalten werden. Ich konnte das Buch nicht zuklappen, als wäre es nie geschehen – als hätte Charles nie existiert. Also schrieb ich:

> Charles Collins, gestorben am 30. November, Nachricht erhalten am 29. Dezember.

Am Flughafen Los Angeles herrschte die ruhige, stetige Betriebsamkeit des Pendlerverkehrs. Ich saß in der Halle und wartete auf die Landung der Maschine meiner Großmutter und meiner Tante. Männer und Frauen in maßgeschneiderten Anzügen und Kostümen warteten gelassen darauf, an ihren Zielort gebracht zu werden, während sie Kaffee schlürften und die Morgenzeitung lasen. Ein Mann mit einem Aktenkoffer hastete an mir vorbei; er ging, so schnell seine Füße ihn trugen, ohne in Galopp zu fallen. Niemand schien zu wissen, was für ein Tag es war.

Vertieft in die Sportteile ihrer Zeitungen und ihre Latte macchiatos ahnten alle nicht, dass sich vor ihren Augen mein Leben veränderte. Es war der Morgen meiner Taufe. Das war nicht einfach nur eine Zeremonie, bei der ein Prediger mich in ein winziges Wasserbecken tauchte oder mir Wasser ins Gesicht spritzte. Dieser Tag markierte den Beginn eines neuen Lebens für mich. Alles, was während der letzten sechs Monate passiert war, seit ich zum ersten Mal den Fuß in die Kirche gesetzt hatte, war eine Vorbereitung auf diesen Tag gewesen. Ich hatte einen Prozess des Werdens durchlaufen. Und heute Abend würde ich all den Schmerz – all das an mir, was ich nie hatte sein wollen – dort im Wasser zurücklassen. Ich würde als neuer Mensch daraus auftauchen.

Um für meinen Neuanfang bereit zu sein, musste ich noch die letzte Verbindung zu dem, was von nun an mein altes Leben sein würde, durchtrennen: Derrick. Ehe ich ihn anrief, hatte ich den ganzen Morgen über mit Kreditkartenfirmen telefoniert, um seinen Namen aus den Konten zu löschen und seine Karten sperren zu lassen. Wenn er herausfand, dass ich mich endgültig von ihm trennte, wollte ich nicht das Risiko eingehen, dass er noch eine letzte Kauforgie veranstaltete und meine Kreditkarten bis zum Anschlag belastete.

Das Flugzeug meiner Familie sollte in fünfzehn Minuten landen. Ich konnte es nicht länger hinausschieben. Was würde er wohl sagen? Was konnte er sagen? Er hatte nichts mehr zu sagen. Das war meine Entscheidung. Gott, gib mir die Kraft; gib mir die Worte, flehte ich im Stillen.

Ich schaute zu den Telefonzellen an der Wand hinüber. Die mittlere war von einer Frau im Jogginganzug besetzt, die auf ihrem Koffer hockte. Ich würde die erste Zelle von links benutzten. Ich vermag alles. *Ich vermag alles durch den, der mich mächtig macht.* Meine Schritte sahen selbstsicherer aus, als ich mich fühlte, als ich auf das Telefon zuging und ein paar Münzen aus meinem Portemonnaie kramte. Ohne zu zögern, steckte ich das Kleingeld in das Münztelefon und wählte die Nummer. Am anderen Ende der Leitung klingelte es; dann noch einmal; und noch einmal. Bitte nimm ab! Bitte, bitte nimm ab! Ich *muss* das jetzt durchziehen, dachte ich.

«Hallo?» Seine tiefe Stimme kam langsam und gemächlich. Er hatte keine Ahnung.

Mir kamen Zweifel, ob ich es wirklich schaffen konnte.

«Hey, ich bin's …» Ich kann es und ich werde es, sagte ich mir.

«Ja … was gibt's?», erwiderte er in seinem üblichen «Was-willst-denn-du»-Tonfall.

«Ich rufe an, um dir mitzuteilen, dass ich keinen Platz mehr für dich in meinem Leben habe und dass ich dich von jetzt an nicht mehr finanziell unterstützen werde», sagte ich mit mehr Festigkeit in der Stimme, als ich wirklich verspürte. «Es ist vorbei. Ruf mich bitte nicht an. Versuch bitte nicht, Kontakt mit mir aufzunehmen.»

«Was? Ich verstehe das nicht», stammelte er.

Ich wusste, was für ein Gesicht er machte, ohne dass ich es sehen musste. Es war sein *Was-zum-Geier-ist-los-mit-dir-bist-du-jetzt-komplett-übergeschnappt?*-Gesichtsausdruck

«Du brauchst es nicht zu verstehen. Du brauchst es nur zu akzeptieren. Bitte versuch nicht, mich anzurufen», erwiderte ich ruhig, als hätte ich es tausend Mal einstudiert. In Wirklichkeit kamen die Worte einfach wie von selbst.

«Ich muss Schluss machen.» Und damit hängte ich den Hörer auf die Gabel und zugleich eine Ära meines Lebens an den Nagel. Dann setzte ich mich gemächlich wieder hin und schaute hinüber zum Gate, um zu sehen, ob die Maschine meiner Tante und meiner Großmutter schon gelandet war. War sie noch nicht.

Das war's. Nach sieben Jahren brauchte es nur ein zweiminütiges Telefongespräch, um es zu beenden. Und ich lebe noch. Die Welt hat in diesem Moment nicht aufgehört, sich zu drehen. Das Leben geht weiter. Mein Leben wird weitergehen. An manchen Tagen hatte ich versucht, mir mein Leben ohne Derrick vorzustellen. Ich hatte versucht, mir das Ende unserer Beziehung auszumalen. Ich hatte immer gedacht, es würde durch den Tod eintreten – durch seinen oder meinen. Und ich hatte gedacht, wenn er als Erster sterben würde, würde ich ihm sicherlich folgen.

Nun war ich ihn los, und ich war immer noch durchaus lebendig. Es gab noch etwas: eine Kette um meinen Hals, die wegmusste. Vor langer Zeit hatte mir Derrick eines seiner seltenen Geschenke gemacht: eine goldene Halskette mit einer winzigen goldenen Katze, die zierlich dasaß, den Schwanz in S-Form zur Seite gelegt. Die unerwartete Einfühlsamkeit dieses Geschenks – er wusste, wie sehr ich Katzen liebte – machte es mir besonders kostbar. Der Umstand, dass er mit Bedacht etwas aussuchte, was mir gefallen würde, war einer jener feinen Fäden der Freundlichkeit, an die ich mich mit aller Kraft gehängt hatte. Ich hatte immer gehofft, in ihnen zeige sich eine tiefere Liebe, die eines Tages zum Vorschein kommen würde. Diese winzigen Fäden waren immer noch alles, was ich hatte. Je fester ich mich an sie klammerte, desto mehr schlangen sie sich um mich, und desto tiefer schnitten sie in meine Haut ein.

Ich griff nach hinten an den Verschluss und versuchte ihn zu öffnen. Als ich den winzigen Hebel nicht richtig mit dem Daumennagel zu fassen bekam, zog ich den Verschluss nach vorn, wo ich ihn sehen konnte. Das Kinn gegen die Brust gepresst, bekam ich ihn schließlich auf. Eine kleine raue Stelle auf meiner Haut fiel mir auf, wo die Katze all die Jahre an meinem Hals gehangen hatte. Jetzt kann meine Haut endlich atmen! Jetzt kann ich endlich atmen, dachte ich. Ich wollte alle Ketten zerreißen, die mich an ihn fesselten.

Durch die Menschenmenge erhaschte ich einen Blick auf die perfekt gelegten, silbrigen Haare meiner Großmutter. Neben ihr trippelte hastig meine Tante Krissy. Als sie näherkamen, konnte ich an ihren Mienen sehen, dass sie allmählich ungeduldig wurden über die gemächlich schlendernden Passagiere, die ihnen den Weg versperrten. Trödelei war noch nie ihr Ding gewesen.

Ich winkte ihnen zu. Tante Krissy entdeckte mich als Erste und schoss mit ausgebreiteten Armen auf mich zu. Tränen standen in ihren braunen Augen, als hätte ich sie nicht gerade erst vor zwei Monaten in Phoenix besucht. Sie schloss mich in die Arme, und ich sog den schwachen Duft von Weichspüler und teurem Parfüm ein. Meine Großmutter, ebenso begeistert, mich zu sehen, aber reservierter in ihrer Art, es zu zeigen, stand daneben und wartete, bis sie an der Reihe war, mich zu umarmen, während Tante Krissy meine Wangen zwischen ihren manikürten Händen zusammenquetschte.

«Ich bin so stolz auf dich, Kleines», schwärmte meine Tante. Sie hatte schon seit Jahren für diesen Tag gebetet. Als ich sie anrief, um ihr zu sagen, dass ich mich taufen lassen wollte, war sie sofort auf die Idee gekommen, mit meiner Großmutter herzufliegen.

Die Umarmung meiner Großmutter, kräftig, aber kurz, kam wie immer mit ein paar festen Klapsen auf meinen Rücken.

«Sieh mal an! Du hast dir ja die Haare abgeschnitten. Das sieht aber schick aus», begann meine Großmutter ihren Kommentar über mein Äußeres. «Jetzt hängt es dir nicht mehr über die Schultern wie bei einem Hippiemädchen.»

Ich unterdrückte ein Grinsen, denn ich wusste ja, was sie nie erfahren würde: Der Haarschnitt hatte nichts damit zu tun, dass ich mich für Oma schick machen wollte, sondern ich hatte meine Vergangenheit abgeschnitten. Wie viele Gäste hatten meine langen, sandblonden Strähnen gestreift? Wie oft hatte ich kokett meine Haare herumgeschleudert und über meinen nackten Körper herabströmen lassen? Sie würde es nie erfahren. Als ich nun vor meiner Großmutter stand und sie mich geradezu anhimmelte, fühlte ich mich endlich wie die Person, die ich für sie schon immer hatte sein wollen. Jetzt musste ich mich nicht mehr verstellen.

«Ja, Oma; ich dachte mir, es ist Zeit für etwas Neues.»

Ich stehe barfuß in meinem hellblauen, luftigen, knöchellangen Baumwollkleid. Ich hebe mein Kinn und schaue hinauf – vorbei an den Deckenbalken und über den Himmel darüber hinaus. Wenn ich die Augen schließe, spüre ich den warmen, feuchten Sand des Jordans unter meinen Füßen. Vor mir steht ein verwahrloster, Heuschrecken essender Mann namens Johannes der Täufer. Die Worte eines Propheten durchdringen die warme Luft: «Ich bin eine Stimme eines Predigers in der Wüste: Ebnet den Weg des Herrn!» Im Nacken spüre ich einen sanften Luftzug von den flatternden Flügeln einer Taube. Mit offenen Augen steige ich die mit Teppichboden belegten Stufen zu einem Wasserbecken hinauf und weiß, dass Gott bei mir ist. Ich weiß mit jeder Faser meines Wesens, dass mein Leben sich in diesem Moment zugleich auflöst und wieder zusammenfügt.

In der Menge entdecke ich das Gesicht meiner Tante. Sie strahlt, hält die Tränen zurück und ist glücklich über diesen Augenblick. Doch nie könnte sie völlig begreifen, was für eine schwere Bürde ich mit in dieses Wasser trage; was ich alles hinter mir lassen werde. Die starken, sanften Hände eines Mannes in einem purpurfarbenen Anzug führen mich in das lauwarme Wasser. Der Rock meines Kleides wird nass und schwer und zieht mich sanft weiter nach unten. Der Pastor lächelt zurückhaltend und ehrfürchtig; er steht bereit, mich zu diesem Glaubenssprung zu führen.

Er betet für mich, aber seine Stimme hört sich weit entfernt an. Ich stehe auf einer Cumuluswolke, und das Gesicht meines Liebsten strahlt auf mich herab. Dann wird alles, was ich bin und jemals war, überdeckt. Ich tauche unter in ihm. Als ich mich wieder aufrichte, kommt nur das Beste an mir wieder zum Vorschein. Erhebe dich! Ich bin neu gemacht! Heute und an jedem Tag.

Ich stehe vor einer jubelnden Menge, darunter auch meine Familie. Sogar meine Mutter und Daddy Russ freuen sich für mich, obwohl der Glaube, den ich gewählt habe, für sie schwer zu akzeptieren war. Niemand raubt mir etwas mit seinen Augen. Sie applaudieren mir nicht für Tricks an der Stange oder für meine perfekt gebräunte Haut. Sie feiern mit mir, für mich.

In der Nacht nach meiner Taufe hatte ich einen Traum. Es war etwas ganz anderes als die immer wiederkehrenden heftigen Träume, in denen ich mächtige Kreaturen jage und von ihnen gejagt werde. Kreaturen, die gesandt wurden, um mich zu vernichten, und nach denen ich völlig erledigt aufwache, weil ich mit aller Kraft gekämpft habe, mit Waffen, so kümmerlich wie Zahnstocher. In diesem Traum war ich frei und flog eine Handbreit über indigofarbenes Wasser hinweg, das vom Wind zu Wellen aufgepeitscht wurde, so weit das Auge reichte. Unter mir sah ich das Spiegelbild eines freundlichen Gesichtes, barmherzig und weise. Er ist mein Jesus. Aufgehoben und über die unbekannte Weite hinweggetragen, wurde ich von einem Frieden erfüllt, den ich noch nie erlebt hatte, ob ich wach war oder schlief. Ich wusste, dass er bei mir ist.

Drei Monate später hatte ich einen neuen Job und ein neues Leben. Fünf Mädels im Teenageralter saßen am Tisch eines Gruppenwohnheims in South Central und aßen ihr Müsli. Der Lohn war mager, aber dafür hatte ich die Befriedigung, etwas Sinnvolles mit meinem Leben anzufangen. Mit zweiundzwanzig war ich gerade einmal sieben Jahre älter als die meisten von ihnen, und ich sah kaum älter aus. Trotzdem hatte der Besitzer dieses Heims mich eingestellt.

Das Haus, in dem wir saßen, stand auf einem Hügel oberhalb des Crenshaw Boulevard. Die Nachbarn, die hier vorbeikamen, während sie ihren Morgenspaziergang machten, bewaffnet mit langen Stöcken, um streunende Hunde abzuwehren, dachten wahrscheinlich, dieses feudale, kastenförmige Haus im Stil der 1960er wäre ein Wohnhaus wie jedes andere in der Nachbarschaft. Sie ahnten nicht, dass im Innern dieses Hauses mit seinen makellosen naturweißen Teppichböden und perfekt eingerichteten Zimmern Sozialwaisen wohnten. Es waren Kinder, deren Eltern nicht in der Lage oder nicht bereit waren, sich so um sie zu kümmern, wie es vom Staat vorgesehen war. Stattdessen wurden sie von Gruppenwohnheim zu Gruppenwohnheim und von Sozialarbeiter zu Sozialarbeiter weitergereicht.

Als ich das Haus während meines Vorstellungsgesprächs zum ersten Mal gesehen hatte, war ich verblüfft gewesen, wie sauber und schön es hier war. *Viel schöner als in dem Gruppenwohnheim, in dem ich mal gewohnt habe*, dachte ich. Doch bei aller Makellosigkeit und schicken Einrichtung mangelte es dem Haus an Wärme. Wenn wir wollten – wenn wir es uns einredeten –, dann konnten diese Mädchen und ich so tun, als wären wir eine große, glückliche Familie, die in diesem wunderbaren Haus wohnte. Doch die Mädchen hatten es schon lange aufgegeben, auf so etwas wie eine Familie auch nur zu hoffen. Ich war eine Mitarbeiterin, und diese Rolle erzeugte eine Barriere zwischen den Mädchen und mir. «Dir sind wir doch egal. Du bist ja nur hier, weil du dafür bezahlt wirst!», schleuderten sie mir ihre Vorwürfe entgegen.

Gerne hätte ich ihnen die Wahrheit gesagt: dass kein einigermaßen zurechnungsfähiger Mensch für sieben Dollar die Stunde ganz allein die Nachtschicht in einem Gruppenwohnheim in South Central übernehmen würde, wenn dabei nicht auch Mitgefühl und Anteilnahme im Spiel wären. Ob sie anders denken würden, wenn sie wüssten, dass ich bei meiner früheren Tätigkeit in der Hälfte der Zeit tausend Dollar verdienen konnte? Oder dass ich in einem anderen Job mit weniger Stress doppelt so viel hätte verdienen können, wenn ich bereit gewesen wäre, ein bisschen «kreativ» zu sein und bei meinem Lebenslauf zu schwindeln? Es gab Dinge, die wichtiger waren als Geld. Um das zu lernen, war ich hier.

«Glaubt mir: Ich bin hier, weil ich hier sein will.» Eine andere Antwort konnte ich ihnen nicht geben. Und den Rest der Geschichte kannten sie: dass ich auch einmal in einem Gruppenwohnheim untergekommen war und mir schon immer gewünscht hatte, als Mitarbeiterin zurückzukehren, um andere Menschen so zu inspirieren, wie mich mein Heimleiter damals inspiriert hatte. Aber irgendwie glaube ich, dass die Zeit, die ich selbst in dem System gesteckt hatte, bei diesen Langzeitbewohnern wenig Eindruck machte. Das hier war nicht nur ein Kapitel in ihrem Leben. Es war das einzige Leben, das sie kannten.

Ein Zuhause war es für sie nicht. Ihre armen Herzen waren inzwischen schon viel zu oft gebrochen, als dass sie sich noch irgendwelche Illusionen hätten machen können. Sie waren nur auf der Durchreise. Trotz all der Porzellanvasen und obwohl die Mädchen unentwegt wischten und Staub saugten, um das Haus so makellos sauber zu halten, war es unter dem Strich immer noch eine Level-12-Einrichtung. Level-12-Gruppenwohnheime waren die letzte Zwischenstation auf dem Weg zu einer geschlossenen Einrichtung. Die meisten der Mädchen waren nur einen «Vorfall» davon entfernt, auch noch das letzte bisschen Freiheit zu verlieren, das ihnen zugebilligt wurde; nur ein Wutanfall trennte sie von der Verlegung.

Toya, ein übergewichtiges Mädchen mit zerzausten Haaren und wildem Blick, schaute von ihrer Müslischüssel auf.

«Miss Harmony, wie spät ist es?»

«Es ist sieben. Du hast noch zehn Minuten, bis dein Bus kommt.»

Rasch stand sie auf, und wir gingen hinüber zum Medikamentenschrank, in dem ihre Pillen aufbewahrt wurden. Ich schloss den Schrank auf und holte einen Medikamentencocktail heraus, der ausgereicht hätte, um ein Pferd ruhigzustellen: Aderol gegen ADS, Ativan gegen Angstattacken, Haldol gegen Schizophrenie. Die Mittel nützten den Lehrern und Mitarbeitern mehr als Toya. Ich legte das Ativan zurück und reichte ihr das Haldol und das Aderol.

«Und mein Ativan, Miss Harmony?» Auf der Verschreibung hieß es «nach Bedarf», aber Toya war abhängig davon geworden.

«Das brauchst du nicht, Toya.»

«Ich habe mich aber doch gut benommen. Ich hatte keinen Zwischenfall.»

«Ich weiß. Deshalb brauchst du es ja auch nicht. Außerdem macht es dich immer so schläfrig. Wie willst du denn da in der Schule was lernen?»

Die anderen Mitarbeiter hatten ihr das Zeug wie Bonbons verabreicht. Solange sie mit Medikamenten zugeschüttet war, würde sie nicht «ausflippen» – sie konnte es gar nicht. Während Toya ihre Pillen schluckte, fiel mir auf, dass die Knöpfe an ihrer Bluse falsch geknöpft waren, so dass eine Seite der Bluse hochgeschoben war und ihren Bauch freigab.

«Toya, denk daran, deine Knöpfe noch mal richtig zuzuknöpfen, bevor du gehst», flüsterte ich ihr zu, damit die anderen es nicht hörten. Sie schaute an sich herab und dann wieder zu mir auf. Dann eilte sie aus dem Zimmer.

Ein paar Augenblicke später kam Toya wieder in die Küche, warf sich ihren Rucksack über die Schulter und stürmte zur Tür hinaus, um den Bus zu ihrer «Sonderschule» zu bekommen. Karla und Diana, die immer reichlich Zeit brauchten, um sich zu schminken und ihre Haare zu stylen, waren bereits vom Tisch aufgestanden. Alexis und Aisha saßen noch da. Alexis starrte mit glasigen, müden Augen auf die übrig gebliebene Milch in ihrer Schüssel. Aisha stocherte in ein paar Cornflakes herum, um den gefürchteten Spüldienst noch hinauszuschieben.

«Okay, Mädels, in zehn Minuten geht es los. Und Aisha, du weißt ja, du bist mit Abspülen dran ...», erinnerte ich sie.

Alexis und Aisha blieben am Tisch sitzen, ohne von ihren Schüsseln aufzublicken. Ich spürte, dass sich ein Machtkampf zusammenbraute. Um ihnen keine Munition zu liefern, setzte ich mich an den Schreibtisch und begann den Morgenbericht auszufüllen. Nach dreißig Sekunden stand es immer noch unentschieden zwischen den beiden. Ich schaute von meinen Papieren auf und sah, wie Alexis über ihre Schüssel hinweg Aisha anstarrte. Sie schien Aishas Entschlossenheit zu spüren und beschloss, sich zurückzuziehen. Sie schob ihren Stuhl zurück und stand auf. Ihre Schüssel ließ sie stehen, damit Aisha sie abräumte.

«Schön, dann mal los, Aisha. Ich will nicht, dass du zu spät in die Schule kommst», forderte ich sie auf.

«Ich hab dich schon beim ersten Mal gehört!», schrie sie und knallte ihre Schüssel auf den Tisch. Kleine Krümel ihrer Cornflakes hüpften aus der Schüssel und verstreuten sich auf dem

Tisch. Sie war fast einen Meter achtzig groß. Hochgewachsen und unbeweglich stand sie vor mir und fixierte mich mit ihrem Blick wie eine Löwin ihre Beute. Aber ich kannte mich in der Kunst der Deeskalation aus. Als ich siebzehn war, hatten meine Therapeutin und ich alle möglichen Folgen durchdiskutiert, die es haben konnte, wenn man auf Wut und Drohungen nicht reagierte.

«Du kannst nicht steuern, was andere Leute tun. Aber deine Reaktion auf sie kannst du steuern», sagte meine Therapeutin immer. Und ich hatte mit der Zeit gemerkt, dass sie recht hatte. Indem ich ihren Rat umsetzte, entdeckte ich etwas Wunderbares: *Kontrolle*. Ich hatte die Kontrolle. Es war herrlich, mir meine Worte und Handlungen nicht von anderen Menschen diktieren zu lassen und damit den vorgezeichneten Ablauf von Streitigkeiten und Wutanfällen zu durchkreuzen.

Als ich in der Küche Aisha gegenüberstand, bemerkte ich, dass sich etwas verändert hatte: Meine Deeskalationstechnik, ruhig zu bleiben, kostete mich überhaupt keine Anstrengung mehr. Ich verspürte keine Wut oder keinen Stolz, die ich hätte unterdrücken müssen. Stattdessen empfand ich etwas ganz anderes: Barmherzigkeit. Völlig entspannt bis in den letzten Muskel lehnte ich am Küchentresen. Aisha stand fest und aufrecht da. Sie schien darauf zu warten, dass ich sie provozierte. Alexis und Karla kamen aus ihren Zimmern und nahmen die Zuschauerrolle ein.

«Los, Mädels, ihr müsst euch für die Schule fertig machen», sagte ich freundlich zu Alexis und Karla.

Durch das Publikum ermutigt, nahm Aisha indes die Eskalation selbst in die Hand. Blitzschnell griff sie nach dem großen Milchkanister auf dem Küchentisch und schleuderte ihn auf meinen Kopf zu. Er segelte durch den Raum, und ich duckte mich gerade noch rechtzeitig, um dem Geschoss zu entgehen. Der Kanister traf auf die Kühlschrankkante, und die Milch ergoss sich quer durch die Küche.

«Ich bring dich um! Hast du gehört? Ich bring dich um!», schrie sie und stürmte aus dem Raum.

Irgendwo in meinem Innern fragte ich mich, ob sie wirklich das Zeug dazu hatte? Konnte sie mich umbringen? Würde sie es tun? Sie gehörte zu den Bloods. Obwohl sie auf eine Schule ging, die von einer rivalisierenden Gang beherrscht wurde, den Crips, hatte sie dennoch den Mut, dort das Rot ihrer Bloods-Gang zu tragen. Hinter ihrem Zorn steckte so viel Zerbrochenheit. Sie würde mir nichts tun. Ihre Wut hatte nichts mit mir zu tun. Ich glaube schon, dass sie Mordlust verspürte. Aber das, was sie umbringen wollte, waren ihre Lebensumstände. Sie hatte keine Kontrolle. Die Sucht der Mutter; die Haftstrafe des Vaters; die Vorgeschichte voller Gewalt, in die sich einzureihen von ihr erwartet wurde: Sie hatte sich dieser Gang nicht angeschlossen, weil sie das cool fand. Es war ihr aufgedrängt worden wie ein Familiengeschäft, das von Generation zu Generation weitergereicht wird. Da sie an den großen Dingen, die den ganzen Verlauf ihres Lebens bestimmten, nichts ändern konnte, blieben ihr nur noch die Kleinigkeiten, zum Beispiel ob sie das Geschirr abspülte oder nicht.

Früher hätte ich auf Aisha völlig anders reagiert. Ihre Zerbrochenheit hätte meine eigene Zerbrochenheit angezapft. Mein Instinkt hätte mir gesagt, ich solle mich zum Kampf bereit machen. Aber in mir hatte sich etwas verändert. Statt unterdrückter Verletzung und Wut empfand ich Empathie. Ich sah Aisha mit anderen Augen, und dieser neue Blick brachte mich dazu, ihr mit Gnade zu begegnen.

Karla und Alexis beobachteten mich immer noch aus einer Ecke des Raumes. Alexis griff nach einer Rolle Küchenpapier und begann die Spuren von Aishas Wutanfall aufzuwischen. Karla blieb stehen, wo sie war, und starrte mich mit Tränen in den Augen an.

«Was ist los, Karla?», sprach ich sie an.

«Was ist los mit *dir*, Harmony? Wie kommst du dazu, uns so

zu lieben?» Sie zwang sich zu einem wütenden Tonfall. Dann rannte sie in ihr Zimmer und knallte die Tür hinter sich zu.

Auf der Fahrt zur Schule blieb es an diesem Morgen in meinem engen kleinen Honda still. Normalerweise ging es mit Geschnatter und Blödeleien hoch her. Selbst Aisha war ruhig und schweigsam und starrte mit ihrem Rucksack auf dem Schoß durchs Fenster hinaus auf die Leute am Crenshaw Boulevard: Kinder mit Rucksäcken auf dem Weg in die Schule; Leute an Bushaltestellen auf dem Weg zur Arbeit; und der Obdachlose mit den Dreadlocks bis hinunter zu den Knöcheln, der im Leimert Park herumschlenderte. Eine nach der anderen setzte ich die Mädchen bei ihren jeweiligen Schulen ab. Aisha war die Letzte, die ausstieg. Bevor sie die Tür aufmachte, hielt sie kurz inne und sah mich mit ihren runden braunen Augen an.

«Bist du heute Abend wieder da?», fragte sie und schaute hinab auf ihren Schoß. Sie wollte einen Neuanfang machen.

«Klar, ich werde da sein.» Wir alle wollen einfach nur einen Neuanfang.

«Na dann. Bis später.»

«Ich wünsche dir einen guten Tag.»

Ich sah Aisha nach, wie sie kühn und zart in ihrem signalroten Sweatshirt das Meer der anderen Schüler in ihren graublauen Westen und königsblauen Trainingsanzügen durchquerte. Ja, sie war eine Kämpferin. Sie kannte es nicht anders.

Auf der Fahrt nach Hause fielen mir Karlas Worte ein: «Wie kommst du dazu, uns so zu lieben?»

Ich hatte den Mädchen nie gesagt, dass ich sie liebte. Für eine Mitarbeiterin wäre das kein angemessenes Verhalten gewesen. Aber irgendwie hatte Karla es gemerkt, und das brachte sie aus der Fassung. Ich konnte ihr ungutes Gefühl verstehen. Ich erkannte mich in ihr wieder. So viele Jahre lang hatte ich mir echte Liebe – eine Liebe, die die Fehler eines anderen sieht und ihn trotzdem in die Arme schließt – einfach nicht erklären können. Ich war sicher gewesen, dass jemand, der mich wirklich kannte, mich niemals mögen würde, und lieben schon gar nicht. Also tat ich mein Bestes, um mich hinter einer Maske der Sinnlichkeit, des Selbstvertrauens, der Intelligenz und all der Dinge zu verstecken, von denen ich glaubte, dass sie bei anderen Leuten gut ankamen. Ich brauchte meine Maske, wie ein Soldat seine Waffe braucht: um mich zu verteidigen, um zu kämpfen, um zu überleben.

Und Gott? Wenn es wirklich einen Gott gab, dann saß er bestimmt hoch erhaben auf seinem Thron und suchte sich all die guten Menschen aus, diejenigen, die seiner Liebe wert waren. Auf die Schlechten wie mich schleuderte er Katastrophen herab. Vor ihm würde ich nie bestehen können. Dessen war ich mir ganz sicher gewesen. Die Vorstellung, dass jemand – Gott nämlich – mich lieben könnte, war bestenfalls eine kindische Hoffnung, fast so absurd wie der Glaube an den Weihnachtsmann. Genau wie ich hatten Karla und Aisha durch die rauen Umstände ihres Lebens gelernt, sich nichts zu erhoffen. Das war der beste Weg, um nie enttäuscht zu werden.

Was für eine kühne Sache ist es doch, zu hoffen! An etwas zu glauben, was wir nicht mit Augen sehen können. Als nun die goldene Wärme der Sonne in mein Auto strömte, die Kühle des Morgens vertrieb, die Menschen und die Bäume und mich aufleuchten ließ, da wusste ich irgendwie, dass ich nichts anderes hatte als Hoffnung. Und das war genug.

Jahrelang hatte ich mich nach Sicherheit gesehnt und sie in handfesten, greifbaren Dingen zu finden versucht. Wenn ich genug Geld hatte, fühlte ich mich sicher. Wenn ich Anerkennung von Männern bekam, fühlte ich mich begehrt. Doch als ich jetzt den Crenshaw Boulevard in Richtung Freeway 10 entlangfuhr, spielte das alles nicht mehr eine solche Rolle wie früher.

So wenig Geld wie jetzt hatte ich schon seit Jahren nicht mehr gehabt. Seit fast sechs Monaten gab es keinen Mann mehr, dem ich mich irgendwie beweisen konnte. Und dennoch strömte da eine Liebe in mich hinein, die meine Wut und Verletzung, meine Zweifel und Ängste durchdrang: ja, die sie durch Barmherzigkeit, Heilung, Hoffnung und Mut ersetzte. In diesem Moment verspürte ich eine Zufriedenheit, wie ich sie noch nie gekannt hatte, und mir wurde bewusst, dass ich zurechtkommen würde. *Ich werde zurechtkommen. Ich komme zurecht.* Auch ohne diesen Mann und das Geld und ohne all meine alten Sicherheitsdecken würde ich zurechtkommen.

Diese Erkenntnis sprudelte mit solcher Wucht in mir hoch, dass ich mich zusammenreißen musste, um nicht aus dem Auto zu springen und dem Obdachlosen an der Straßenecke zu erzählen, er werde auch zurechtkommen. Zweite Chancen gibt es wirklich. Menschen verändern sich tatsächlich; und es gibt eine Liebe, die sich um all das kümmert.

Ich bin nicht mehr die, die ich war. Ich bin nicht einmal mehr die, die ich gestern war. Und morgen werde ich wieder neu sein, und immer wieder, bis ich ganz und gar die Frau geworden bin, die Gott im Sinn hatte, als er mich erschuf. Doch in diesem Moment, bei diesem Atemzug, den ich jetzt tue, bin ich genug. Gerade jetzt – so, wie ich bin – bin ich es wert, dass man mich liebt und für mich kämpft. Das hat mein Gott mir gezeigt. Er ist genug.

Mir tanzte das Herz in der Brust. *Er ist genug.* Die Welt veränderte sich um mich her. Es war eine Hoffnung in jedem Menschen, den ich sah, die mich mit ihnen allen auf eine Weise verband, die ich noch nie bemerkt hatte. Die Frau, die sich im Rückspiegel die Lippen nachzog. Der Mann, der auf dem Mittelstreifen Räucherstäbchen verkaufte. Das Kind, das seine Stirn gegen die hintere Seitenscheibe presste. Die junge Frau in den grell pinkfarbenen Stretchhosen, die auf der panischen Suche nach ihrem nächsten Schuss die Straße entlanghastete. *Er ist genug.*

Und wenn er alles ist, was ich jemals haben werde …

Er ist genug. Und ich bin genug in ihm.

Epilog

An dem Abend, als ich vor dem Stripclub die Postkarten an die Windschutzscheiben steckte, hatte ich keine Ahnung, was Gott alles vorhatte. Es erschien mir wie eine ganz einfache Sache – das Einzige, was ich in diesem Moment tun konnte.

In der Woche darauf erzählte ich Jeff, einem der Co-Pastoren in meiner Gemeinde, was ich getan hatte. Er war außer Tanya die erste Person in der Gemeinde, die von meinem Job im Stripclub wusste, und er hatte mich immer akzeptiert. Trotzdem hatte ich ein wenig Angst, er würde mir sagen, Christen hätten in der Nähe von Stripclubs nichts zu suchen.

Stattdessen machte er große Augen und schlang seine Arme um mich. Als ich dann begeistert anfing zu erzählen, wie toll es wäre, die Clubs regelmäßig aufzusuchen, und dass ich hoffte, andere junge Frauen zur Mitarbeit bewegen zu können, da nahm er mir regelrecht die Worte aus dem Mund.

«Wann willst du anfangen?», fragte er enthusiastisch.

Bis dahin waren es nur Träume und Ideen gewesen. Ans *Anfangen* hatte ich noch gar nicht so richtig gedacht.

«Na ja, ich weiß nicht. Ich habe gerade auf der Uni angefangen und alle Hände voll zu tun. Es kann eine Weile dauern, bis ich mich dahinterklemmen kann ...» Ich fand alle möglichen Ausreden. Ich war zwar Feuer und Flamme dafür, eine Aktion für Stripclubs ins Leben zu rufen, aber ich hatte noch nie von etwas Derartigem gehört. Es gab kein Vorbild dafür, soweit ich wusste. Der Gedanke, es tatsächlich zu machen, war ziemlich beängstigend.

«Okay, Harmony.» Er schien sich mein Dilemma durch den Kopf gehen zu lassen. «Wie wär's mit Dezember?» Jetzt war Oktober. Jeff hörte überhaupt nicht auf meine Ausreden. Offenbar wusste er, dass ich nur etwas Ermutigung in Form eines kleinen Feuers unter dem Hintern brauchte. Ehe ich mich versah, hatte er in unserem Gemeindebrief einen Einspalter über «Treasures» geschrieben, die neue Stripclub-Aktion von Oasis.

Im Dezember 2003 wartete ich nervös auf den Beginn des ersten Treffens. Ob sich überhaupt jemand blicken lassen würde? Und ob. Etwa ein halbes Dutzend Frauen, die fast so nervös wirkten wie ich, erschienen zu dem Treffen. Ich hatte Zielgedanken ausformuliert mitgebracht – dieselbe Vision, die wir auch heute noch verfolgen –, und eine Liste der Clubs, die wir in dem Monat nach dem Treffen aufsuchen wollten. Um ehrlich zu sein, ich hatte keine Ahnung, was ich da tat. Die ganze Mitarbeiterschulung erschöpfte sich so etwa in Folgendem: «Okay, Mädels, ich weiß auch nicht so genau, was uns erwartet. Dies ist eine Arbeit, die sich erst langsam entwickeln muss. Seit ihr dabei? Und jetzt lasst uns beten!» Das Einzige, was ich sicher wusste, war, dass ich in meinem Herzen den Auftrag spürte, dass wir uns blicken ließen. Also taten wir das.

Damals hatten wir noch kein Budget für Geschenktüten oder dergleichen schicke Sachen. Unser größtes Kapital waren unsere Leidenschaft, ein Freund, der Webdesigner war, und der Drucker in der Gemeinde. Ich wollte von Gottes Liebe reden, ohne dass es sich wie eine Predigt anhörte. Die beste Möglichkeit dazu schien mir die zu sein, dass ich meine Geschichte erzählte. Über Bibel und Dogmen kann man diskutieren, bis man blau anläuft, aber gegen persönliche Erfahrungen kann man nicht argumentieren. Also schüttete ich auf einer Seite mein Herz aus und ließ ein paar Hundert Kopien davon drucken. Damit wollten wir dann zu den Clubs gehen und sie an den Autos der Mädchen, die dort arbeiteten, hinterlassen.

Im folgenden Monat fing es am Abend unserer ersten Aktion an zu regnen. Bei dem Wetter schien es jedoch keine so gute Idee zu sein, unsere kleinen Flugblätter nur stillschweigend auf den Windschutzscheiben zu hinterlassen. Also mussten wir dickere Bretter bohren. Wir fuhren zu dem Club mit dem bizarren Namen Jumbo's Clown Room, einem kleinen, aber bekannten Stripclub in Hollywood. Mein Herz pochte wie wild, als wir auf den Club zugingen. Die Tür war unbemannt: kein Rausschmeißer, keine Security. Also marschierten wir mit aller Zuversicht, die wir aufbringen konnten, in den Club. Kaum waren wir drinnen, brach die dröhnende Musik plötzlich ab, und alle Köpfe im Club schienen sich zu uns umzudrehen. Sogar das Mädchen auf der Bühne hörte auf zu tanzen und beobachtete uns, während sie sich an der Stange festhielt, als hätte jemand bei ihr auf die Pausetaste gedrückt. Auch wir standen wie erstarrt, als wäre für einen Moment die Zeit stehen geblieben. Nach wenigen Sekunden fing die Musik wieder an, und alle wandten sich wieder ihrer Beschäftigung zu. Bis heute weiß ich nicht, was an jenem Abend in Jumbo's Clown Room eigentlich passiert ist. Vielleicht war es nur ein Zufall, dass der ganze Club für einen Moment zum Stillstand kam, als wir auftauchten. Wie auch immer, das war der grandioseste erste Auftritt für unsere Stripclub-Aktion, die wir uns hätten ausdenken können.

Schließlich machten wir im hinteren Bereich des Clubs den Manager ausfindig und gaben uns alle Mühe, gelassen und professionell zu wirken.

«Ähm … wir sind eine Unterstützergruppe für Frauen in dieser Branche. Ein paar von uns haben selbst darin gearbeitet. Wir möchten gern diese Flugblätter für Ihre Mädchen hierlassen», sagte ich und versuchte, dabei nicht zu stottern und zu stammeln. Zu unserer Freude nahm er die Flugblätter und versicherte uns, sie an die Tänzerinnen weiterzugeben. Nach der Aktion an diesem Abend war ich so voller Begeisterung und Adrenalin, dass ich stundenlang nicht schlafen konnte. Am Ende hatte ich das Gefühl, als ob all der Schmerz, den ich in meinem Leben erfahren hatte, nun einen Zweck bekommen hatte.

Während der nächsten Monate führten wir dieselbe Aktion in etlichen Clubs in der ganzen Stadt durch. Dabei beteten wir immer, dass die Manager die Flugblätter nicht einfach im Müll verschwinden lassen würden, sobald wir wieder zur Tür hinaus waren. Ermutigt wurden wir durch die Anzahl der Aufrufe unserer Website, die nach jeder Aktion steil nach oben gingen.

Am folgenden Valentinstag wollten wir etwas Besonderes für die Mädchen machen. Wir fertigten ihnen kleine pinkfarbene Geschenktüten mit Lipgloss, Ohrringen, Parfümproben und allen möglichen anderen Sachen, die wir beschaffen konnten. Als wir damit in den Clubs auftauchten, waren wir platt über die Reaktion. Statt die Geschenktüten einfach nur entgegenzunehmen und uns wieder zu verabschieden, luden die Manager uns ein, in die Clubs hineinzugehen und die Geschenke den Mädchen persönlich zu übergeben. Ich musste an den Bibelspruch denken: «Das Geschenk des Menschen schafft ihm Raum.» Für unsere Aktion traf das voll ins Schwarze. Zum ersten Mal konnten wir den Frauen in den Clubs persönlich begegnen. Wenn die Mädchen uns fragten, warum wir ihnen etwas umsonst gaben, sagten wir ihnen: «Weil wir möchten, dass du weißt, dass jemand dich liebt!»

Heute gehören über dreißig Frauen zum «Treasures»-Team. Gemeinsam besuchen sie jährlich 170 Stripclubs und erreichen Tausende von Frauen mit Geschenktüten mit Kosmetika, Schmuck und der schlichten Botschaft, dass jemand sie liebt und wertschätzt. Viele Frauen umarmen uns und danken uns überschwänglich für diese an sich doch so schlichte Geste. Andere sind regelrecht geschockt, dass jemand ihnen etwas gibt, ohne eine Gegenleistung zu erwarten: Da sie nicht wissen, wie man so etwas annimmt, bieten sie uns für die Geschenke eine Bezahlung an.

Die Aktionen sind das Beste. Wer hätte nicht seine Freude daran, sich mit Freundinnen zu treffen und Lipgloss und Ohrringe an Gottes geliebte Töchter zu verteilen? Was mir ans Herz geht und mich auf die Knie sinken lässt, ist das, was nach den

Aktionen passiert. Wenn die Frauen Kontakt zu uns aufnehmen und uns ihre Geschichten erzählen, bekommen wir die schmerzhafte Realität zu sehen, in der viele von ihnen leben. Eine Frau, die ohne Ausbildung und ohne berufliche Erfahrungen ihre Kinder versorgen muss und sich verzweifelt wünscht, der Sexbranche den Rücken kehren zu können. Ein Mädchen, das unter Drogen gesetzt, vergewaltigt und zu Prostitution und Pornografie gezwungen wurde. Ein Mädchen, das mit dem Strippen anfing, um eine Krebsbehandlung zu bezahlen. Oder eines, das mit fünfzehn Jahren auf der Straße saß – und sie wusste keinen anderen Weg, um zu überleben, außer ihren Körper zu verkaufen. Die Frau, die es geschafft hat, aus der Sexbranche herauszukommen, aber wegen all der Jahre, die sie darin verbracht hat, nach wie vor mit Scham, Depressionen, Angst und emotionalen Narben zu kämpfen hat.

Inzwischen ist Treasures eine offiziell anerkannte gemeinnützige Organisation, die diesen Frauen Gebet und Unterstützung in Form von Ermutigung, Ressourcen, Empfehlungen und Mentoring bietet. Unser Wunsch ist, Frauen in allen Bereichen der Sexbranche sowie denen, die diese hinter sich gelassen haben, das Rüstzeug zu geben, um das gesunde, blühende Leben zu führen, für das sie geschaffen wurden. Wir glauben, dass Veränderung im Herzen beginnt, und unsere Leidenschaft ist es, zu erleben, wie Herzen durch die Liebe und Gnade Gottes revolutioniert werden.

Melanie Star ist eine junge Frau, die diese Vision verkörpert. Nachdem sie von Treasures gehört hatte, war Melanie so bewegt, dass sie fragte, ob sie mit uns zu einer Aktion kommen könnte, obwohl sie noch nicht bereit war, ihren Job im Stripclub aufzugeben. Schon nach einem Abend mit dem Team verkündete sie, sie würde auf der Stelle ihren Spind bei der Arbeit ausräumen und dem Strippen den Rücken kehren. Nicht, weil wir ihr das gesagt oder ihr wegen ihrer Tätigkeit ein schlechtes Gewissen eingeredet hätten, sondern weil Gott in ihr wirkte. Es ist nicht unsere Aufgabe, Menschen zu verurteilen und zu überführen. Wir brauchen nur Menschen zu lieben und auf Gott und seine Güte zu vertrauen, denn die Güte Gottes ist es, die Menschen dazu inspiriert, sich zu verändern. Genau das tat auch Melanie. Sie arbeitete weiter bei Treasures mit, während sie ihr Collegestudium beendete. Heute lebt sie in Nebraska, wo sie als Hausverwalterin für eine Mehrfamilienwohnanlage arbeitet. Sie scheut sich nicht, ihre Geschichte zu erzählen, um andere Frauen zu erreichen und zu ermutigen. Zudem unterstützt sie bis heute die Arbeit von Treasures durch Gebet und finanzielle Gaben.

Heute arbeiten mehr Frauen als je zuvor in der Geschichte in der Sexindustrie. Allein in den Vereinigten Staaten gibt es über 2700 Stripclubs, mehr als in jedem anderen Land der Erde. Eine gewaltige Aufgabe für eine in Los Angeles wurzelnde Basisbewegung. Obwohl wir weiterhin mit Frauen im ganzen Land zusammenarbeiten, wissen wir auch, dass wir noch mehr erreichen können, indem wir andere leidenschaftlich engagierte Leiterinnen dazu schulen und ausrüsten, selbstständig mit Unterstützung ihrer lokalen Gemeinde Aktionen durchzuführen. Derzeit gibt es in elf Staaten der USA Stripclub-Aktionen nach dem Treasures-Modell.

Bei Gott ist kein Leid vergeudet. Ich bin fest davon überzeugt, dass Gott, wenn wir es zulassen, alles, was wir durchgemacht haben, zu unserem Besten gebrauchen wird. Wir alle haben eine Geschichte zu erzählen.

Dies war eine Schilderung meines Exodus: meines Weges aus der Gefangenschaft. Es ist keineswegs die ganze Geschichte, und sie ist auch noch nicht zu Ende. Heute bin ich freier und erfüllter, als ich es gestern war. Morgen, so glaube ich, werde ich noch freier sein. Die Reise dauert an. Ich bin nicht vollkommen, aber ich bin erfüllt. Ich bin mit einem wunderbaren Mann verheiratet. Ich habe eine süße Tochter, großartige Freunde, eine Ausbildung, und ich darf meine Tage damit verbringen, liebevoll auf Frauen in der Sexindustrie zuzugehen und ihnen Hoffnung zu bringen. Erfüllt bin ich nicht aufgrund der Umstände meines Lebens, sondern durch denjenigen, für den ich lebe. Ich habe gelernt, dass der Glaube eine feste Zuversicht auf das ist, was man hofft, und ein Nichtzweifeln an dem, was man nicht sieht (vgl. Hebräer 11,1). Es hat reichlich Gelegenheiten gegeben, bei denen ich mich an diesem Glauben festhalten musste – einem Glauben, der jenseits von Fakten und Vernunft Bestand hat.

Der Weg war lang und oft schwer. Mein Wandel ist nicht wie durch Zauberei über Nacht vonstattengegangen. Es ist nun fast elf Jahre her, dass ich den Stripclub verlassen habe. Und ebenso, wie die Narben, die sich während der frühen Jahre meines Lebens gebildet haben, durch einen Prozess der beständigen Abschürfung entstanden sind, so war auch ihre Heilung ein Prozess. Es dauerte viele Jahre, bis meine Selbstachtung so tief gesunken war, dass ich bereit war, meinen Körper zu verkaufen, damit ich meinen Freund, der mich schlecht behandelte und hinterging, finanziell unterstützen konnte – nur, um nicht allein zu sein. Lange Zeit glaubte ich, es wäre sinnlos, ihn zu verlassen. Ich war überzeugt davon, jeder andere Mann auf der Welt würde mich genauso schlecht behandeln. Wie es so oft geschieht, blieb ich in meiner Störung stecken, weil ich mich darin am besten auskannte. Diese Vertrautheit war das größte Maß an Zufriedenheit, das ich kannte. Mich daraus zu befreien, hat einige Zeit gedauert, und der Prozess ist immer noch im Gang.

Dieser Teil meiner Geschichte endet also mit einer Offenbarung: dass ich genug bin. Dass Gott genug ist. Und jede Offenbarung, die ich je hatte, jede Entscheidung, die ich seither getroffen habe, basierte auf diesem Fundament. Würde ich die Geschichte mit einem Märchenende schließen, bei dem alle glücklich bis an ihr Ende leben, so würde ich damit der Reise selbst ihren Wert nehmen.

Ehe ich auch nur daran dachte, eine andere Beziehung anzufangen, musste ich erst einmal lernen, mit Gott allein zu sein. Ich nahm mir Zeit, ihn und mich selbst kennenzulernen. Jesus heilte mein Herz, aber die Veränderung und Erneuerung meines Denkens war ein Prozess, der aktives Engagement von mir erforderte. Ich musste alte Denkweisen durch neue ersetzen; Lügen durch Wahrheit. Als ich feststellte, dass schmerzhafte Erinnerungen und die Wunden, die damit verbunden waren, nicht wie durch Zauberhand verschwanden, bat ich um die Gebete und die offenen Ohren meine Freunde und suchte Hilfe bei einer christlichen Therapeutin. Bevor ich vor dem Traualtar «Ja» sagte, musste ich mich bemühen, für Heilung und Wiederherstellung alles in meiner Macht Stehende zu tun.

Mein Mann hat mir zur Seite gestanden und mich bedingungslos geliebt; aber er hat mich nicht aus meinem früheren Leben gerettet. So leidenschaftlich ich ihn liebe, weiß ich nach fast sieben Jahren Ehe, dass ich angeborene Bedürfnisse immer in mir tragen werde. Bedürfnisse, die nur Gott befriedigen kann. Meine Freunde haben nicht die Verletzungen in meinem Herzen geheilt, auch wenn sie meine Hand gehalten haben und ihre T-Shirts von meinen Tränen durchnässt wurden. Mein Mastergrad und all das Wissen, das ich dafür erwarb, haben mich nicht in Ordnung gebracht. Menschen und Dinge haben mich bereichert, aber sie definieren mich nicht.

Damit bin ich bei Gott, der mich schon geliebt hat, als ich noch mitten im tiefsten Sumpf steckte. Meine Beziehung zu ihm begann nicht erst, als ich «in die richtige Spur» kam. Er liebt uns nicht nur trotz all des Unrats in unserem Leben, sondern er sieht über all das hinweg die Person an, als die er uns erschaffen hat. Gott liebte mich, als ich halb nackt mitten in einem Stripclub stand, bereits genauso sehr, wie er es heute tut. Ich habe seine Anerkennung nicht irgendwie errungen, indem ich die richtigen Dinge getan oder gesagt habe. Ich musste sein Herz nicht gewinnen. Er hat meines gewonnen.

«Doch alles, was ich sehe, schaut zu mir zurück, von jemandem geliebt. Und der goldene Faden der Natur all dessen ist einfach, dass wir Teil von allem sind, was je existieren wird. Von jemandem geliebt zu werden, ist der Grund, warum wir gekommen sind.»

Rickie Lee Jones

Ein letztes Wort

Am elften Jahrestag meines Abschieds von der Sexindustrie führten wir eine unserer unvergesslichsten Aktionen überhaupt durch.

Das fing damit an, dass wir eine junge Frau dabeihatten, die zum allerersten Mal zu einem Einsatz mitkam, seit sie den Menschenhändlern entkommen war, die sie brutal zur Sexarbeit gezwungen hatten. Seit zwei Jahren hatten wir sie begleitet, und an diesem Abend war sie bereit, ihren Schmerz in Taten umzumünzen. Sie war so dankbar für die Heilung und Erneuerung, die in ihrem Leben stattgefunden hatten, dass sie die ganze Nacht über vor Dankbarkeit weinte. Es war eine Ehre, diesen Moment ihres Weges miterleben zu dürfen.

Am Ende des Abends parkten wir vor dem Stripclub, in dem ich früher gearbeitet hatte. Dieser Club war in vielerlei Hinsicht ein Meilenstein. Dies war der Ort, wo ich als kaputte Neunzehnjährige zum ersten Mal gestrippt und mich an Fremde verkauft hatte. Und hier hatte mir Jahre später ein mitfühlender Manager, der sich ebenso in der Falle fühlte wie ich, angeboten, mit mir zu beten, Gott möge mir helfen, einen Ausweg aus dem Club zu finden.

Einige Wochen später hatte Gott ganz deutlich in mein Herz hineingesprochen und mir eine Botschaft gesandt, die mir die Kraft gab, von dort wegzugehen: «Ich werde mich um dich kümmern. Ich werde dich nie im Stich lassen.» Und das hat er auch nicht.

Dies war der Club, vor dem ich einst gesessen und mit blutendem, betendem Herzen überlegt hatte, ob es nicht irgendeinen Weg gäbe, die Frauen zu erreichen, die immer noch dort arbeiteten. Wie sich dann herausstellte, gab es einen Weg – und eine einfache Botschaft: «Sie ist viel edler als die köstlichsten Perlen.»

An jenem Abend, dem elften Jahrestag des Wochenendes, an dem ich aufgehört hatte, und nach sechseinhalb Jahren, in denen wir genau diesen Club immer wieder aufgesucht hatten, um den Frauen, die dort arbeiteten, Liebe, Wert und ein Ziel zuzusprechen, erfuhren wir, dass der Club am nächsten Tag schließen würde. Nach dreiundfünfzig Jahren Betrieb sollte das Gebäude abgerissen werden und einem Flughafenparkplatz weichen. Dies würde mein letzter Besuch in dem Club sein. Und während uns in vielen Clubs, die wir besuchen, erlaubt wird, die Geschenktüten persönlich an die Frauen zu verteilen, wurden sie uns hier immer schon am Eingang abgenommen. Selbst hinein durften wir nie.

Irgendetwas trieb mich dazu, noch nicht wegzugehen. Also fragte ich den Manager, ob er uns hineinlassen würde, damit ich mich wenigstens richtig verabschieden könnte.

Und so betrat ich zum ersten Mal, seit wir mit unseren Aktionen begonnen hatten, diesen Club. Es kam mir vor, als wäre ich in eine Zeitschleife geraten. Außer ein paar zusätzlichen holzgetäfelten Nischen für private Lapdances hatte sich nichts verändert. Sogar viele der Mitarbeiter waren noch da. Manche von ihnen sagten, sie seien froh, dass der Club zumachte – damit hätten sie endlich einen Grund, dieser Branche den Rücken zu kehren. Eine Frau, die seit fünfundzwanzig Jahren dort war, sagte, sie wäre wohl noch in diesem Club gestorben, wenn er nicht geschlossen würde! Andere waren über die Nachricht nicht so erfreut. Sie wussten nicht, wo sie neue Arbeit finden würden, wenn überhaupt. Ihnen konnten wir einige unserer Hilfsmöglichkeiten vorstellen.

Als ich hineinging, fiel mir eine junge Frau um den Hals und sagte: «Ich wollte schon immer mal die Frauen kennenlernen, die uns immer die Geschenke bringen. Seit sechs Jahren freuen wir uns immer schon darauf. Sonst hat noch nie jemand uns irgendetwas geschenkt oder irgendetwas Nettes für uns getan. Ihr wart die Einzigen, die sich gekümmert haben.» Sie holte ihre Kamera, um Bilder mit uns zu machen, und weinte, als wären wir lange verschollene Schwestern.

Wir verbrachten einige Zeit in der Garderobe und unterhielten uns mit den Frauen über ihre Zukunftspläne. Genau in dieser Garderobe hatte ich an dem Abend, als ich ging, Stück für Stück meine Outfits verscherbelt, in dem Wissen, dass es keinen Weg zurück gab. Diese Frauen stehen auch an einem ganz entscheidenden Punkt in ihrem Leben, und wir hoffen, dass sie unsere Hilfsangebote annehmen werden. Während in vielen Clubs eine hohe Fluktuation herrscht, scheinen gerade hier die Leute lange geblieben zu sein, wenn sie einmal eingestellt waren. Viele der Frauen erzählten uns, dies sei der erste und einzige Club, in dem sie je gearbeitet hätten. Und noch nach mehreren Jahren kannten sie nichts anderes.

Eine Frau sagte zu einer unserer Helferinnen: «Das hier ist das einzige Zuhause, das ich je gehabt habe ... und es geht nichts über ein Zuhause.»

Diese Aussage berührte mich, denn ich kann mich noch an die Zeit erinnern, in der der Stripclub mein einziges Zuhause war. Ich erinnere mich noch an die Zeit, in der ich mich so daran gewöhnt hatte, zum Sexobjekt gemacht zu werden, dass ich mich richtig wohl dabei fühlte. So wohl, dass es mich fast tröstete.

Und ein «Zuhause» ist genau das, was ich fand, als ich eines Tages die Oasis betrat, meine Gemeinde. «Ich bin endlich zu Hause», schoss es mir an jenem Tag durchs Herz. Ich spürte, wie mein liebevoller Vater mir die Arme entgegenstreckte und mich willkommen hieß.

Wir hoffen und beten, dass jede dieser Frauen ein Zuhause – eine Zuflucht – finden wird, wie sie es noch nie gekannt haben. Und dass mit der Schließung dieses Clubs etwas Neues in ihrem Leben anfängt. Dass sie erfahren, dass sie geliebt und wertgeschätzt werden und dass ihr Leben einen Sinn hat, und dass diese Offenbarung ihre Herzen und ihr Leben bis in den letzten Winkel durchdringen wird! Auf den Neuanfang!

Mein Weg zur Heilung

Jeder geht einen anderen Weg. Wenn Jesus in der Bibel jemanden heilte, tat er es jedes Mal auf andere Weise. Und so ist es auch bei uns. Es gibt keine Geheimformel für Heilung, aber ich glaube, es gibt Schritte, die wir gehen, und Entscheidungen, die wir treffen können, die uns in unserem Leben stärken werden. Hier sind ein paar Dinge, die ich auf meinem eigenen Weg zur Heilung entdeckt habe.

In Beziehung treten

Es gibt keinen Ersatz für eine echte, ehrliche Beziehung zu Gott. Er ist Herr über mein Leben und so vieles mehr. Indem ich sein Wort lese, bete und einfach Zeit in der Stille mit ihm verbringe, lerne ich ihn als Vater, Freund, Tröster, Heiler, Erlöser, Versorger und Liebhaber meiner Seele kennen. Er ist kein ferner Gott, der irgendwo weitab von uns sitzt und sein Urteil über Sie und mich fällt. Er ist ein Gott der Güte, der Gnade und der Barmherzigkeit. Er ist Immanuel, Gott mit uns.

Sich einpflanzen lassen

Wir sind nicht dazu bestimmt, unsere Leben allein zu meistern. Menschen sind auf Beziehung hin angelegt, auf Gemeinschaft. Ein Baum kann nicht wachsen, wenn er nicht eingepflanzt ist. Ich bin fest davon überzeugt, dass alle Frucht in meinem Leben nicht entstanden wäre, wenn ich nicht in meiner Gemeinde eingepflanzt wäre. Damit meine ich nicht nur die fromme Pflichtübung, sonntags einen Gottesdienst über sich ergehen zu lassen. Ich glaube, dass örtliche Gemeinden eine unersetzliche Rolle auf dieser Welt spielen. Eine gesunde Kirchengemeinde ist ein Ort, wo Menschen Gott anbeten, lernen, wachsen und Heilung, Gnade, Barmherzigkeit und die bedingungslose Liebe Gottes erfahren können. Dort habe ich einige meiner bedeutungsvollsten und blühendsten Beziehungen zu Menschen aufgebaut, die mich kennen – mit all meinen Unvollkommenheiten – und mich trotzdem lieben.

Die Entscheidung treffen

In der Bibel (Johannes 5) lesen wir die Geschichte eines Mannes, der auf einer Matte lag und seit achtunddreißig Jahren gelähmt war. Jesus stellt ihm eine Frage: «Willst du gesund werden?» Daraufhin bringt der Mann alle möglichen Ausflüchte vor: Niemand wolle ihm helfen, und jedes Mal, wenn er versuche, sich selbst zu helfen, trete ihm jemand in den Weg. Am Ende befiehlt Jesus dem Mann, aufzustehen, seine Matte zu nehmen und zu gehen. Der Mann folgt der Anweisung und ist geheilt.

Ich glaube, Jesus stellt Ihnen und mir dieselbe Frage: Willst du gesund werden? Manchmal denken wir, wir wollen ja, dass es uns besser geht. Doch wenn es dann ernst wird, haben wir alle möglichen Ausreden, warum das nicht möglich sei. Wir haben es uns in unserem Zustand bequem gemacht und sind zufrieden damit, gelähmt auf unserer Matte liegen zu bleiben.

Letzten Endes liegt die Entscheidung bei uns. Niemand kann es an unserer Stelle wollen, Gott kann es uns nicht aufzwingen. Wir müssen die Entscheidung treffen, gesund zu werden.

Lügen durch Wahrheit ersetzen

Vor elf Jahren glaubte ich jede Menge Lügen. Sie waren so eng mit meinem Wesen verwoben, dass sie für mich persönlich zur Wahrheit geworden waren. Ich glaubte, ich sei wertlos, dumm und nicht wert, geliebt zu werden. In meinem Leben spiegelte sich das wider, was ich für wahr hielt, denn ich traf meine Entscheidungen auf dem Fundament dieser tiefen, verborgenen Überzeugungen.

Die Bibel sagt uns: «Ändert euch durch Erneuerung eures

Sinnes» (Römer 12,2). Ebenso fordert sie uns auf: «Wir … nehmen gefangen alles Denken in den Gehorsam gegen Christus» (2. Korinther 10,5).

Dieser Prozess der Veränderung erfordert, dass wir aktiv werden. Es ist *unsere* Aufgabe, die Lügen, die wir glauben, aktiv durch die Wahrheit zu ersetzen.

Sich den Tatsachen stellen

In der bekannten Geschichte von David und Goliath stellte sich David seinem riesenhaften Gegner und besiegte ihn mit einer Steinschleuder. Schon in den Tagen des Exodus hatten die Israeliten sich davor gefürchtet, in das verheißene Land einzuziehen, weil in dem Gebiet so viele «Riesen» wohnten. Nicht die Riesen selbst, sondern die Furcht vor ihnen hielt das Volk davon ab, Gottes Verheißung in Anspruch zu nehmen.

Auf meiner eigenen Reise ist mir so mancher Riese begegnet: sexueller Missbrauch, Vergewaltigung, eine gestörte Vaterbeziehung, Furcht, Ablehnung, Verlassenheit, Unversöhnlichkeit und Bitterkeit, um nur einige zu nennen. Es ist leicht, diese Liste einfach so herunterzurattern. Aber jedem dieser «Riesen» tatsächlich gegenüberzutreten, war ein schwerer Kampf. Ich erinnere mich noch deutlich, wie ich mich anderthalb Stunden hin und zurück durch den Straßenverkehr von Los Angeles kämpfte, um zu meiner Therapeutin zu kommen, der ich sechzig Dollar pro Stunde und mehr dafür bezahlen musste, mich einigen meiner Riesen zu stellen. Viel lieber hätte ich auf meiner Couch gesessen, Schokoladeneis gelöffelt und mir *Seinfeld*-Wiederholungen angeschaut. Aber wenn ich Gottes Verheißungen für mein Leben voll ausschöpfen wollte, musste ich mich diesen Riesen stellen. Manchmal kam ich mir vor wie David: als stünde ich mit nichts als einer jämmerlichen Steinschleuder einem gewieften Kämpfer gegenüber. Doch in dieser Zeit habe ich gelernt, dass Gott mir genau wie David die Werkzeuge gegeben hat, die ich brauche, um mich den Riesen in meinem Leben zu stellen, und dass ich ihnen nie allein gegenübertreten muss.

Vergeben

Früher dachte ich, manche Dinge seien schlicht unverzeihlich – Vergewaltigung und Mord zum Beispiel. Ich fühlte mich vollkommen im Recht, wenn ich meinen Ex-Freund hasste, der mich vergewaltigt hatte. Hätte ich ihm vergeben, dann hätte das ja so ausgesehen, als ob das, was er getan hatte, in Ordnung wäre. Doch das war es nicht.

Mit der Zeit habe ich gelernt, dass Vergebung keine horizontale Transaktion zwischen mir und einem anderen Menschen ist, sondern eine vertikale Transaktion zwischen mir und Gott. Gott hat mir vergeben, und er fordert mich auf, anderen zu vergeben.

Jemand hat einmal gesagt, Vergebung heiße, einen Gefangenen freizulassen und dann zu merken, dass man selbst der Gefangene war. Anfangs übte ich Vergebung aus Gehorsam heraus; aber wann immer ich mich dann endlich zur Vergebung durchrang, merkte ich, dass meine Unversöhnlichkeit nur mich selbst in Gefangenschaft hielt. Die Leute, die mich verletzt hatten, lebten fröhlich weiter, während ich vor Wut, Schmerz und Bitterkeit brodelte. *Ich* war die Gefangene der Unversöhnlichkeit.

Auf der Laufbahn bleiben

Die Reise ist nie zu Ende. Also seien Sie gnädig mit sich selbst und bleiben Sie auf der Laufbahn. Wir sind alle Werdende: Wir werden heil, wir werden ganz, wir werden Gott ähnlicher, und wir werden zu all dem, wozu wir geschaffen sind.

Gott ist ein Gentleman. Er zwingt uns niemals, uns zu verändern. Er lädt uns nicht mehr auf, als wir tragen können. Schritt für Schritt begleitet er uns durch diesen Prozess. Dank seiner Kraft sind wir in der Lage, einem unserer Riesen nach dem anderen gegenüberzutreten.

Ich könnte 110 Schritte zur Heilung anwenden und einen ganzen Sack voller Selbsthilfebücher lesen. Aber was ich selbst zustande bringen kann, ist kümmerlich im Vergleich zu dem, was möglich ist, wenn ich die verwandelnde, gnädige und erlösende Kraft Gottes in mein Leben einlade. Seine Liebe übersteigt alle Erkenntnis, alle Vernunft und alle menschliche Anstrengung.

> «Ich bitte Gott, dass er euch aus seinem unerschöpflichen Reichtum Kraft schenkt, damit ihr durch seinen Geist innerlich stark werdet und Christus durch den Glauben in euch lebt. In seiner Liebe sollt ihr fest verwurzelt sein; auf sie sollt ihr bauen. Denn nur so könnt ihr mit allen anderen Christen das ganze Ausmaß seiner Liebe erfahren, die wir doch mit unserem Verstand niemals fassen können. Dann wird diese göttliche Liebe euch immer mehr erfüllen.
>
> Gott aber kann viel mehr tun, als wir jemals von ihm erbitten oder uns auch nur vorstellen können. So groß ist seine Kraft, die in uns wirkt. Deshalb wollen wir ihn mit der ganzen Gemeinde durch Jesus Christus ewig und für alle Zeiten loben und preisen. Amen.»
>
> *Epheser 3,16–21*

Wahrheit statt Lügen

Die Wahrheit über einen Schatz Gottes

Sie wird wertgeschätzt

Sie ist wertvoller als viele Juwelen!

Sprüche 31,10

Deine Gedanken sind zu schwer für mich, o Gott, es sind so unfassbar viele! Sie sind zahlreicher als der Sand am Meer; wollte ich sie alle zählen, so käme ich doch nie an ein Ende!

Psalm 139,17–18

Sie wird geliebt

Berge mögen einstürzen und Hügel wanken, aber meine Liebe zu dir wird nie erschüttert, und mein Friedensbund mit dir wird niemals wanken. Das verspreche ich, der Herr, der dich liebt!

Jesaja 54,10

Ich bin ihnen von ferne erschienen und habe zu ihnen gesagt: «Ich habe euch schon immer geliebt, darum bin ich euch stets mit Güte begegnet.»

Jeremia 31,3

Weder Hohes noch Tiefes oder sonst irgendetwas können uns von der Liebe Gottes trennen, die er uns in Jesus Christus, unserem Herrn, schenkt.

Römer 8,39

Sie ist mit Ziel und Sinn geschaffen

Denn ich allein weiß, was ich mit euch vorhabe: Ich, der Herr, werde euch Frieden schenken und euch aus dem Leid befreien. Ich gebe euch wieder Zukunft und Hoffnung.

Jeremia 29,11

Ja, Herr, du wirst dich auch in Zukunft um mich kümmern, deine Gnade hört niemals auf! Was du angefangen hast, das führe zu einem guten Ende!

Psalm 138,8

Sie ist schön

Du bist wunderschön, und der König begehrt dich! Verneige dich vor ihm, denn er ist dein Herr und Gebieter!

Psalm 45,12

Herr, ich danke dir dafür, dass du mich so wunderbar und einzigartig gemacht hast! Großartig ist alles, was du geschaffen hast – das erkenne ich!

Psalm 139,14

Sie ist erlöst

Gehört jemand zu Christus, dann ist er ein neuer Mensch. Was vorher war, ist vergangen, etwas Neues hat begonnen.

2. Korinther 5,17

Die Wahrheit über Gott

Er ist voller Liebe

Seine Gnade hört niemals auf!

Psalm 136,2

Ich habe euch schon immer geliebt, darum bin ich euch stets mit Güte begegnet.

Jeremia 31,3

Er ist treu

So erkennt doch: Der Herr, euer Gott, ist der wahre und treue Gott! Über Tausende von Generationen steht er zu seinem Bund und erweist allen seine Güte, die ihn lieben und sich an seine Gebote halten.

5. Mose 7,9

Der Herr selbst geht vor dir her. Er steht dir zur Seite und verlässt dich nicht. Immer hält er zu dir. Hab keine Angst, und lass dich von niemandem einschüchtern!

5. Mose 31,8

Er ist gnädig

Der Herr ist gnädig und barmherzig; seine Geduld hat kein Ende, und seine Liebe ist grenzenlos!

Psalm 145,8

Meine Gnade ist alles, was du brauchst! Denn gerade wenn du schwach bist, wirkt meine Kraft ganz besonders an dir.

2. Korinther 12,9

Er ist mächtig

Gott ist unsere Zuflucht und Stärke, ein bewährter Helfer in Zeiten der Not. Darum fürchten wir uns nicht, selbst wenn die Erde erbebt, wenn die Berge wanken und in den Tiefen des Meeres versinken, wenn die Wogen tosen und schäumen und die Berge erschüttert werden.

Psalm 46,2–4

Er ist fürsorglich

Der Herr ist denen nahe, die verzweifelt sind, und rettet jeden, der alle Hoffnung verloren hat.

Psalm 34,19

Er ist ein Tröster

Ich will euch trösten wie eine Mutter ihr Kind.

Jesaja 66,13

Und Gott wird ihnen alle Tränen abwischen!

Offenbarung 7,17

Der Herr ist denen nahe, die verzweifelt sind, und rettet jeden, der alle Hoffnung verloren hat.

Psalm 34,19

Er ist nahe

Der Herr ist denen nahe, die zu ihm beten und es ehrlich meinen.

Psalm 145,18

Sprich es aus, bis du es glaubst!

Das Stiletto-Projekt

Wenn dieses Buch Sie bewegt hat und Sie Interesse haben, uns zu helfen, damit es weitere Verbreitung findet, sind hier einige Ideen, wie Sie am Stiletto-Projekt mitwirken können.

Erzählen Sie es weiter

Mund-zu-Mund-Propaganda ist eines der stärksten und wirksamsten Werkzeuge, durch die ein Buch wie dieses weithin bekannt werden kann. Erzählen Sie anderen von *Nur einer sah meine Seele* – und davon, wie das Buch auf Sie gewirkt hat.

Wenn Sie eine Website oder einen Blog haben, schreiben Sie darüber, wie dieses Buch Sie persönlich berührt hat und was es Ihnen bedeutet.

Schreiben Sie eine Buchrezension für eine Zeitschrift, eine Website oder eine Zeitung Ihrer Wahl.

Wenn Sie eine Buchhandlung besitzen oder leiten, dann überlegen Sie, ob Sie dieses Buch auf Ihrem Tresen oder in Ihrem Schaufenster präsentieren könnten.

Geben Sie es weiter

Verschenken Sie dieses Buch an Ihre Freunde und Angehörigen und an andere, von denen Sie meinen, dass diese Geschichte etwas bei ihnen auslösen könnte. Es gibt viele Menschen, die zwar nie mit der Sexbranche zu tun hatten, aber dennoch selbst erlebt haben, wie es ist, auf eine Art und Weise zu leben, die nicht den wahren Wert eines Menschen widerspiegelt. Oder die ihre eigene Bedeutung in anderen Menschen suchen statt in Gott.

Kaufen Sie weitere Exemplare als Geschenke für Frauenhäuser, Gefängnisse, christliche Werke oder andere Programme, in denen Menschen durch eine Geschichte von Hoffnung und Befreiung ermutigt werden können.

Über «Treasures»

«Treasures Ministries» ist eine evangelistische Arbeit und Unterstützergruppe für Frauen in der Sexbranche. Jährlich sucht das «Treasures»-Team über 170 Stripclubs in Los Angeles, Orange County und Las Vegas auf. Während dieser Aktionen verteilen wir Geschenktüten mit Kosmetika, Schmuck und der schlichten Botschaft, dass die Frauen, die in den Clubs arbeiten, geliebt und wertgeschätzt werden. Jede Frau, die Kontakt zu «Treasures» aufnimmt, erhält ein Päckchen mit einer Bibel, einem Exemplar unseres Andachtsbuches *Treasures Reflections* und anderen Materialien, die sie zum Glauben ermutigen sollen. Das «Treasures Care Team» bietet allen Interessierten Mentoring und Material an und stellt Kontakt zu Gemeinden und professionellen Hilfs- und Beratungsstellen her. Alle Geschenktüten, Leistungen und Unterstützungen werden den Frauen kostenlos zur Verfügung gestellt. «Treasures» arbeitet mit freiwilligen Helfern als überkonfessionelle, gemeinnützige christliche Organisation, die sich zu hundert Prozent durch Spenden finanziert. Harmony engagiert sich leidenschaftlich dafür, die Reichweite des Aktionsmodells von «Treasures» zu vergrößern. Sie hat bereits Schulungen für Stripclub-Aktionsleiterinnen in zwei Ländern und in über 13 Staaten der USA durchgeführt. Sie sieht ihre Leidenschaft dafür, anderen Frauen zu helfen, als natürliche Folge der Befreiung, die sie durch ihre Beziehung zu Jesus erfahren hat. Schauen Sie sich die Website unter www.iamatreasure.com an.

Statistisches

- Heute arbeiten mehr Frauen in der Sexbranche als zu jeder anderen Zeit in der Geschichte.
- Zwischen 66 und 90 Prozent (je nach statistischer Quelle) aller Frauen in der Sexbranche wurden als Kinder sexuell missbraucht.
- Verglichen mit der Gesamtbevölkerung gibt es unter Frauen in der Sexbranche eine höhere Häufigkeit von Drogenmissbrauch, Vergewaltigungen und gewaltsamen Übergriffen, Geschlechtskrankheiten, häuslicher Gewalt, Depressionen und posttraumatischem Stresssyndrom.
- Die Frauen in dieser Branche sind vielen Problemen ausgesetzt, die ihr körperliches, emotionales und geistliches Wohlergehen beeinträchtigen. Sie sind eine weitgehend unerreichte Bevölkerungsgruppe. Viele von ihnen leiden sehr unter ihrer Isolation und Einsamkeit. Selbst diejenigen unter ihnen, die überhaupt daran denken, in eine Kirche zu gehen, sind unsicher, ob es dort wirklich Platz für sie gibt. Werden sie im Haus Gottes die Wiederherstellung finden, die sie suchen?
- «Treasures» ist die erste und einzige Organisation ihrer Art im Raum Los Angeles.

Wie Sie helfen können

- Schließen Sie sich dem weltweiten «Treasures Prayer Team» an.
- Unterstützen Sie «Treasures» durch eine einmalige Spende.
- Werden Sie «Treasure Builder», indem Sie «Treasures» monatlich finanziell unterstützen.

- Arbeiten Sie freiwillig im «Treasures Outreach Team» (Los Angeles, Kalifornien) oder bei einer unserer von «Treasures» initiierten und verantworteten Aktionen mit.
- Spenden Sie geeignete Geschenke wie Kosmetika und Schmuck für unsere Geschenktüten.
- Laden Sie Harmony zu einem Vortrag in Ihre Gemeinde oder Organisation ein.

Weitere Informationen über diese und andere Möglichkeiten finden Sie unter www.iamatreasure.com.

Spenden können Sie online oder per Post an:

Treasures Ministries
PO # 2013
North Hills, CA 91343
USA

Danksagungen von Harmony Dust

Vielen Dank …

… meinem Mann: Du hast mich so viel über Gnade gelehrt und mir geholfen, an den seltsamsten Stellen den Fingerabdruck Gottes zu erkennen. An meine süße, kostbare kleine Johnny: Danke dafür, dass du das *beste* Baby auf der Welt bist und so gut schläfst, so dass Mami dieses Buch schreiben konnte.

… meiner Familie: Danke dafür, dass ihr mir die Freiheit eingeräumt habt, meine Geschichte zu erzählen. Mom: Danke, dass du uns immer beigebracht hast, dass wir Weltveränderer sein können. Daddy Russ: Danke, dass du «ja» dazu gesagt hast, mir ein Vater zu sein, und dass du mir Noah gegeben hast. Dad und Noah: Ihr seid wahre Künstler und habt mein Leben bunter gemacht. Daddy Bill: Danke, dass du mich in diese Welt gebracht hast.

Oma Mary: Deine Zähigkeit, deine Leidenschaft und deine Gebete werden noch für Generationen lebendig bleiben. Und dein Geschick im Kartenspielen auch.

Tante Krissy: Danke, dass du mir gezeigt hast, dass Gnade und Integrität Partner sind, und dass du mich geliebt hast, als ich beides nötig hatte. Lauryn: Du warst schon immer meine Lieblingscousine und bist es immer noch – und zwar nicht nur, weil du meine einzige Cousine bist! Deine Leidenschaft für das Leben und für Gott ist atemberaubend.

Mama Kay, Carlos, Carlo, Chris und die Jaces: Danke, dass ihr mir eure Herzen, eure Häuser und eure Familie geöffnet habt. Ihr seid die besten Schwiegereltern und Schwägerinnen und Schwäger, die eine Frau sich wünschen kann.

Melody: Es lebe das Teppichpicknick! Deine Freundschaft war für mich ein stetiger Strom alles Guten. April: Du bist die große Schwester, die ich nie hatte, aber mir immer gewünscht habe. Du bist die Größte! Gourmetköchin mit siebzehn Kindern, einem Mastergrad, einem Lehrer-Job, mit Buchclubs und Ehegruppen … bist du sicher, dass du nicht Superwoman bist? Ashley: Dein Charakter ist so umwerfend wie dein großes Herz. Ich bin unendlich dankbar für deinen Blick des Glaubens und deine Lippen, über die immer wieder so wahre Worte kommen. Tanya: Wärst du nicht so eine wilde, warmherzige Knalltüte gewesen, was wäre wohl aus mir geworden? Lindsay: Danke, dass du immer das Beste in den Leuten siehst, auch in mir. Du hast eine Gabe dafür, das Potenzial anderer Menschen zum Vorschein zu bringen. Emily: Wie kann eine Frau gleichzeitig Orange County und Compton verkörpern? Du bist eine treue Freundin – und ein Rätsel.

Jeff: Worte reichen nicht aus, um auszudrücken, was für eine überaus wichtige Rolle du in meinem und in Johns Leben gespielt hast. Du bist ein wunderbarer Mensch. Deine Gebete, deine Wegweisung, deine Unterstützung, dein immer offenes Ohr, deine Freundlichkeit und Liebe haben eine unermessliche Wirkung auf unser Leben.

… dem «Treasures»-Team in Vergangenheit, Gegenwart und Zukunft: Ihr spiegelt auf unglaubliche Weise die Liebe Gottes wider, und ich kann mir ein Leben ohne euch nicht vorstellen. Ist es nicht großartig, dass wir diese Arbeit zusammen tun dürfen?

… der «Denver Foundation»: Eure Großzügigkeit hat schon viele Menschenleben verändert und mir das Rüstzeug gegeben, meine Träume zu verwirklichen. Und dem «Book Ends Club»: Danke für eure Einsichten, eure offenen Ohren und dafür, dass ihr mir geholfen habt, mich der leeren Seite zu stellen. Sheila Weller: Danke, dass dir meine Geschichte wichtig genug war, um sie zu veröffentlichen. Rita Williams: Danke für deine sanfte und dennoch herausfordernde Art, mich beim Schreiben dieses Buches anzuleiten. Jan Greenough: Danke für deinen Scharfblick und deine formenden Hände. Tony Collins und Beth Jusino: Danke dafür, dass ihr an dieses Manuskript glaubt und das Risiko mit mir eingeht.

Jesus: Mein Becher fließt über. Danke für das Leben, und die volle Genüge, die ich habe. Vater, Freund, Erlöser, Liebhaber meiner Seele: Du hast mir meine Hoffnung zurückgegeben, mich befreit und mich neu gemacht. Ich danke dir.